#연산반복학습
#생활속계산
#문장읽고계산식세우기
#학원에서검증된문제집

수학리더
연산

Chunjae
Makes
Chunjae

▼

기획총괄	박금옥
편집개발	지유경, 정소현, 조선영, 최윤석
디자인총괄	김희정
표지디자인	윤순미, 박민정
내지디자인	박희춘
제작	황성진, 조규영
발행일	2022년 4월 15일 초판 2025년 4월 15일 4쇄
발행인	(주)천재교육
주소	서울시 금천구 가산로9길 54
신고번호	제2001-000018호
고객센터	1577-0902
교재 구입 문의	1522-5566

수학 리더 연산 2-B

차례

1 네 자리 수 **7일 수업** ·········· 4

2 곱셈구구 **12일 수업** ·········· 40

3 길이의 합과 차 **7일 수업** ·········· 100

4 시각과 시간 **8일 수업** ·········· 136

이 책의 구성과 특징

이번에 배울 내용을 알아볼까요?

공부할 내용을 만화로 재미있게 확인할 수 있습니다.

기초 계산 연습

계산 원리와 방법을 한눈에
익힐 수 있고 계산 반복 훈련으로
확실하게 익힐 수 있습니다.

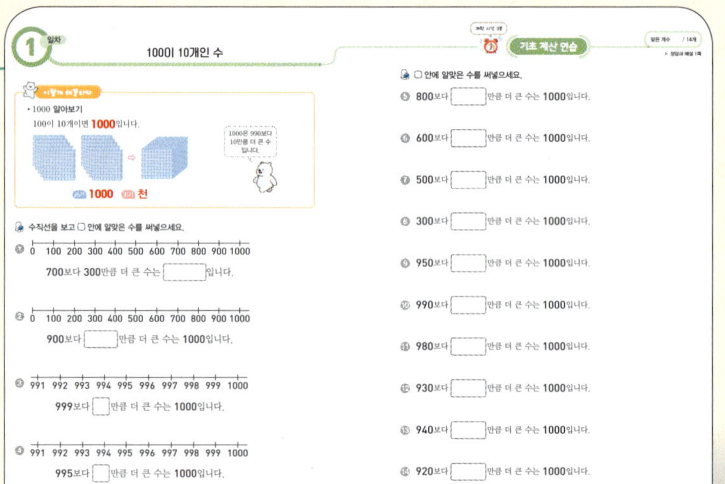

플러스 계산 연습

다양한 형태의 계산 문제를 반복하여
완벽하게 익힐 수 있습니다.

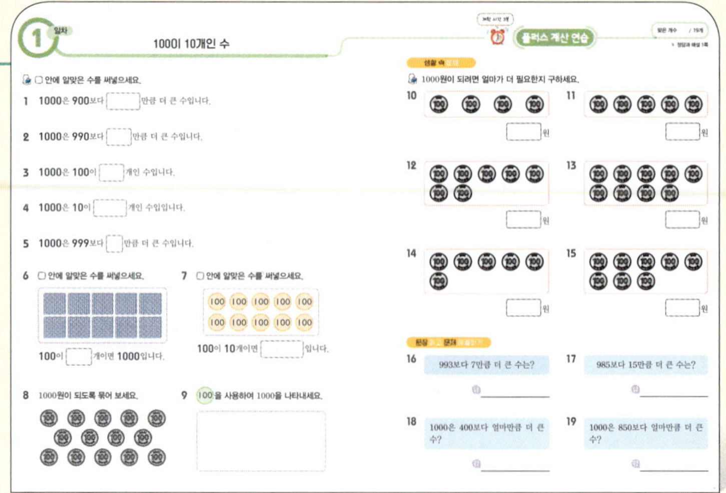

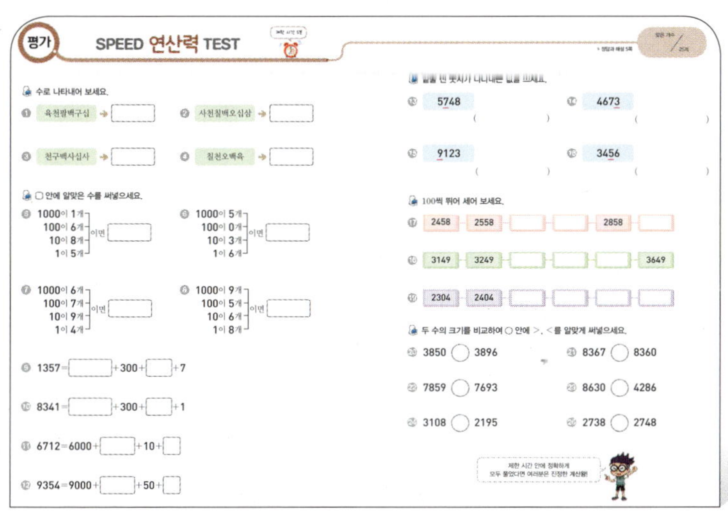

평가 SPEED 연산력 TEST

배운 내용을 테스트로 마무리 할 수 있습니다.

특강 문장제 문제 도전하기

단순 연산 문제와 함께 문장제 문제도 연습할 수 있습니다.

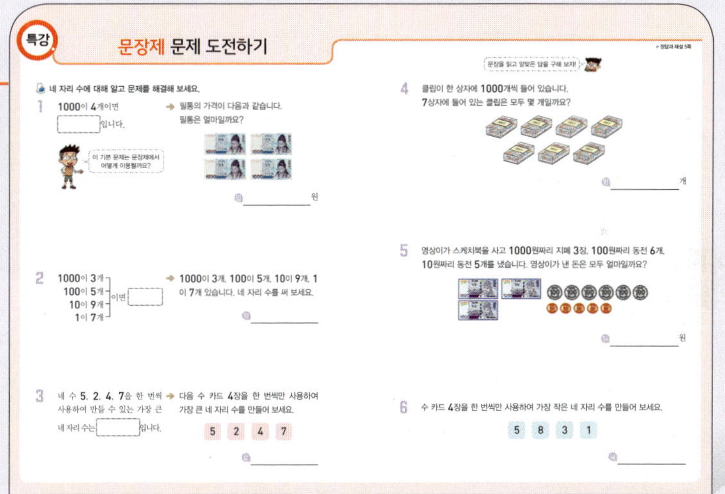

특강 창의·융합·코딩·도전하기

요즘 수학 문제인 창의·융합·코딩 문제를 수록하였습니다.

① 네 자리 수

1일차 ▶ 100이 10개인 수
2일차 ▶ 몇천 알아보기
3일차 ▶ 네 자리 수 알아보기

4일차 ~ **5일차** ▶ 각 자리의 숫자와 나타내는 값
6일차 ▶ 뛰어 세기
7일차 ▶ 크기 비교

1000이 10개인 수

• 1000 알아보기

100이 10개이면 **1000**입니다.

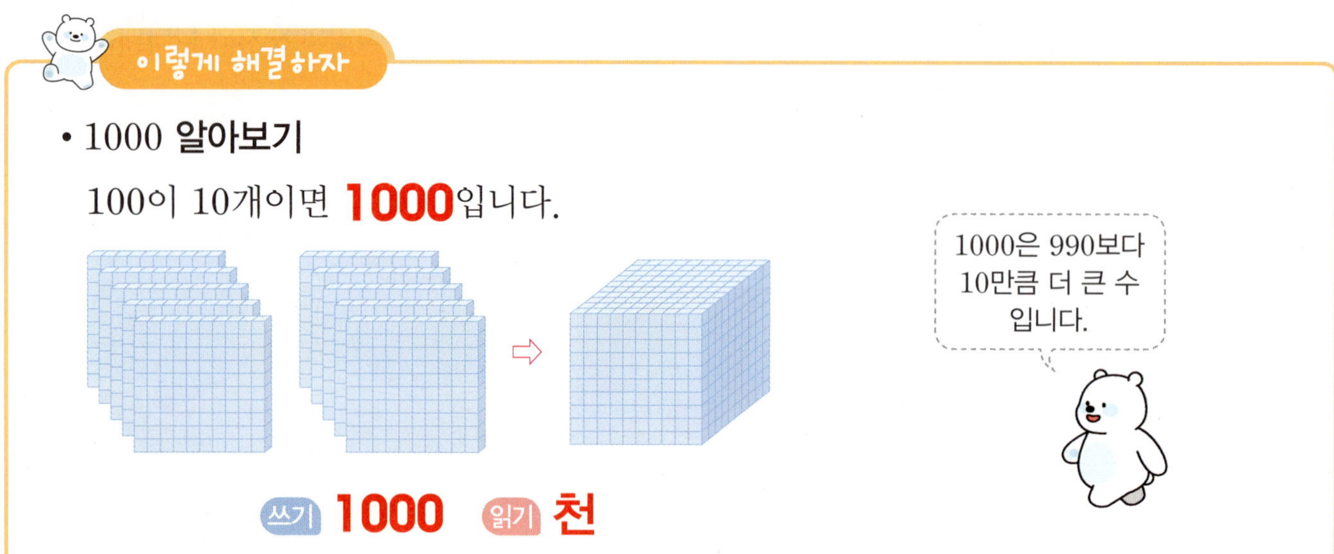

쓰기 **1000**   읽기 **천**

네 자 리 수

수직선을 보고 ☐ 안에 알맞은 수를 써넣으세요.

1

| 0 | 100 | 200 | 300 | 400 | 500 | 600 | 700 | 800 | 900 | 1000 |

700보다 **300**만큼 더 큰 수는 ☐ 입니다.

2

| 0 | 100 | 200 | 300 | 400 | 500 | 600 | 700 | 800 | 900 | 1000 |

900보다 ☐ 만큼 더 큰 수는 **1000**입니다.

3

| 991 | 992 | 993 | 994 | 995 | 996 | 997 | 998 | 999 | 1000 |

999보다 ☐ 만큼 더 큰 수는 **1000**입니다.

4

| 991 | 992 | 993 | 994 | 995 | 996 | 997 | 998 | 999 | 1000 |

995보다 ☐ 만큼 더 큰 수는 **1000**입니다.

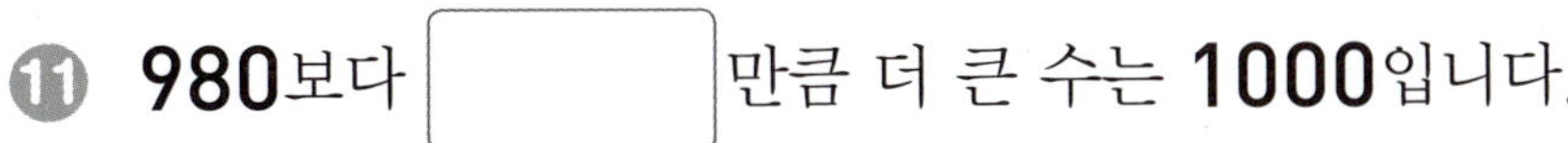 ☐ 안에 알맞은 수를 써넣으세요.

5 **800**보다 ☐ 만큼 더 큰 수는 **1000**입니다.

6 **600**보다 ☐ 만큼 더 큰 수는 **1000**입니다.

7 **500**보다 ☐ 만큼 더 큰 수는 **1000**입니다.

8 **300**보다 ☐ 만큼 더 큰 수는 **1000**입니다.

9 **950**보다 ☐ 만큼 더 큰 수는 **1000**입니다.

10 **990**보다 ☐ 만큼 더 큰 수는 **1000**입니다.

11 **980**보다 ☐ 만큼 더 큰 수는 **1000**입니다.

12 **930**보다 ☐ 만큼 더 큰 수는 **1000**입니다.

13 **940**보다 ☐ 만큼 더 큰 수는 **1000**입니다.

14 **920**보다 ☐ 만큼 더 큰 수는 **1000**입니다.

1000이 10개인 수

🐻 ☐ 안에 알맞은 수를 써넣으세요.

1 1000은 900보다 ☐ 만큼 더 큰 수입니다.

2 1000은 990보다 ☐ 만큼 더 큰 수입니다.

3 1000은 100이 ☐ 개인 수입니다.

4 1000은 10이 ☐ 개인 수입니다.

5 1000은 999보다 ☐ 만큼 더 큰 수입니다.

6

100이 ☐ 개이면 **1000**입니다.

7

| 100 | 100 | 100 | 100 | 100 |
| 100 | 100 | 100 | 100 | 100 |

100이 **10**개이면 ☐ 입니다.

8 1000원이 되도록 묶어 보세요.

9 💯 을 사용하여 1000을 나타내세요.

플러스 계산 연습

생활 속 문제

1000원이 되려면 얼마가 더 필요한지 구하세요.

10

　　　원

11

　　　원

12

　　　원

13

　　　원

14

　　　원

15

　　　원

문장 읽고 문제 해결하기

16 993보다 7만큼 더 큰 수는?

답 ＿＿＿＿＿＿＿

17 985보다 15만큼 더 큰 수는?

답 ＿＿＿＿＿＿＿

18 1000은 400보다 얼마만큼 더 큰 수?

답 ＿＿＿＿＿＿＿

19 1000은 850보다 얼마만큼 더 큰 수?

답 ＿＿＿＿＿＿＿

몇천 알아보기

• 3000 알아보기

1000이 3개이면 **3000**입니다.

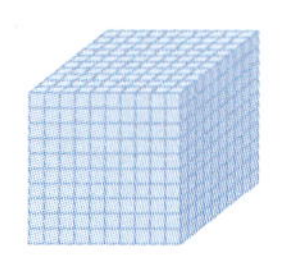 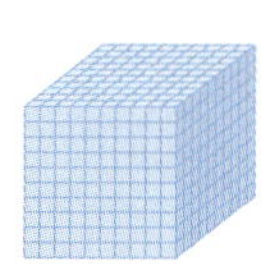 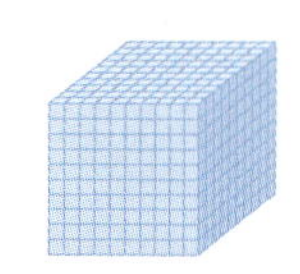

 **3000**  **삼천**

• 몇천을 쓰고 읽기

1000	천	2000	이천	3000	삼천
4000	사천	5000	오천	6000	육천
7000	칠천	8000	팔천	9000	구천

수 모형을 보고 ☐ 안에 알맞은 수를 써넣으세요.

1

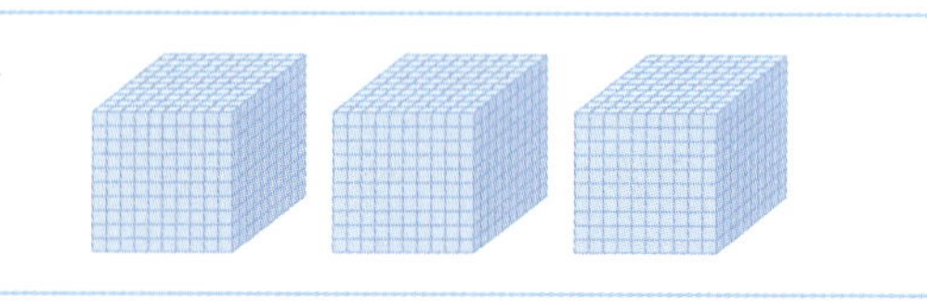

1000이 ☐ 개 ➡ ☐

2

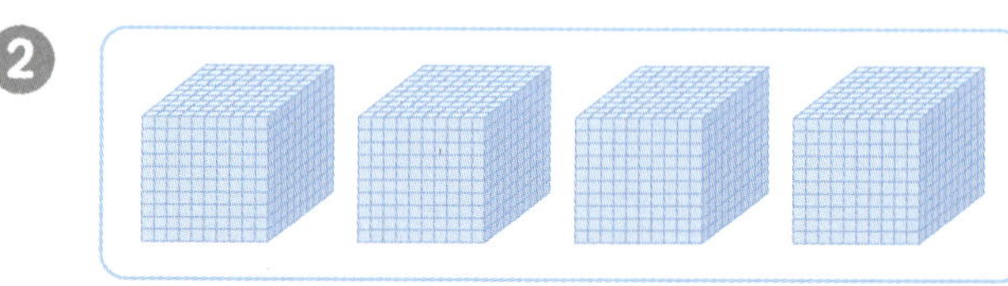

1000이 ☐ 개 ➡ ☐

3

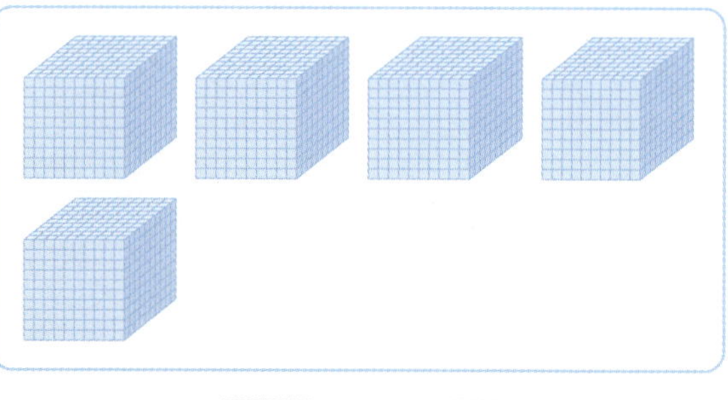

1000이 ☐ 개 ➡ ☐

4

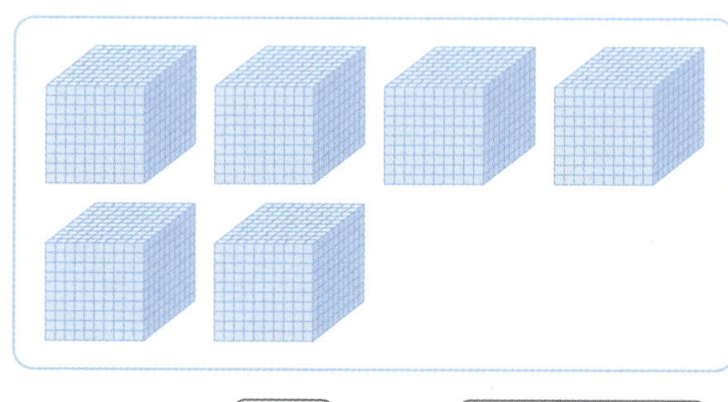

1000이 ☐ 개 ➡ ☐

5

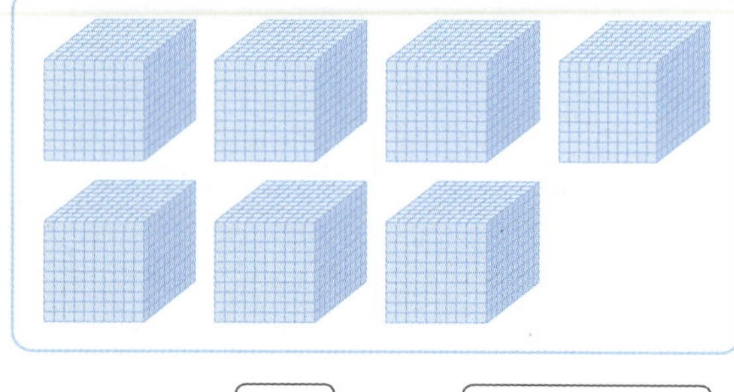

1000이 ☐ 개 ➡ ☐

6

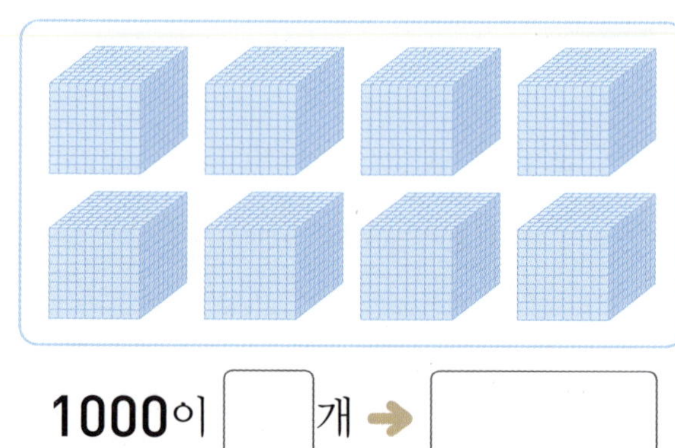

1000이 ☐ 개 ➡ ☐

수를 읽거나 수로 나타내어 보세요.

7 8000 　

8 　 구천

9 6000 　

10 　 칠천

11 4000 　

12 　 오천

13 2000 　

14 　 삼천

빈칸에 알맞게 써넣으세요.

15

수	쓰기	읽기	수	쓰기	읽기
1000이 2개		이천	1000이 6개		육천
1000이 3개	3000		1000이 7개	7000	

16

수	쓰기	읽기	수	쓰기	읽기
1000이 4개		사천	1000이 8개		팔천
1000이 5개	5000		1000이 9개	9000	

1

네
자
리
수

11

2 일차

몇천 알아보기

 수 모형이 나타내는 수를 쓰고 읽어 보세요.

1
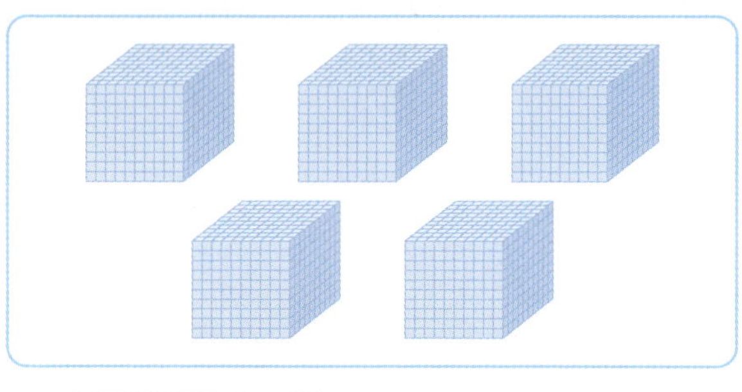

쓰기	읽기

2
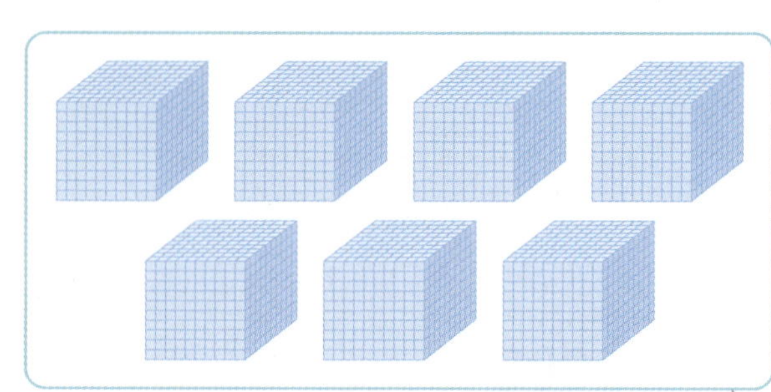

쓰기	읽기

3
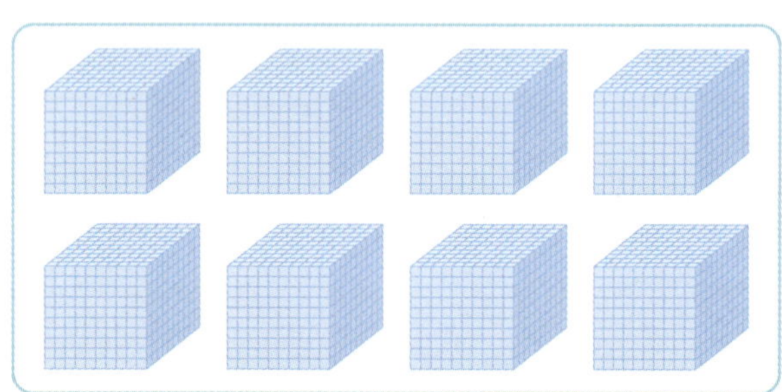

쓰기	읽기

4

쓰기	읽기

 색종이는 모두 몇 장일까요?

5

◻ 장

6
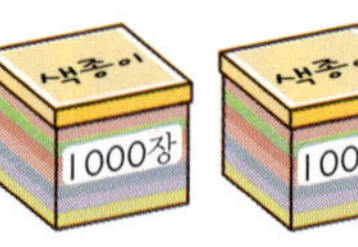

◻ 장

사탕은 모두 몇 개일까요?

7

◻ 개

8

◻ 개

플러스 계산 연습

생활 속 문제

도윤이와 친구들이 각각 한 가지 음식을 먹고 음식값을 냈습니다. 먹은 음식은 무엇인지 쓰세요.

음식 가격	
• 김밥　4000원	• 순대　3000원
• 떡볶이　5000원	• 라면　6000원
• 만두　8000원	• 어묵　2000원

9 

도윤

답 ______________________

10 

시후

답 ______________________

11 

다은

답 ______________________

12 

지호

답 ______________________

13 

하린

답 ______________________

문장 읽고 문제 해결하기

14 책이 한 상자에 1000권씩 7상자이면 책은 모두 몇 권?

답 ______________ 권

15 공책이 한 상자에 1000권씩 9상자이면 공책은 모두 몇 권?

답 ______________ 권

16 연필이 한 상자에 1000자루씩 2상자이면 연필은 모두 몇 자루?

답 ______________ 자루

17 지우개가 한 상자에 1000개씩 5상자이면 지우개는 모두 몇 개?

답 ______________ 개

네 자리 수 알아보기

- **네 자리 수 쓰고 읽기**

  1000이 **2**개, 100이 **5**개, 10이 **4**개, 1이 **3**개
  이면 **2543**입니다.

1000이 **2**개		
100이 **5**개	이면	쓰기 **2543**
10이 **4**개		읽기 **이천오백사십삼**
1이 **3**개		

  $\boxed{3025}$

  → 삼천영백이십오 (✕)
  → 삼천이십오 (◯)

빈칸에 알맞은 수를 써넣으세요.

①
1000이 **4**개
100이 **7**개
10이 **8**개   이면 ☐
1이 **6**개

②
1000이 **3**개
100이 **8**개
10이 **6**개   이면 ☐
1이 **1**개

③
1000이 **8**개
100이 **3**개
10이 **4**개   이면 ☐
1이 **7**개

④
1000이 **9**개
100이 **4**개
10이 **8**개   이면 ☐
1이 **1**개

⑤
1000이 **7**개
100이 **1**개
10이 **2**개   이면 ☐
1이 **5**개

⑥
1000이 **1**개
100이 **8**개
10이 **2**개   이면 ☐
1이 **6**개

기초 계산 연습

수를 읽어 보세요.

⑦ 8231
➡ ______________________

⑧ 6407
➡ ______________________

⑨ 5260
➡ ______________________

⑩ 4873
➡ ______________________

⑪ 6249
➡ ______________________

⑫ 1678
➡ ______________________

⑬ 2067
➡ ______________________

⑭ 9851
➡ ______________________

수로 나타내어 보세요.

⑮ 사천삼 ➡ ☐

⑯ 육천이백오십구 ➡ ☐

⑰ 구천삼백십칠 ➡ ☐

⑱ 팔천칠십이 ➡ ☐

⑲ 삼천오백이십오 ➡ ☐

⑳ 육천사백오십구 ➡ ☐

네 자리 수 알아보기

🐻 수 모형이 나타내는 수를 쓰고 읽어 보세요.

1

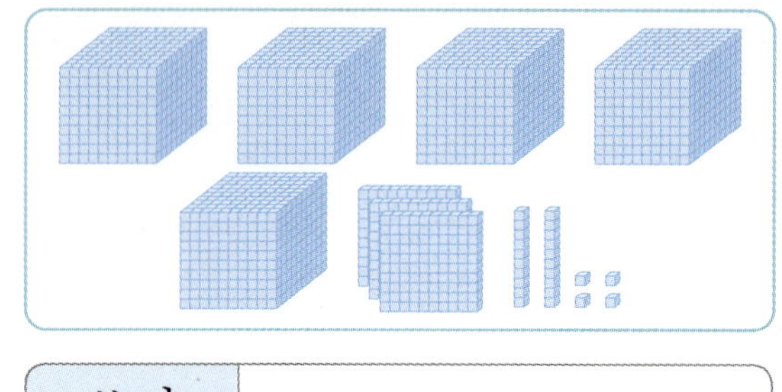

쓰기	
읽기	

2

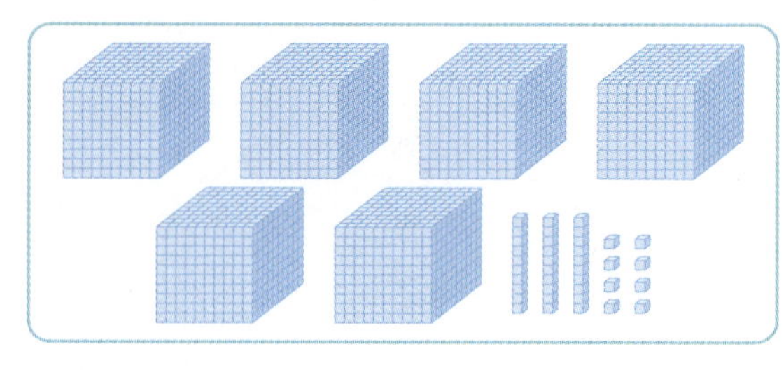

쓰기	
읽기	

3

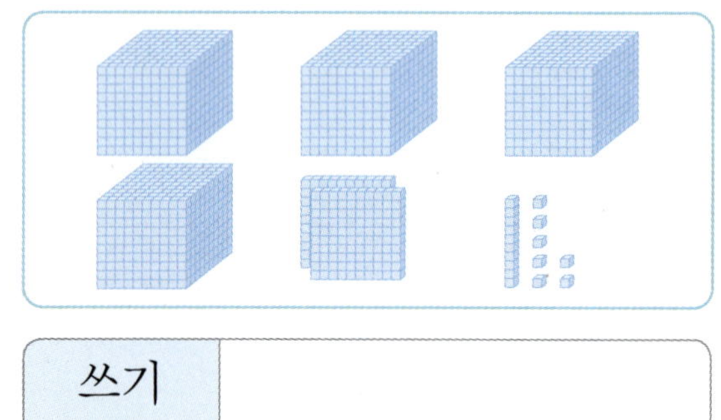

쓰기	
읽기	

4

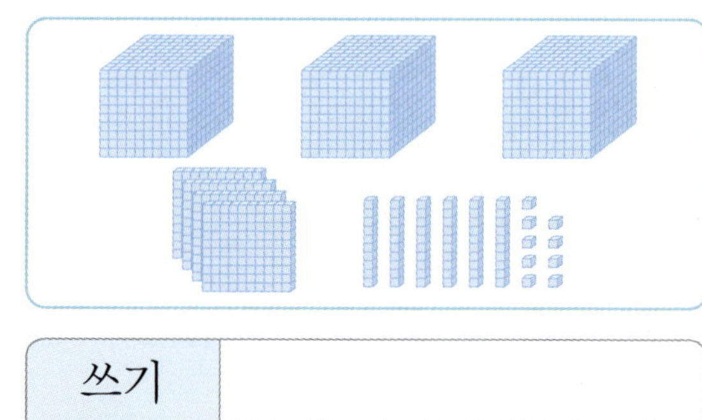

쓰기	
읽기	

🐻 □ 안에 알맞은 수를 써넣으세요.

5

5871은

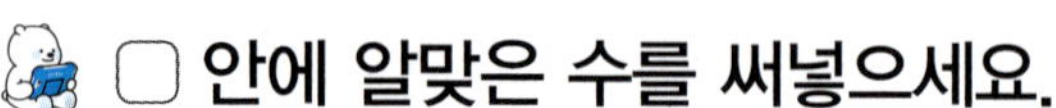

1000이 □개
100이 □개
10이 □개
1이 □개

6

8472는

1000이 □개
100이 □개
10이 □개
1이 □개

7

4836은

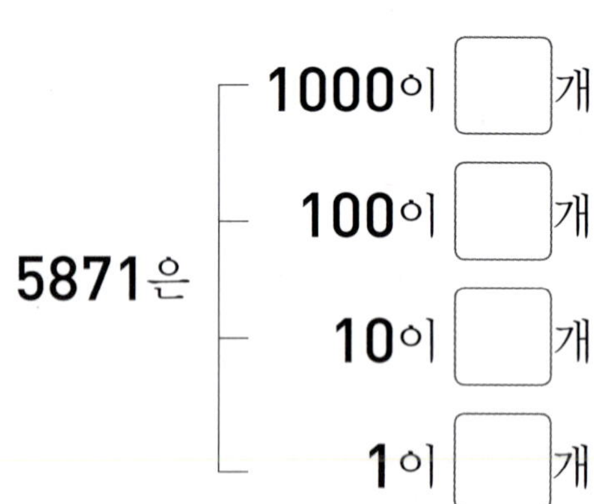

1000이 □개
100이 □개
10이 □개
1이 □개

8

6432는

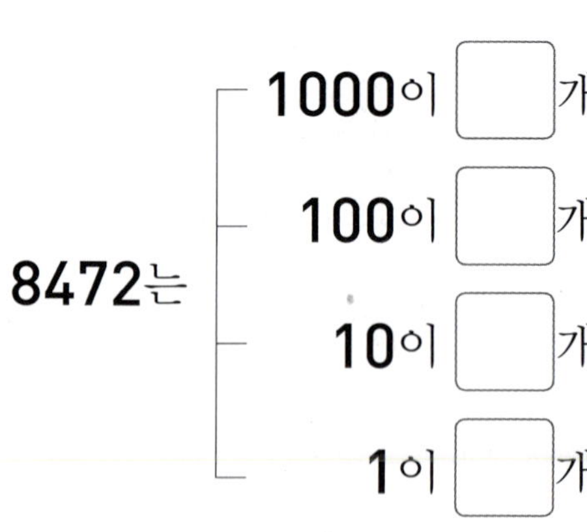

1000이 □개
100이 □개
10이 □개
1이 □개

생활 속 문제

🐻 모두 얼마인지 구하세요.

9

[　　　　] 원

10

[　　　　] 원

11

[　　　　] 원

12

[　　　　] 원

문장 읽고 문제 해결하기

13　1000이 9개, 100이 1개, 10이 7개, 1이 6개인 네 자리 수는?

답 ________________

14　1000이 7개, 100이 4개, 10이 8개, 1이 2개인 네 자리 수는?

답 ________________

15　1000이 4개, 100이 6개, 10이 2개, 1이 9개인 네 자리 수는?

답 ________________

16　1000이 8개, 100이 5개, 10이 2개, 1이 7개인 네 자리 수는?

답 ________________

4 일차

각 자리의 숫자와 나타내는 값 (1)

1
네 자리 수

• 3426의 각 자리의 숫자가 나타내는 값

천의 자리	백의 자리	십의 자리	일의 자리
3	4	2	6

3	0	0	0
	4	0	0
		2	0
			6

3은 천의 자리 숫자이고, **3000**을 나타냅니다.
4는 백의 자리 숫자이고, **400**을 나타냅니다.
2는 십의 자리 숫자이고, **20**을 나타냅니다.
6은 일의 자리 숫자이고, **6**을 나타냅니다.

$$3426 = 3000 + 400 + 20 + 6$$

주어진 수의 각 자리 숫자를 빈칸에 알맞게 써넣으세요.

① 2345

천의 자리	백의 자리	십의 자리	일의 자리

② 3527

천의 자리	백의 자리	십의 자리	일의 자리

③ 5748

천의 자리	백의 자리	십의 자리	일의 자리

④ 5314

천의 자리	백의 자리	십의 자리	일의 자리

❺ **4159**

천의 자리	백의 자리	십의 자리	일의 지리

❻ **6327**

천의 자리	백의 자리	십의 자리	일의 자리

❼ **4375**

천의 자리	백의 자리	십의 자리	일의 자리

❽ **6752**

천의 자리	백의 자리	십의 자리	일의 자리

□ 안에 알맞은 수를 써넣으세요.

❾ $5231 = \boxed{} + 200 + \boxed{} + 1$

❿ $6249 = 6000 + \boxed{} + 40 + \boxed{}$

⓫ $9681 = 9000 + \boxed{} + 80 + \boxed{}$

⓬ $2475 = \boxed{} + 400 + \boxed{} + 5$

⓭ $3456 = 3000 + \boxed{} + 50 + \boxed{}$

⓮ $8134 = \boxed{} + 100 + \boxed{} + 4$

1

네
자
리
수

4 일차 — 각 자리의 숫자와 나타내는 값 (1)

네 자리 수

1 천의 자리 숫자가 2인 것을 찾아 ○표 하세요.

| 1325 | 4256 | 2347 |

2 천의 자리 숫자가 3인 것을 찾아 ○표 하세요.

| 1354 | 3124 | 4135 |

3 백의 자리 숫자가 4인 것을 찾아 ○표 하세요.

| 6487 | 4875 | 1254 |

4 백의 자리 숫자가 5인 것을 찾아 ○표 하세요.

| 6523 | 5137 | 7351 |

5 십의 자리 숫자가 6인 것을 찾아 ○표 하세요.

| 1269 | 6789 | 2637 |

6 십의 자리 숫자가 7인 것을 찾아 ○표 하세요.

| 1547 | 5273 | 7039 |

다음 수에서 숫자 3은 어느 자리 숫자인지 써 보세요.

7 2345 ☐의 자리 숫자

8 4139 ☐의 자리 숫자

9 1273 ☐의 자리 숫자

다음 수에서 숫자 4는 어느 자리 숫자인지 써 보세요.

10 4567 ☐의 자리 숫자

11 2468 ☐의 자리 숫자

12 1246 ☐의 자리 숫자

생활 속 문제

 □ 안에 알맞은 버스 번호를 써넣으세요.

13

하린

14

지유

15

시후

16

도윤

문장 읽고 문제 해결하기

17 천의 자리 숫자 9, 백의 자리 숫자 5, 십의 자리 숫자 7, 일의 자리 숫자 3인 네 자리 수는?

답 ____________

18 천의 자리 숫자 2, 백의 자리 숫자 6, 십의 자리 숫자 7, 일의 자리 숫자 4인 네 자리 수는?

답 ____________

19 천의 자리 숫자 2, 백의 자리 숫자 0, 십의 자리 숫자 5, 일의 자리 숫자 4인 네 자리 수는?

답 ____________

20 천의 자리 숫자 1, 백의 자리 숫자 3, 십의 자리 숫자 4, 일의 자리 숫자 5인 네 자리 수는?

답 ____________

각 자리의 숫자와 나타내는 값 (2)

밑줄 친 숫자가 나타내는 값을 쓰세요.

① 4307 →

② 7128 →

③ 4671 →

④ 5392 →

⑤ 5832 →

⑥ 8194 →

⑦ 2593 →

⑧ 7893 →

⑨ 숫자 3이 300을 나타내는 수에 ◯표 하세요.

| 3478 | 1352 | 6923 |

⑩ 숫자 4가 400을 나타내는 수에 ◯표 하세요.

| 6124 | 4321 | 1425 |

⑪ 숫자 2가 20을 나타내는 수에 ◯표 하세요.

| 5462 | 2137 | 5420 |

⑫ 숫자 1이 10을 나타내는 수에 ◯표 하세요.

| 4210 | 1357 | 7531 |

⑬ 숫자 3이 3000을 나타내는 수에 ◯표 하세요.

| 6739 | 2345 | 3456 |

⑭ 숫자 5가 5000을 나타내는 수에 ◯표 하세요.

| 5678 | 1538 | 2145 |

⑮ 숫자 6이 60을 나타내는 수에 ◯표 하세요.

| 6341 | 7869 | 9526 |

⑯ 숫자 7이 70을 나타내는 수에 ◯표 하세요.

| 7890 | 5731 | 8970 |

⑰ 숫자 8이 800을 나타내는 수에 ◯표 하세요.

| 6812 | 8713 | 1248 |

⑱ 숫자 9가 900을 나타내는 수에 ◯표 하세요.

| 3960 | 1294 | 9567 |

⑲ 숫자 1이 1000을 나타내는 수에 ◯표 하세요.

| 2134 | 1234 | 4321 |

⑳ 숫자 4가 40을 나타내는 수에 ◯표 하세요.

| 6475 | 5274 | 1240 |

1

네 자리 수

각 자리의 숫자와 나타내는 값 (2)

1 숫자 4는 얼마를 나타낼까요?

7415 → ☐

2 숫자 2는 얼마를 나타낼까요?

2986 → ☐

3 숫자 5는 얼마를 나타낼까요?

1354 → ☐

4 숫자 7은 얼마를 나타낼까요?

6745 → ☐

5 숫자 8은 얼마를 나타낼까요?

8639 → ☐

6 숫자 6은 얼마를 나타낼까요?

5486 → ☐

밑줄 친 숫자가 나타내는 값을 바르게 쓴 것을 찾아 ◯표 하세요.

7

| 7138 → 1000 | |
| 3549 → 3000 | |

8

| 1473 → 70 | |
| 5210 → 2000 | |

9

| 5247 → 400 | |
| 8034 → 8000 | |

10

| 4269 → 20 | |
| 7513 → 10 | |

11

| 2879 → 9 | |
| 9350 → 900 | |

12

| 1438 → 30 | |
| 3094 → 3 | |

네 자리 수

플러스 계산 연습

▶ 정답과 해설 3쪽

밑줄 친 숫자가 나타내는 값이 ⬭ 안의 수인 것을 모두 찾아 색칠하세요.

13 (400)

3475	3148
5341	8419

14 (70)

3471	5739
7418	8270

15 (5000)

1854	3529
5621	5167

16 (80)

2198	5481
7082	7824

17 (300)

6392	3857
3461	4310

18 (6000)

6345	5610
4623	6957

19 (2)

3052	5028
9872	2936

20 (900)

5928	6097
9428	8976

21 (10)

9021	8217
1634	5413

문장 읽고 문제 해결하기

22 숫자 3이 나타내는 수가 3000인 네 자리 수 중 가장 작은 수는?

 답 _______________

23 숫자 3이 나타내는 수가 3000인 네 자리 수 중 가장 큰 수는?

 답 _______________

24 숫자 7이 나타내는 수가 7인 네 자리 수 중 가장 작은 수는?

답 _______________

25 숫자 7이 나타내는 수가 7인 네 자리 수 중 가장 큰 수는?

 답 _______________

6 일차

뛰어 세기

• 얼마씩 뛰어서 세기

1000씩 **5000** — **6000** — **7000** — **8000** — **9000**   천의 자리 수가 1씩 커집니다.

100씩 **9500** — **9600** — **9700** — **9800** — **9900**   백의 자리 수가 1씩 커집니다.

10씩 **9950** — **9960** — **9970** — **9980** — **9990**   십의 자리 수가 1씩 커집니다.

1씩 **9995** — **9996** — **9997** — **9998** — **9999**   일의 자리 수가 1씩 커집니다.

1000씩 뛰어서 세어 보세요.

❶ | 1234 | 2234 | | | | |

❷ | 3045 | | | | 7045 | |

❸ | 2136 | 3136 | | | | |

100씩 뛰어서 세어 보세요.

❹ | 1250 | | 1450 | | 1650 | |

❺ | | 3572 | | 3772 | | |

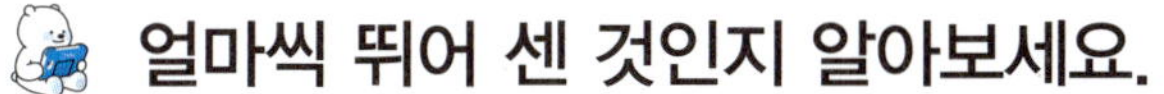 얼마씩 뛰어 센 것인지 알아보세요.

6 | 2318 | 3318 | 4318 | 5318 | 6318 | 7318 |

[ ]씩

7 | 4216 | 4226 | 4236 | 4246 | 4256 | 4266 |

[ ]씩

8 | 7105 | 7205 | 7305 | 7405 | 7505 | 7605 |

[ ]씩

9 | 2451 | 3451 | 4451 | 5451 | 6451 | 7451 |

[ ]씩

10 | 3941 | 3951 | 3961 | 3971 | 3981 | 3991 |

[ ]씩

11 | 8431 | 8432 | 8433 | 8434 | 8435 | 8436 |

[ ]씩

12 | 6417 | 6517 | 6617 | 6717 | 6817 | 6917 |

[ ]씩

1
네 자리 수

뛰어 세기

🐻 규칙을 찾아 뛰어 세어 보세요.

1 

2 

3 

4 

5

🐻 뛰어 세는 규칙을 찾아 ㉠에 알맞은 수를 구하세요.

6 

7

생활 속 문제

🐷 저금통에 돈을 더 넣으면 모두 얼마가 되는지 구하세요.

8 1000원씩 5번

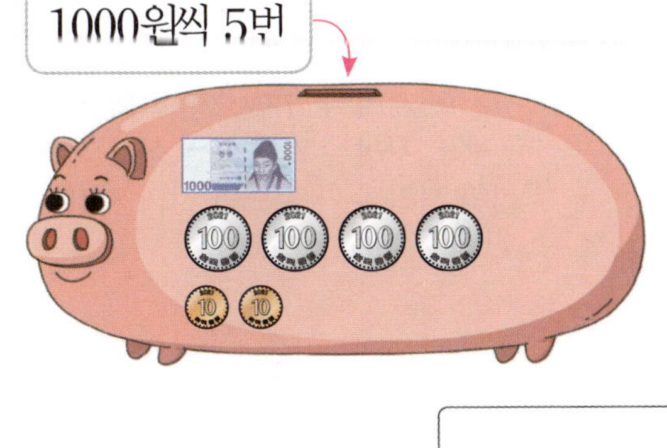

☐ 원

9 100원씩 3번

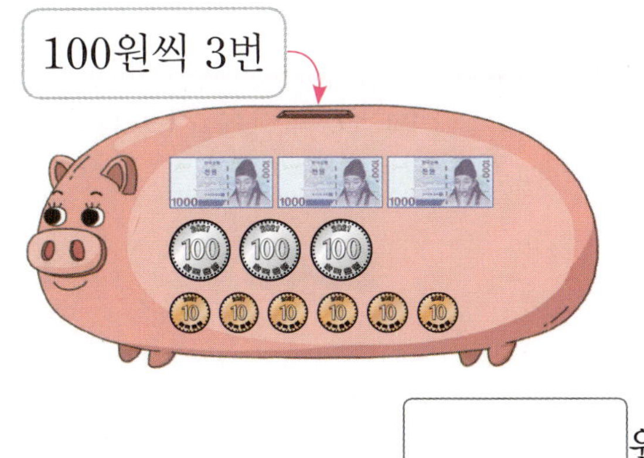

☐ 원

10 10원씩 6번

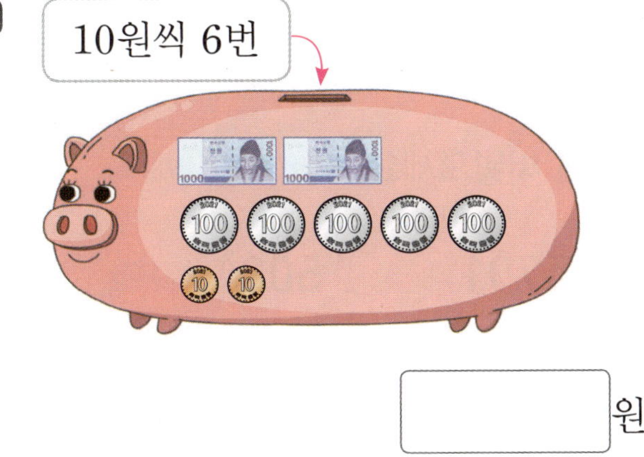

☐ 원

11 100원씩 5번

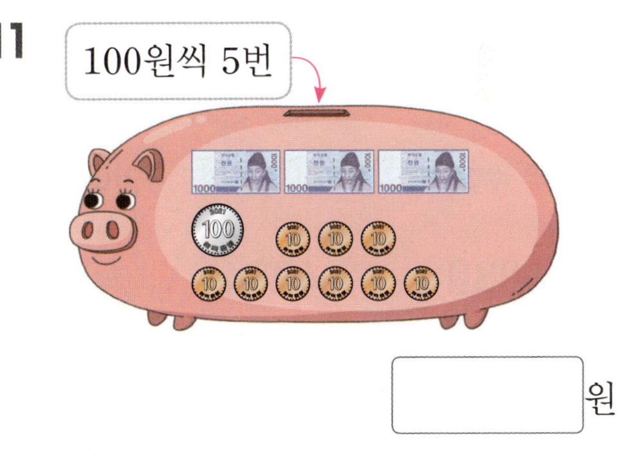

☐ 원

문장 읽고 문제 해결하기

12 4152에서 1000씩 커지게 4번 뛰어 센 수는?

답 _______________

13 6341에서 10씩 커지게 5번 뛰어 센 수는?

답 _______________

14 5413에서 1씩 커지게 6번 뛰어 센 수는?

답 _______________

15 2487에서 100씩 커지게 4번 뛰어 센 수는?

답 _______________

크기 비교

- **두 수의 크기 비교**

  천의 자리부터 차례로 비교합니다.

  예 천의 자리 수가 다른 경우

  $$2547 \; < \; 4136$$
  $$2<4$$

  → 천의 자리 수가 클수록 큰 수입니다.

  천, 백의 자리 수가 각각 같은 경우

  $$5847 \; > \; 5816$$
  $$4>1$$

  → 천, 백의 자리 수가 각각 같으므로 십의 자리 수가 클수록 큰 수입니다.

두 수의 크기를 비교하여 ◯ 안에 >, <를 알맞게 써넣으세요.

① 6030 ◯ 4984 　　　　**②** 5701 ◯ 5081

③ 4308 ◯ 3280 　　　　**④** 7301 ◯ 7591

⑤ 3785 ◯ 3786 　　　　**⑥** 5089 ◯ 7040

⑦ 6578 ◯ 6539 　　　　**⑧** 8459 ◯ 8905

⑨ 2435 ◯ 2617 　　　　**⑩** 9361 ◯ 9352

기초 계산 연습

⑪ 5099 ◯ 5922　　⑫ 8320 ◯ 8319

⑬ 3124 ◯ 3014　　⑭ 9140 ◯ 9025

수의 크기를 비교하여 가장 큰 수에 ◯표, 가장 작은 수에 △표 하세요.

⑮ 3725　　6249　　8572

⑯ 4152　　2087　　2237

⑰ 5841　　2436　　5648

⑱ 7174　　7217　　7583

⑲ 9061　　6040　　8796

⑳ 8417　　8147　　7449

크기 비교

7 일차

🐻 두 수 중 더 큰 수를 빈칸에 써넣으세요.

1 | 5972 | 5875 |

2 | 6371 | 6037 |

3 | 4500 | 4502 |

4 | 8505 | 8230 |

5 | 1256 | 1265 |

6 | 7368 | 7398 |

🐻 세 수 중 가장 큰 수를 찾아 빈칸에 써넣으세요.

7 | 5328 | 5325 | 5329 |

8 | 6321 | 6331 | 6329 |

9 | 6424 | 6432 | 4625 |

10 | 7415 | 7315 | 7451 |

11 | 6304 | 6043 | 6341 |

12 | 8259 | 8312 | 8763 |

 제한 시간 3분

플러스 계산 연습

▶ 정답과 해설 5쪽

생활 속 문제

🐻 가격을 비교하여 ○ 안에 ＞, ＜를 알맞게 써넣으세요.

가격표

| 3600원 | 6100원 | 6900원 | 2100원 | 1500원 | 2200원 |

13  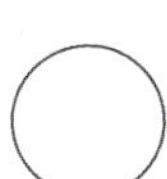 ○ 

14  ○ 

15  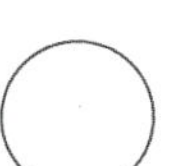 ○ 

16  ○ 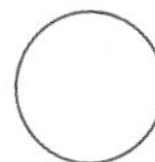 

17  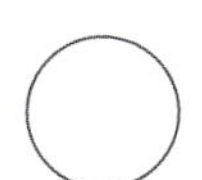 ○ 

18   ○ 

문장 읽고 문제 해결하기

19 관람객 수가 미술관은 2613명, 박물관은 2576명일 때 관람객 수가 더 많은 곳은?

답 _______________

20 관람객 수가 미술관은 1934명, 박물관은 3014명일 때 관람객 수가 더 많은 곳은?

답 _______________

21 입장객 수가 동물원은 3925명, 식물원은 3874명일 때 입장객 수가 더 많은 곳은?

답 _______________

22 입장객 수가 동물원은 4126명, 식물원은 5018명일 때 입장객 수가 더 많은 곳은?

답 _______________

🐻 수로 나타내어 보세요.

① 육천팔백구십 ➡ [ ]
② 사천칠백오십삼 ➡ [ ]

③ 천구백사십사 ➡ [ ]
④ 칠천오백육 ➡ [ ]

🐻 ☐ 안에 알맞은 수를 써넣으세요.

⑤ 1000이 1개
  100이 6개
   10이 8개
    1이 5개 이면 [ ]

⑥ 1000이 5개
  100이 0개
   10이 3개
    1이 6개 이면 [ ]

⑦ 1000이 6개
  100이 7개
   10이 9개
    1이 4개 이면 [ ]

⑧ 1000이 9개
  100이 5개
   10이 6개
    1이 8개 이면 [ ]

⑨ 1357 = [ ] + 300 + [ ] + 7

⑩ 8341 = [ ] + 300 + [ ] + 1

⑪ 6712 = 6000 + [ ] + 10 + [ ]

⑫ 9354 = 9000 + [ ] + 50 + [ ]

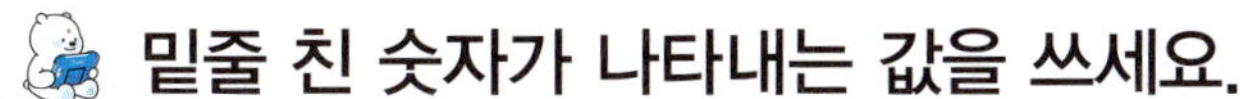

🐻 밑줄 친 숫자가 나타내는 값을 쓰세요.

⑬ 5748

(   )

⑭ 4673

(   )

⑮ 9123

(   )

⑯ 3456

(   )

🐻 100씩 뛰어 세어 보세요.

⑰ | 2458 | 2558 | | | 2858 | |

⑱ | 3149 | 3249 | | | | 3649 |

⑲ | 2304 | 2404 | | | | |

1
네
자
리
수

🐻 두 수의 크기를 비교하여 ○ 안에 >, <를 알맞게 써넣으세요.

⑳ 3850 ◯ 3896

㉑ 8367 ◯ 8360

㉒ 7859 ◯ 7693

㉓ 8630 ◯ 4286

㉔ 3108 ◯ 2195

㉕ 2738 ◯ 2748

문장제 문제 도전하기

 네 자리 수에 대해 알고 문제를 해결해 보세요.

1 **1000**이 **4**개이면 ☐ 입니다.

→ 필통의 가격이 다음과 같습니다. 필통은 얼마일까요?

답 ________________ 원

2
1000이 **3**개
100이 **5**개
10이 **9**개
1이 **7**개
이면 ☐

→ **1000**이 **3**개, **100**이 **5**개, **10**이 **9**개, **1**이 **7**개 있습니다. 네 자리 수를 써 보세요.

답 ________________

3 네 수 **5**, **2**, **4**, **7**을 한 번씩 사용하여 만들 수 있는 가장 큰 네 자리 수는 ☐ 입니다.

→ 다음 수 카드 **4**장을 한 번씩만 사용하여 가장 큰 네 자리 수를 만들어 보세요.

| 5 | 2 | 4 | 7 |

답 ________________

4 클립이 한 상자에 **1000**개씩 들어 있습니다.
7상자에 들어 있는 클립은 모두 몇 개일까요?

답 ________________ 개

5 영상이가 스케치북을 사고 **1000**원짜리 지폐 **3**장, **100**원짜리 동전 **6**개,
10원짜리 동전 **5**개를 냈습니다. 영상이가 낸 돈은 모두 얼마일까요?

답 ________________ 원

6 수 카드 **4**장을 한 번씩만 사용하여 가장 작은 네 자리 수를 만들어 보세요.

| 5 | 8 | 3 | 1 |

답 ________________

특강 창의·융합·코딩·도전하기

방 탈출~ 단서를 찾아라!

 **융합 1** 지민이와 친구들이 방을 탈출하려고 합니다.

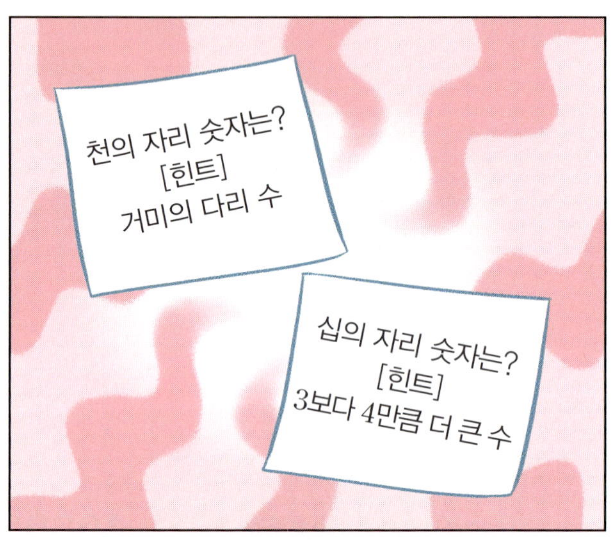

방을 탈출할 수 있는 비밀번호 네 자리 수를 구하세요.

거미의 다리 수는 ☐개이므로

천의 자리 숫자는 ☐이야.

3＋4＝7이니까 십의 자리 숫자는 ☐이고

거울에 비친 수이므로 일의 자리 숫자는

☐이고, 100이 4개이면 ☐

이므로 백의 자리 숫자는 ☐야.

 답 _______________

창의 2 서아가 우동 한 그릇을 먹고 다음과 같이 돈을 냈습니다.
우동 한 그릇의 값은 얼마인지 구하세요.

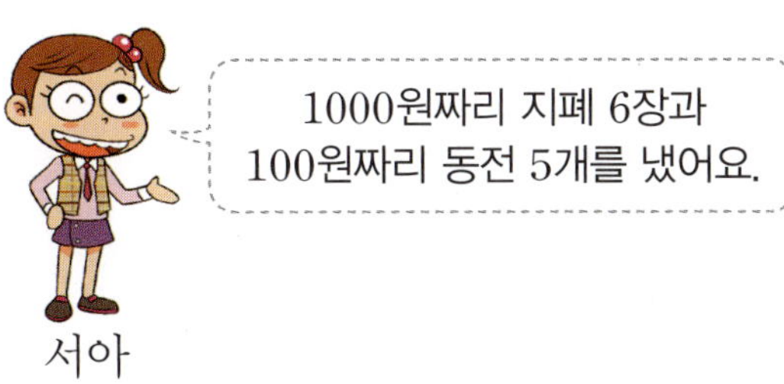

답   원

융합 3 김이 한 상자에 **10**톳씩 들어 있습니다.
8상자에 들어 있는 김은 모두 몇 장일까요?

답   장

② 곱셈구구

실생활에서 알아보는 재미있는 수학 이야기

난 안다~.

하지만 안 가르쳐 줄 거야!

나 진짜 안다니까.
그래, 알았어.

솔직히 궁금하지?
아니!

정말 안 궁금해?

말해 줄까?
글쎄.

됐어!
야~.

한 번 들어 봐.
2＋2＋2＋2＝8을 간단하게 계산하는 방법이 있어.
어떻게?

이히히~, 안 가르쳐 줄 거야~.
첫!

이번에 배울 내용을 알아볼까요?

1일차 ~ 4일차 ▶ 2~5단 곱셈구구

5일차 ▶ 2~5단 곱셈표

6일차 ~ 9일차 ▶ 6~9단 곱셈구구

10일차 ▶ 곱이 같은 곱셈구구

11일차 ▶ 1단 곱셈구구와 0의 곱

12일차 ▶ 6~9단 곱셈표

2단 곱셈구구

이렇게 해결하자

• 그림으로 2단 곱셈구구 알아보기

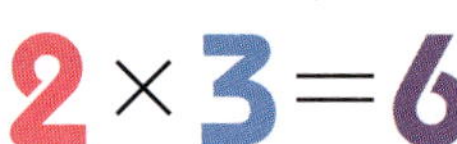

$$2 \times 3 = 6$$

2씩 **3**묶음이므로 **2**×**3**=**6**입니다.

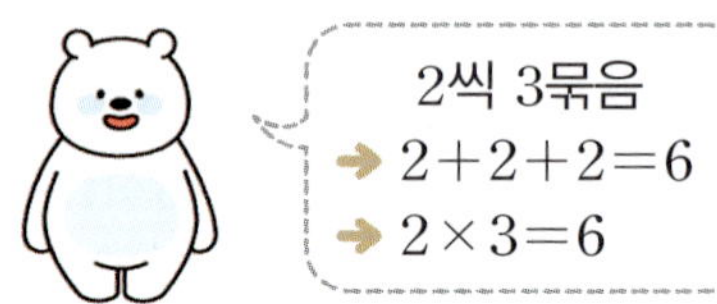

 그림을 보고 □ 안에 알맞은 수를 써넣으세요.

❶ ⬤⬤ $2 \times 1 = \boxed{}$

❷ ⬤⬤ ⬤⬤ $2 \times 2 = \boxed{}$

❸ ⬤⬤ ⬤⬤ ⬤⬤ $2 \times 3 = \boxed{}$

❹ ⬤⬤ ⬤⬤ ⬤⬤ ⬤⬤ $2 \times \boxed{} = \boxed{}$

❺ ⬤⬤ ⬤⬤ ⬤⬤ ⬤⬤ ⬤⬤ $2 \times \boxed{} = \boxed{}$

❻ ⬤⬤ ⬤⬤ ⬤⬤ ⬤⬤ ⬤⬤ ⬤⬤ $2 \times \boxed{} = \boxed{}$

❼ ⬤⬤ ⬤⬤ ⬤⬤ ⬤⬤ ⬤⬤ ⬤⬤ ⬤⬤ $2 \times \boxed{} = \boxed{}$

⑧ 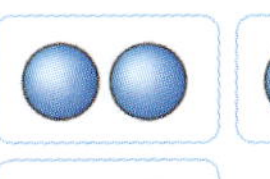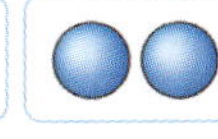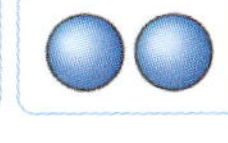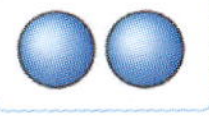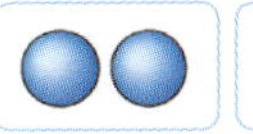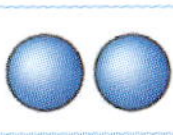　　$2 \times \boxed{} = \boxed{}$

⑨ 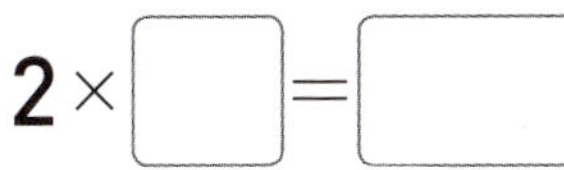　　$2 \times \boxed{} = \boxed{}$

 ☐ 안에 알맞은 수를 써넣으세요.

⑩
$2 \times 1 = \boxed{}$

$2 \times 2 = \boxed{}$

$2 \times 3 = \boxed{}$

⑪
$2 \times 6 = \boxed{}$

$2 \times 7 = \boxed{}$

$2 \times 8 = \boxed{}$

⑫
$2 \times \boxed{} = 8$

$2 \times \boxed{} = 10$

$2 \times \boxed{} = 12$

⑬
$2 \times \boxed{} = 14$

$2 \times \boxed{} = 16$

$2 \times \boxed{} = 18$

🐻 계산해 보세요.

⑭ $2 \times 4 = \boxed{}$　　⑮ $2 \times 5 = \boxed{}$　　⑯ $2 \times 7 = \boxed{}$

⑰ $2 \times 8 = \boxed{}$　　⑱ $2 \times 6 = \boxed{}$　　⑲ $2 \times 9 = \boxed{}$

2단 곱셈구구

 빈칸에 알맞은 수를 써넣으세요.

1 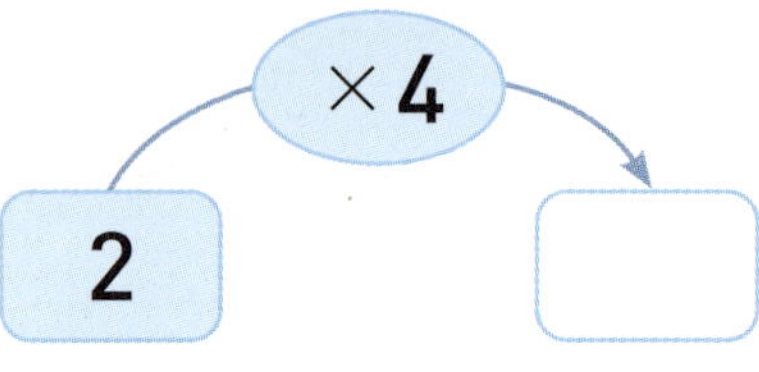

2 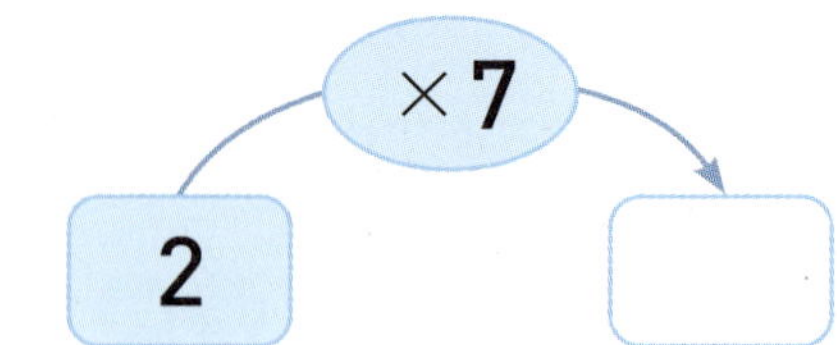

3 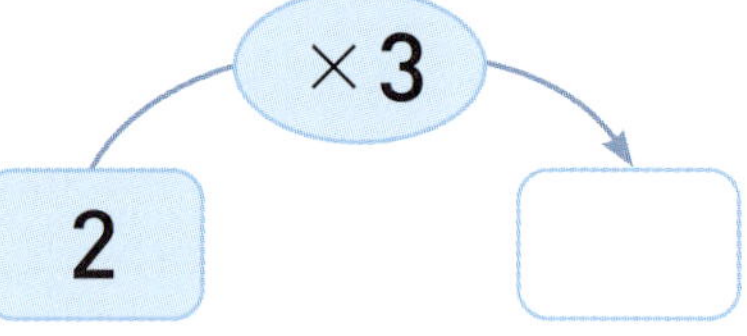

4 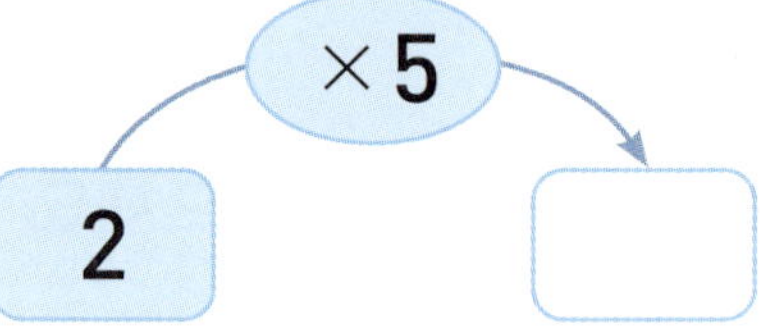

5 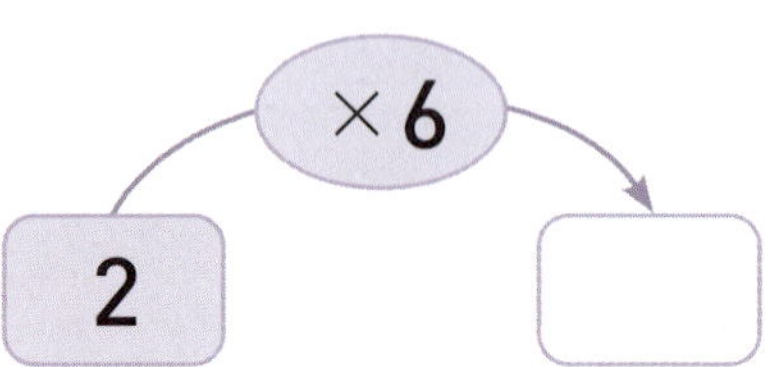

6 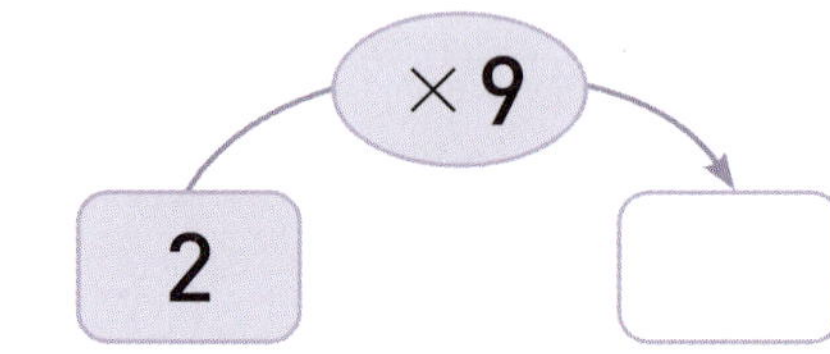

7 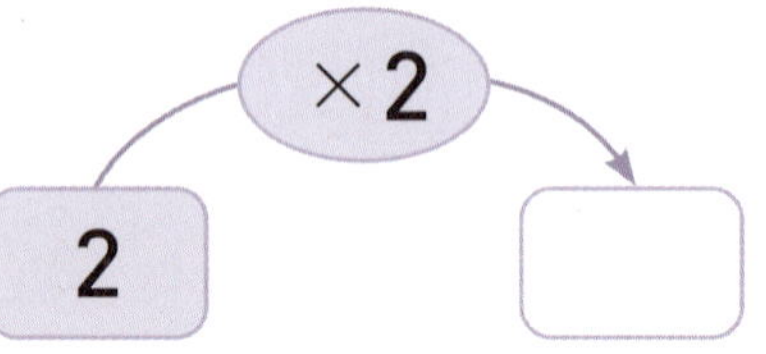

8 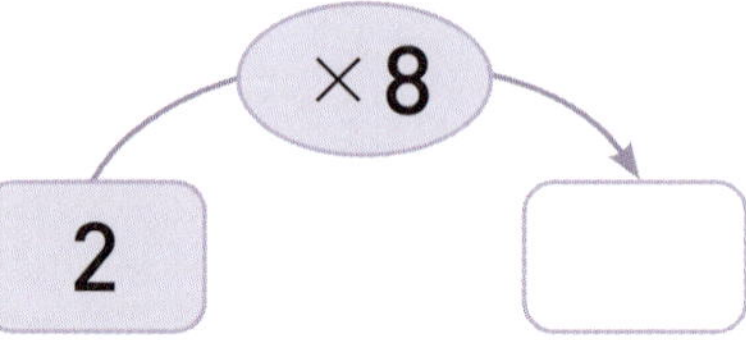

 보기 와 같이 식을 쓰려고 합니다. ☐ 안에 알맞은 수를 써넣으세요.

> **보기**
>
> $2 \times 3 = 2 \times 2 + 2$

9 $2 \times 7 = 2 \times \boxed{} + 2$

10 $2 \times 4 = 2 \times 3 + \boxed{}$

11 $2 \times 6 = 2 \times \boxed{} + 2$

12 $2 \times 8 = 2 \times 7 + \boxed{}$

13 $2 \times 5 = 2 \times \boxed{} + 2$

플러스 계산 연습

생활 속 계산

🚗 한 대에 2명씩 탈 수 있는 자동차가 있습니다. 자동차에 탈 수 있는 사람은 모두 몇 명인지 구하세요.

14 

$2 \times 3 = \boxed{}$ (명)

15 

$2 \times 6 = \boxed{}$ (명)

16 

$2 \times 5 = \boxed{}$ (명)

17 

$2 \times 8 = \boxed{}$ (명)

18 

$2 \times 2 = \boxed{}$ (명)

19 

$2 \times 7 = \boxed{}$ (명)

2

곱셈구구

문장 읽고 계산식 세우기

20

사탕이 2개씩 4봉지 있을 때 사탕은 모두 몇 개?

식 $\boxed{} \times \boxed{} = \boxed{}$ (개)

21
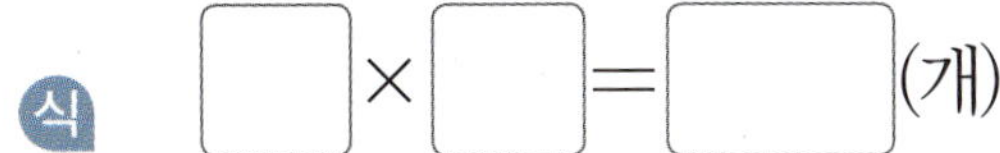
사탕이 2개씩 6봉지 있을 때 사탕은 모두 몇 개?

식 $\boxed{} \times \boxed{} = \boxed{}$ (개)

22

초콜릿이 2개씩 7봉지 있을 때 초콜릿은 모두 몇 개?

식 $\boxed{} \times \boxed{} = \boxed{}$ (개)

23
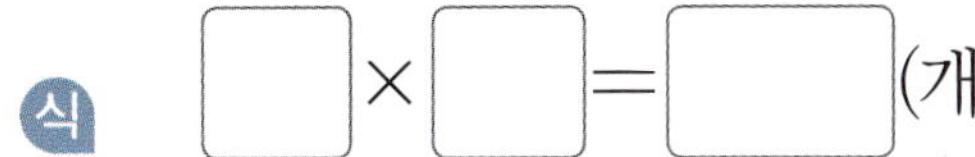
초콜릿이 2개씩 9봉지 있을 때 초콜릿은 모두 몇 개?

식 $\boxed{} \times \boxed{} = \boxed{}$ (개)

3단 곱셈구구

• 그림으로 3단 곱셈구구 알아보기

$$3 × 4 = 12$$

3씩 **4**묶음이므로 **3**×**4**=**12**입니다.

그림을 보고 ☐ 안에 알맞은 수를 써넣으세요.

1 $3 × 1 = \boxed{}$

2 $3 × 2 = \boxed{}$

3 $3 × \boxed{} = \boxed{}$

4 $3 × \boxed{} = \boxed{}$

5 $3 × \boxed{} = \boxed{}$

6 $3 × \boxed{} = \boxed{}$

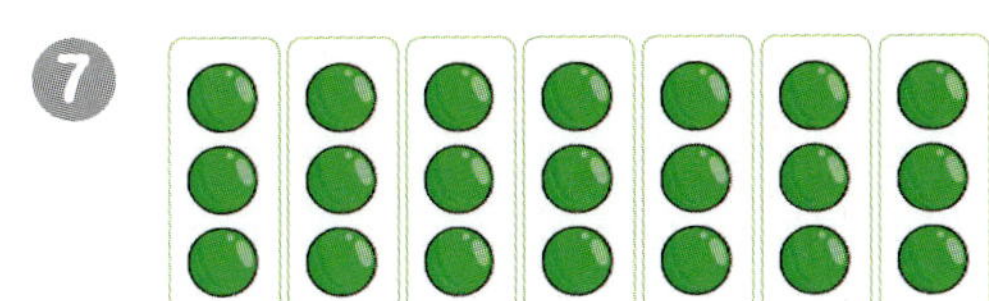

기초 계산 연습

▶ 정답과 해설 7쪽

7 $3 \times \square = \square$

8 $3 \times \square = \square$

9 $3 \times \square = \square$

🐻 □ 안에 알맞은 수를 써넣으세요.

10

$3 \times 2 = \square$

$3 \times 3 = \square$

$3 \times 4 = \square$

11

$3 \times 6 = \square$

$3 \times 7 = \square$

$3 \times 8 = \square$

12

$3 \times \square = 12$

$3 \times \square = 15$

$3 \times \square = 18$

13

$3 \times \square = 21$

$3 \times \square = 24$

$3 \times \square = 27$

3단 곱셈구구

 빈칸에 알맞은 수를 써넣으세요.

1
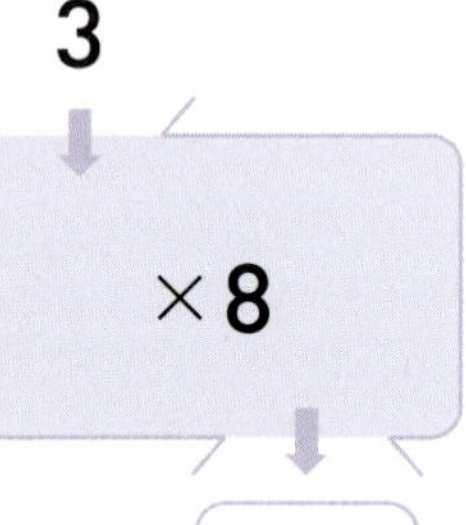
3
$\times 2$

2
3
$\times 3$

3
3
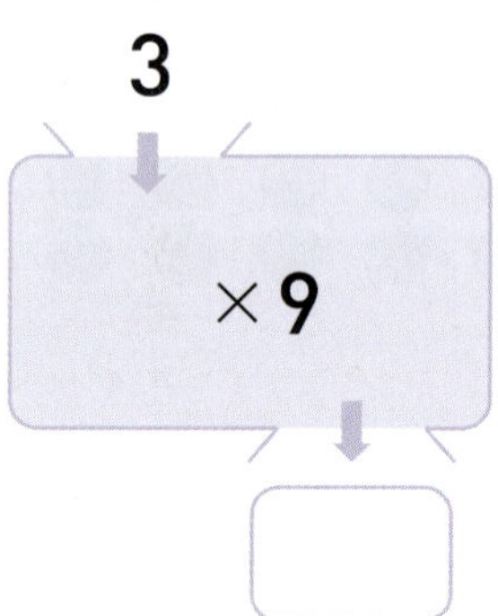
$\times 5$

4
3
$\times 8$

5
3
$\times 6$

6
3
$\times 9$

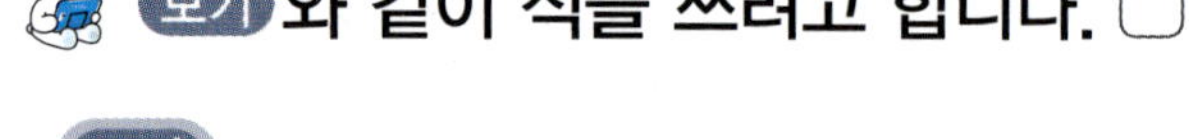 보기 와 같이 식을 쓰려고 합니다. ☐ 안에 알맞은 수를 써넣으세요.

보기
$$3 \times 2 = 3 \times 1 + 3$$

7 $\quad 3 \times 4 = 3 \times \boxed{} + 3$

8 $\quad 3 \times 3 = 3 \times 2 + \boxed{}$

9 $\quad 3 \times 6 = 3 \times \boxed{} + 3$

10 $\quad 3 \times 5 = 3 \times 4 + \boxed{}$

11 $\quad 3 \times 8 = 3 \times \boxed{} + 3$

12 $\quad 3 \times 7 = 3 \times 6 + \boxed{}$

13 $\quad 3 \times 9 = 3 \times \boxed{} + 3$

생활 속 계산

어항 1개에 금붕어가 3마리씩 들어 있습니다. 금붕어는 모두 몇 마리인지 구하세요.

14 

$3 \times \boxed{} = \boxed{}$ (마리)

15 

$3 \times \boxed{} = \boxed{}$ (마리)

16 

$3 \times \boxed{} = \boxed{}$ (마리)

17 

$3 \times \boxed{} = \boxed{}$ (마리)

18 

$3 \times \boxed{} = \boxed{}$ (마리)

19 

$3 \times \boxed{} = \boxed{}$ (마리)

문장 읽고 계산식 세우기

20 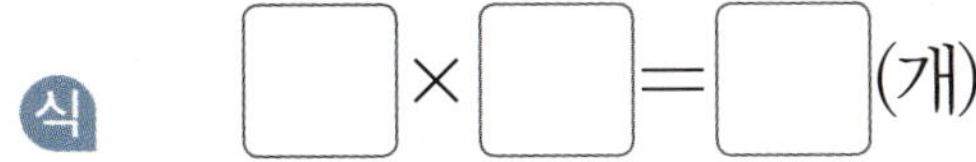
귤이 한 줄에 3개씩 2줄 있으면 귤은 모두 몇 개?

식　$\boxed{} \times \boxed{} = \boxed{}$ (개)

21 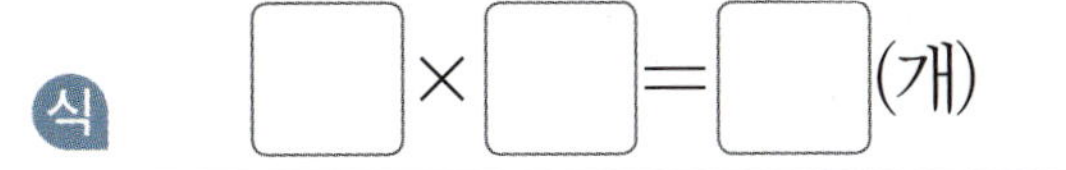
귤이 한 줄에 3개씩 3줄 있으면 귤은 모두 몇 개?

식　$\boxed{} \times \boxed{} = \boxed{}$ (개)

22 
사과가 한 줄에 3개씩 9줄 있으면 사과는 모두 몇 개?

식　$\boxed{} \times \boxed{} = \boxed{}$ (개)

23 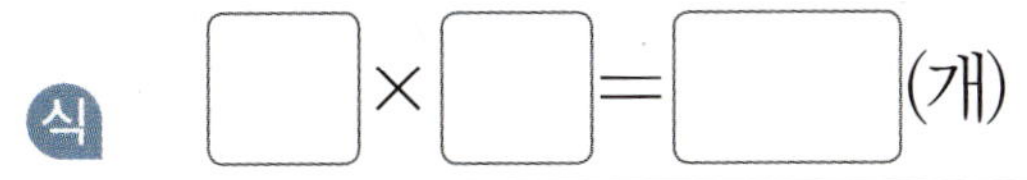
사과가 한 줄에 3개씩 7줄 있으면 사과는 모두 몇 개?

식　$\boxed{} \times \boxed{} = \boxed{}$ (개)

4단 곱셈구구

• 그림으로 4단 곱셈구구 알아보기

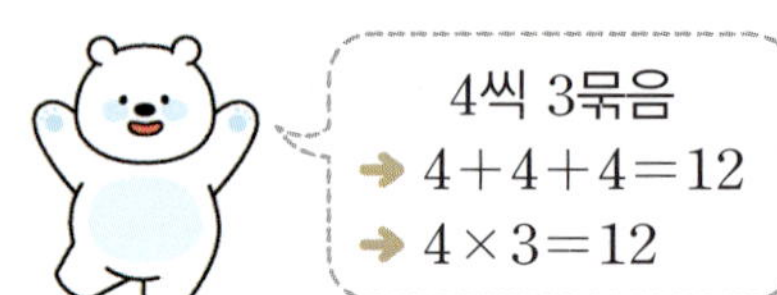

$$4 \times 3 = 12$$

4씩 3묶음이므로 4×3＝12입니다.

그림을 보고 □ 안에 알맞은 수를 써넣으세요.

①  $4 \times 1 = \boxed{}$

② 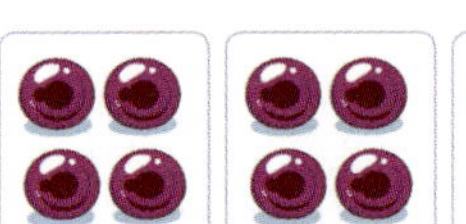 $4 \times 2 = \boxed{}$

③ 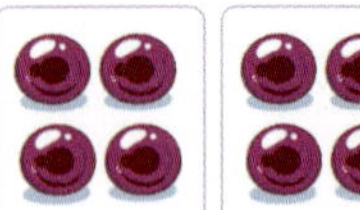 $4 \times 3 = \boxed{}$

④ 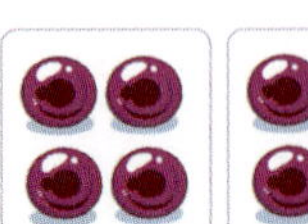   $4 \times \boxed{} = \boxed{}$

⑤ $4 \times \boxed{} = \boxed{}$

⑥       $4 \times \boxed{} = \boxed{}$

 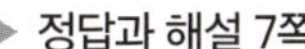

기초 계산 연습

▶ 정답과 해설 7쪽

7        

$4 \times \boxed{} = \boxed{}$

8 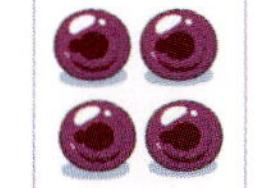     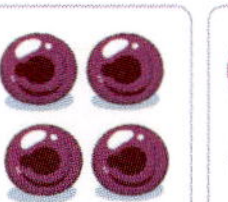 

$4 \times \boxed{} = \boxed{}$

9 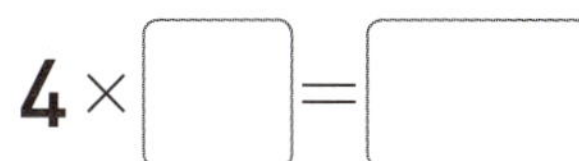

$4 \times \boxed{} = \boxed{}$

 ☐ 안에 알맞은 수를 써넣으세요.

10

$4 \times 2 = \boxed{}$

$4 \times 3 = \boxed{}$

$4 \times 4 = \boxed{}$

11

$4 \times 5 = \boxed{}$

$4 \times 6 = \boxed{}$

$4 \times 7 = \boxed{}$

12

$4 \times \boxed{} = 4$

$4 \times \boxed{} = 8$

$4 \times \boxed{} = 12$

13

$4 \times \boxed{} = 28$

$4 \times \boxed{} = 32$

$4 \times \boxed{} = 36$

4단 곱셈구구

빈칸에 알맞은 수를 써넣으세요.

1 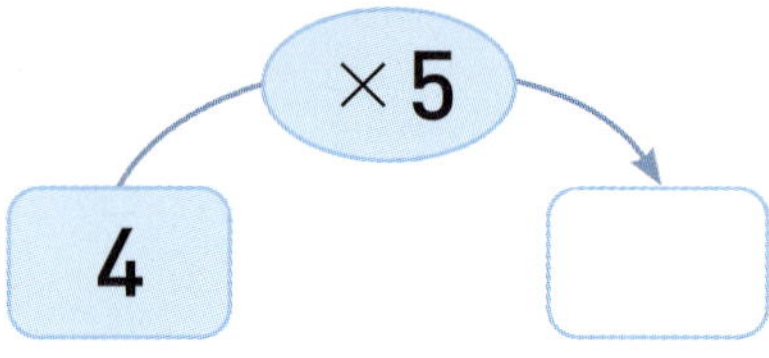

2 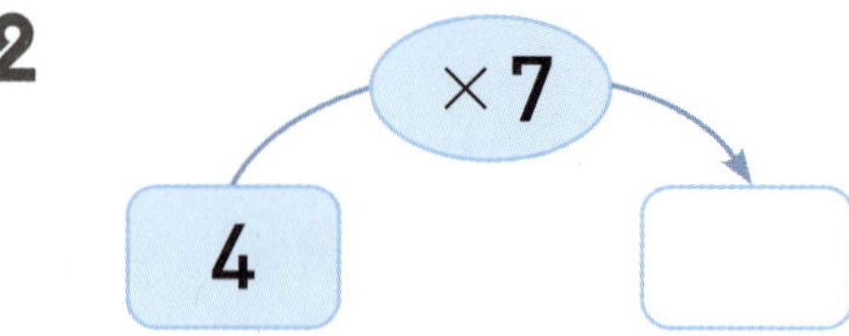

3 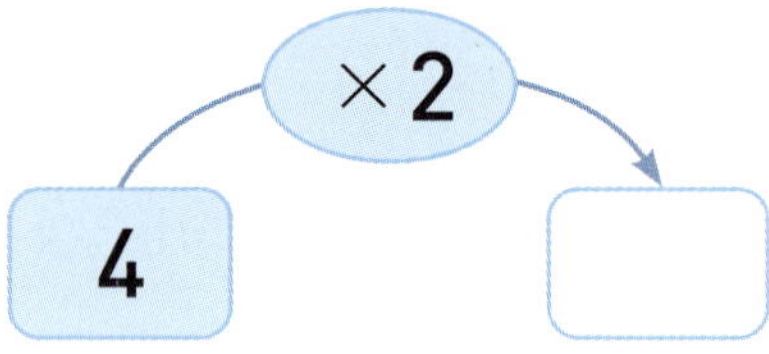

4 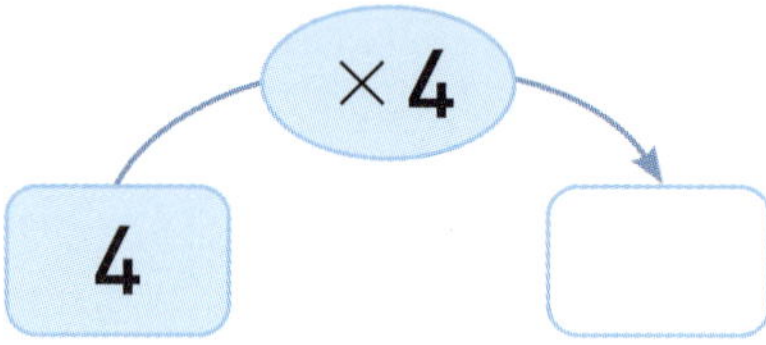

5 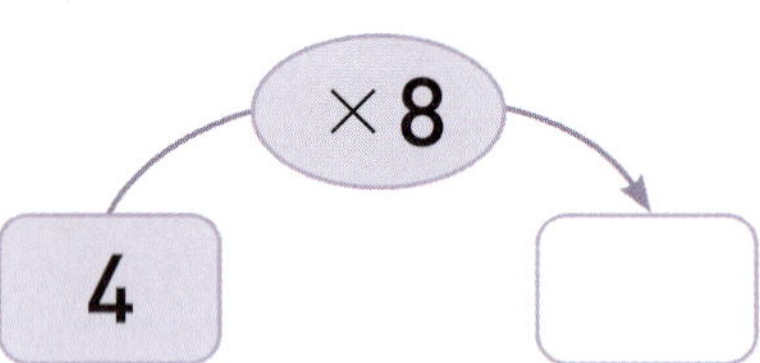

6 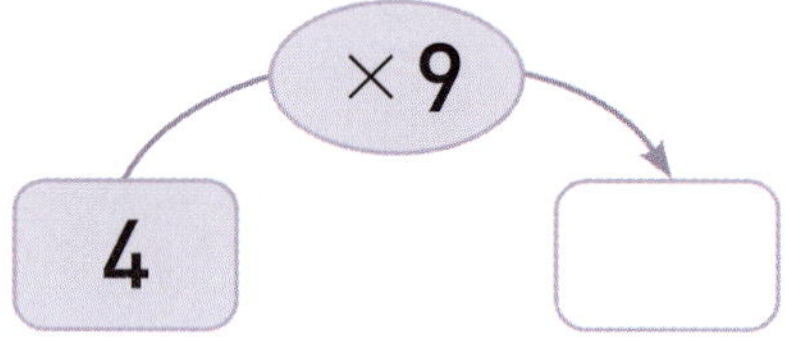

7 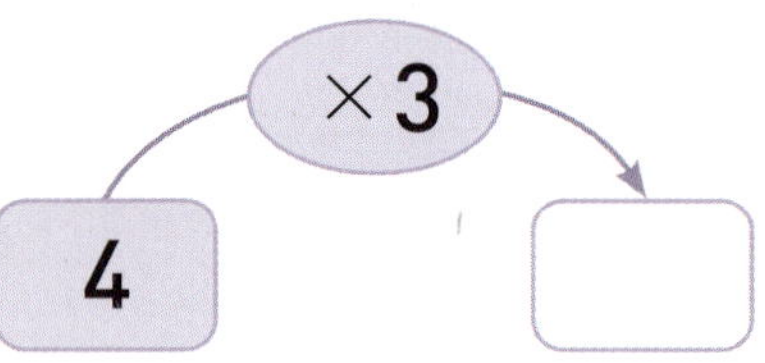

8 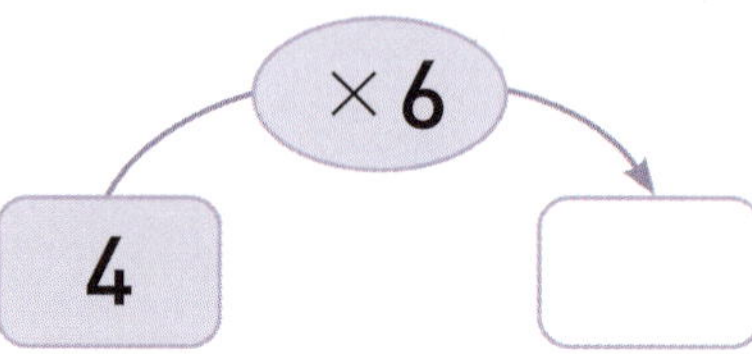

보기 와 같이 식을 쓰려고 합니다. ☐ 안에 알맞은 수를 써넣으세요.

보기
$$4 \times 3 = 4 \times 2 + 4$$

9 $4 \times 4 = 4 \times \boxed{} + 4$

10 $4 \times 5 = 4 \times 4 + \boxed{}$

11 $4 \times 6 = 4 \times \boxed{} + 4$

12 $4 \times 8 = 4 \times 7 + \boxed{}$

13 $4 \times 9 = 4 \times \boxed{} + 4$

플러스 계산 연습

한 접시에 과자가 4개씩 있습니다. 과자가 담긴 접시 수가 주어졌을 때 과자는 모두 몇 개인지 구하세요.

14 

$4 \times 3 = \boxed{}$ (개)

15 

$4 \times 5 = \boxed{}$ (개)

16 

$4 \times 7 = \boxed{}$ (개)

17 

$4 \times 9 = \boxed{}$ (개)

18 

$4 \times 5 = \boxed{}$ (개)

19 

$4 \times 8 = \boxed{}$ (개)

20 칫솔이 한 묶음에 4개씩 2묶음 있을 때 칫솔은 모두 몇 개?

식 $\boxed{} \times \boxed{} = \boxed{}$ (개)

21 칫솔이 한 묶음에 4개씩 4묶음 있을 때 칫솔은 모두 몇 개?

식 $\boxed{} \times \boxed{} = \boxed{}$ (개)

22 비누가 한 묶음에 4개씩 6묶음 있을 때 비누는 모두 몇 개?

식 $\boxed{} \times \boxed{} = \boxed{}$ (개)

23 비누가 한 묶음에 4개씩 8묶음 있을 때 비누는 모두 몇 개?

식 $\boxed{} \times \boxed{} = \boxed{}$ (개)

2

곱셈구구

5단 곱셈구구

• 그림으로 5단 곱셈구구 알아보기

$$5 \times 2 = 10$$

5씩 **2**묶음이므로 **5** × **2** = **10**입니다.

2 곱셈구구

그림을 보고 ☐ 안에 알맞은 수를 써넣으세요.

①  $5 \times 1 = \boxed{}$　　　　**②** 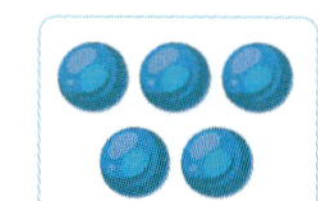 $5 \times 2 = \boxed{}$

③ 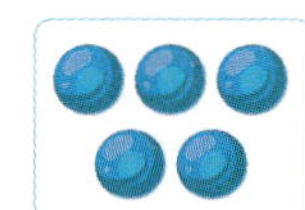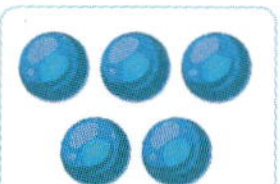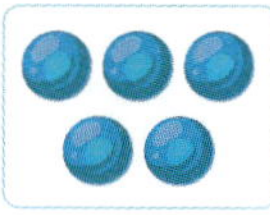 $5 \times 3 = \boxed{}$

④ 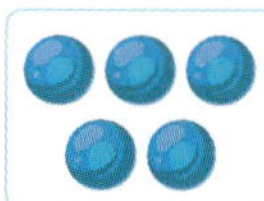 $5 \times \boxed{} = \boxed{}$

⑤ 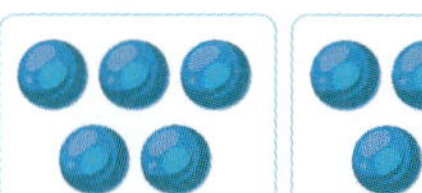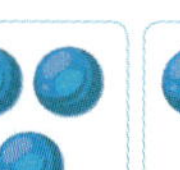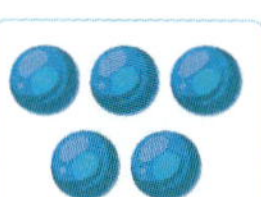 $5 \times \boxed{} = \boxed{}$

⑥ 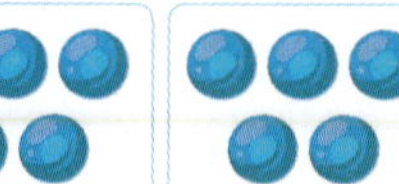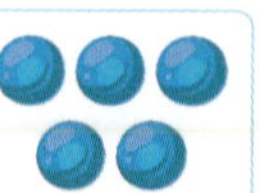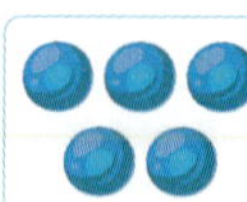 $5 \times \boxed{} = \boxed{}$

⑦ 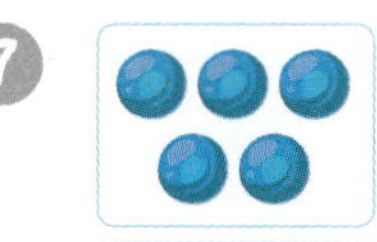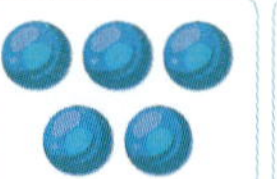 $5 \times \boxed{} = \boxed{}$

기초 계산 연습

▶ 정답과 해설 7쪽

⑧ 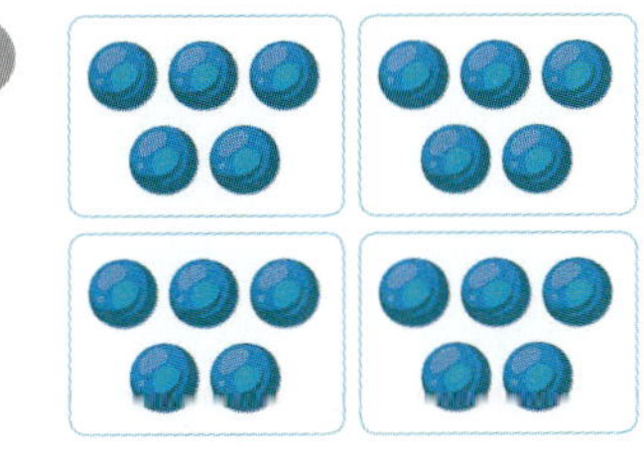

$5 \times \boxed{} = \boxed{}$

⑨ 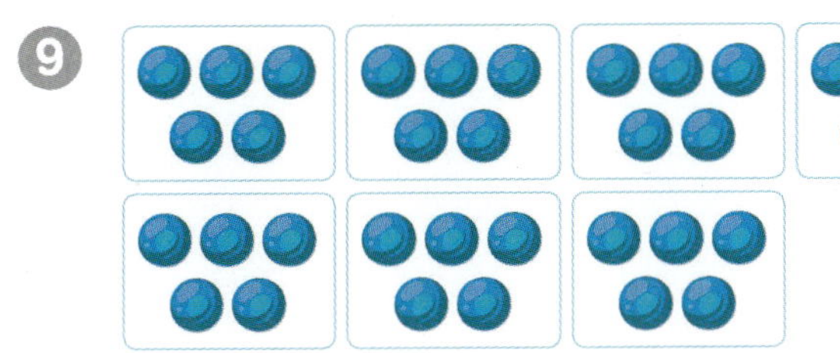

$5 \times \boxed{} = \boxed{}$

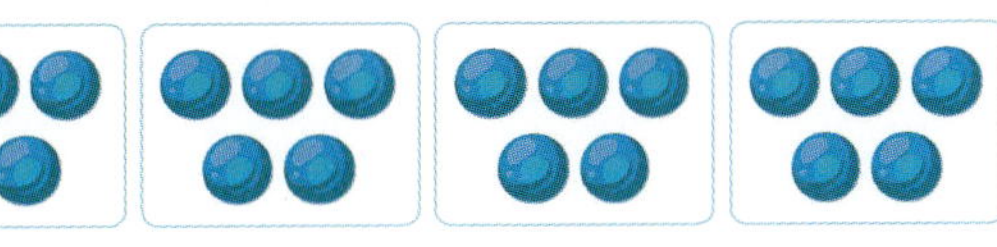 □ 안에 알맞은 수를 써넣으세요.

⑩

$5 \times 1 = \boxed{}$

$5 \times 2 = \boxed{}$

$5 \times 3 = \boxed{}$

⑪

$5 \times 7 = \boxed{}$

$5 \times 8 = \boxed{}$

$5 \times 9 = \boxed{}$

⑫

$5 \times \boxed{} = 15$

$5 \times \boxed{} = 20$

$5 \times \boxed{} = 25$

⑬

$5 \times \boxed{} = 30$

$5 \times \boxed{} = 35$

$5 \times \boxed{} = 40$

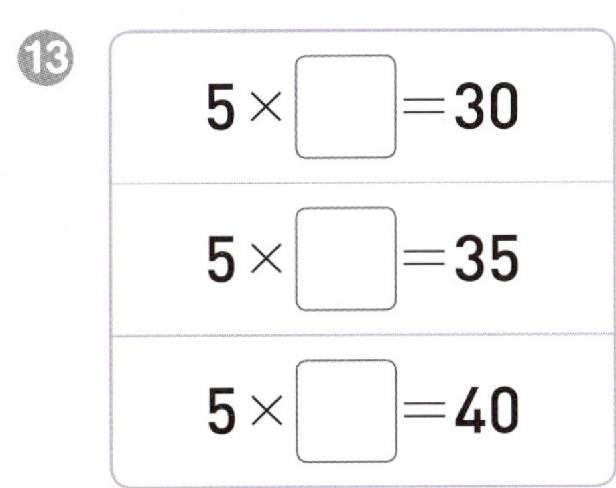 계산해 보세요.

⑭ $5 \times 6 = \boxed{}$　　**⑮** $5 \times 4 = \boxed{}$　　**⑯** $5 \times 2 = \boxed{}$

⑰ $5 \times 7 = \boxed{}$　　**⑱** $5 \times 9 = \boxed{}$　　**⑲** $5 \times 3 = \boxed{}$

2

곱셈구구

5단 곱셈구구

 빈칸에 알맞은 수를 써넣으세요.

1
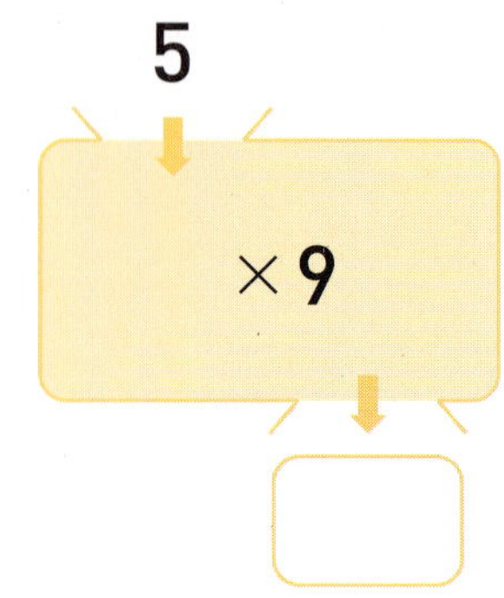

2
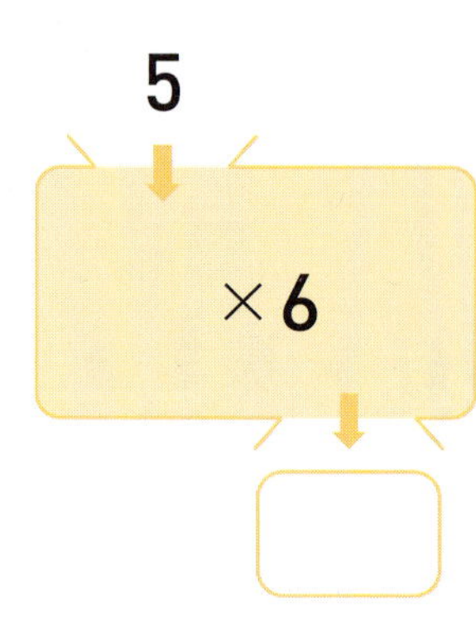

3
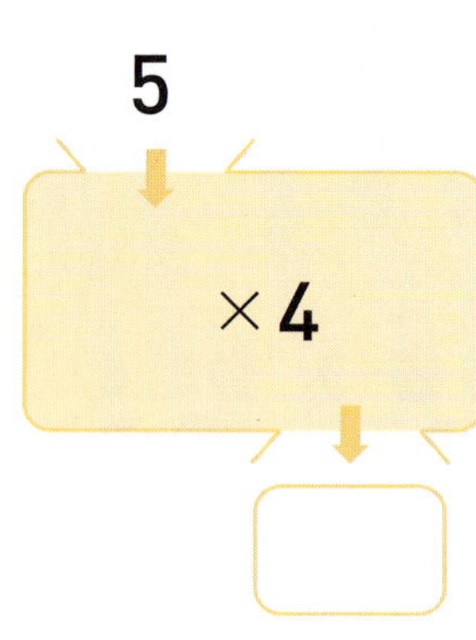

4
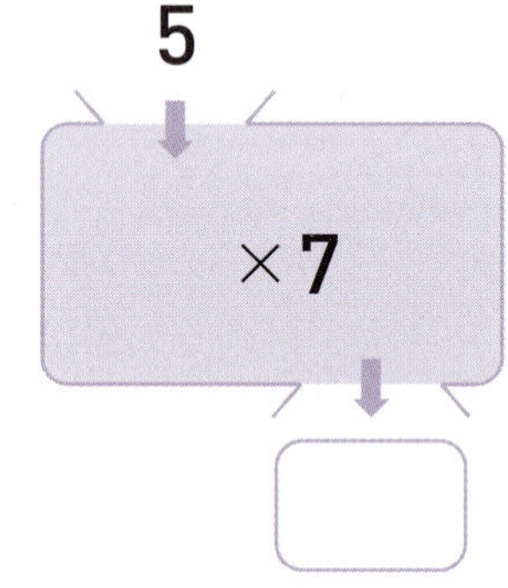

5
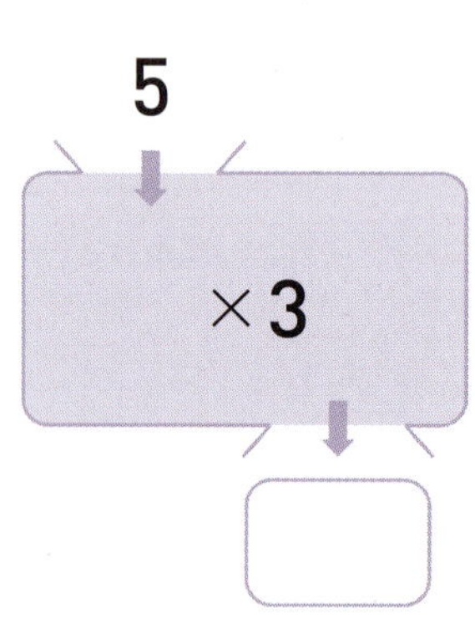

6
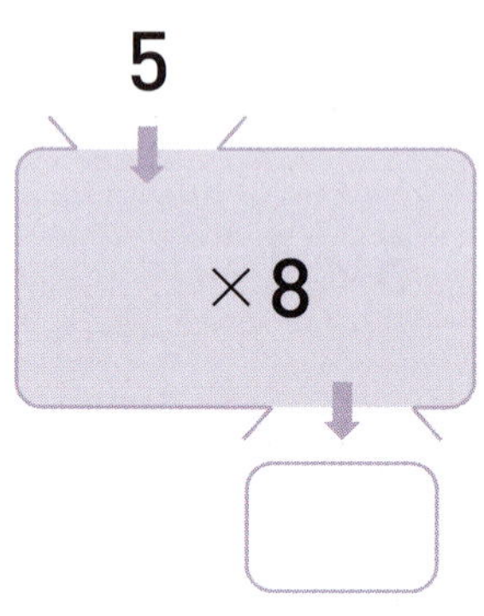

 보기 와 같이 식을 쓰려고 합니다. ☐ 안에 알맞은 수를 써넣으세요.

보기

$$5 \times 3 = 5 \times 2 + 5$$

7 $5 \times 2 = 5 \times \boxed{} + 5$

8 $5 \times 5 = 5 \times 4 + \boxed{}$

9 $5 \times 4 = 5 \times \boxed{} + 5$

10 $5 \times 7 = 5 \times 6 + \boxed{}$

11 $5 \times 6 = 5 \times \boxed{} + 5$

12 $5 \times 9 = 5 \times 8 + \boxed{}$

13 $5 \times 8 = 5 \times \boxed{} + 5$

2
곱셈구구

플러스 계산 연습

생활 속 계산

🐻 한 봉지에 5개씩 들어 있는 사탕이 있습니다. 어린이가 가지고 있는 사탕은 몇 개인지 구하세요.

14 

☐ 개

15 

☐ 개

16 

☐ 개

17 

☐ 개

18 

☐ 개

19 

☐ 개

문장 읽고 계산식 세우기

20 어항 한 개에 물고기가 5마리씩 있다면 어항 5개에 있는 물고기는 모두 몇 마리?

식 ☐ × ☐ = ☐ (마리)

21 어항 한 개에 물고기가 5마리씩 있다면 어항 3개에 있는 물고기는 모두 몇 마리?

식 ☐ × ☐ = ☐ (마리)

22 수족관 한 개에 거북이 5마리씩 있다면 수족관 9개에 있는 거북은 모두 몇 마리?

식 ☐ × ☐ = ☐ (마리)

23 수족관 한 개에 거북이 5마리씩 있다면 수족관 8개에 있는 거북은 모두 몇 마리?

식 ☐ × ☐ = ☐ (마리)

5 일차

2~5단 곱셈표

• 곱셈표

×	1	2	3	4
2	2	4	6	⑧
3	3	6	9	12
4	4	⑧	12	16
5	5	10	15	20

곱하는 두 수의 순서를 바꾸어도 곱은 같습니다.

$$2 \times 4 = 8, \ 4 \times 2 = 8$$

곱이 같습니다.

2

곱셈구구

빈칸에 알맞은 수를 써넣으세요.

①

×	2	3	4	5	6
2					

②

×	2	3	4	5	6
3					

③

×	5	6	7	8	9
3					

④

×	3	4	5	6	7
4					

⑤

×	5	6	7	8	9
4					

⑥

×	1	2	3	4	5
5					

▶ 정답과 해설 8쪽

빈칸에 알맞은 수를 써넣어 곱셈표를 완성하세요.

❼

×	1	2	3	4
2	2			
3		6		
4				16
5	5			

❽

×	2	3	4	5
2				10
3			12	
4		12		
5			20	

❾

×	3	4	5	6
2		8		
3		12		
4	12			
5			25	

❿

×	5	6	7	8
2	10			
3			21	
4				
5				40

⓫

×	6	7	8	9
2	12			
3				27
4		28		
5				

⓬

×	4	5	6	7
2		10		
3	12			
4		20		
5				

2~5단 곱셈표

🐻 보기 와 같이 결과가 같도록 ☐ 안에 알맞은 수를 써넣으세요.

보기

×	2	3
2	4	6
3	6	9

→ 2×3

$2 \times 3 = 6 = 3 \times 2$

'×' 앞의 수와 뒤의 수를 바꾸어 곱해도 결과는 같아요.

→ 3×2

1 $2 \times 8 = 8 \times \boxed{}$

2 $5 \times 7 = 7 \times \boxed{}$

3 $3 \times 6 = 6 \times \boxed{}$

4 $3 \times 4 = 4 \times \boxed{}$

5 $2 \times 6 = 6 \times \boxed{}$

6 $2 \times 7 = 7 \times \boxed{}$

7 $5 \times 3 = 3 \times \boxed{}$

8 $4 \times 5 = 5 \times \boxed{}$

9 $3 \times 8 = 8 \times \boxed{}$

10 $5 \times 2 = \boxed{} \times 5$

11 $4 \times 3 = \boxed{} \times 4$

12 $4 \times 6 = \boxed{} \times 4$

13 $4 \times 7 = \boxed{} \times 4$

14 $4 \times 9 = \boxed{} \times 4$

15 $5 \times 8 = \boxed{} \times 5$

16 $2 \times 4 = 4 \times \boxed{}$

17 $5 \times 9 = \boxed{} \times 5$

18 $3 \times 7 = 7 \times \boxed{}$

19 $5 \times 6 = \boxed{} \times 5$

20 $3 \times 9 = \boxed{} \times 3$

플러스 계산 연습

🐻 수직선을 보고 곱셈을 하세요.

21

$2 \times 3 = \boxed{}$

22

$3 \times 4 = \boxed{}$

23

$4 \times \boxed{} = \boxed{}$

24

$5 \times \boxed{} = \boxed{}$

25

$3 \times \boxed{} = \boxed{}$

26

$2 \times \boxed{} = \boxed{}$

문장 읽고 계산식 세우기

27
한 접시에 4개씩 담긴 만두가 5접시 있다면 만두는 모두 몇 개?

식　$\boxed{} \times \boxed{} = \boxed{}$ (개)

28
한 접시에 4개씩 담긴 만두가 6접시 있다면 만두는 모두 몇 개?

식　$\boxed{} \times \boxed{} = \boxed{}$ (개)

29
한 봉지에 2개씩 들어 있는 빵이 8봉지 있다면 빵은 모두 몇 개?

식　$\boxed{} \times \boxed{} = \boxed{}$ (개)

30
한 봉지에 2개씩 들어 있는 빵이 9봉지 있다면 빵은 모두 몇 개?

식　$\boxed{} \times \boxed{} = \boxed{}$ (개)

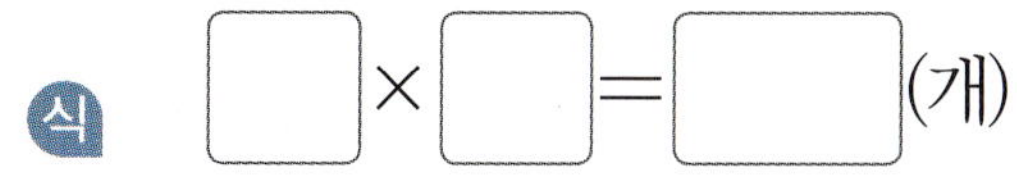

2

곱셈구구

 계산을 하세요.

① $2 \times 9 =$ ☐ ② $4 \times 6 =$ ☐ ③ $5 \times 7 =$ ☐

④ $3 \times 4 =$ ☐ ⑤ $2 \times 7 =$ ☐ ⑥ $4 \times 5 =$ ☐

⑦ $2 \times 8 =$ ☐ ⑧ $5 \times 6 =$ ☐ ⑨ $5 \times 4 =$ ☐

⑩ $4 \times 7 =$ ☐ ⑪ $3 \times 9 =$ ☐ ⑫ $3 \times 6 =$ ☐

⑬ $2 \times$ ☐ $= 10$ ⑭ $3 \times$ ☐ $= 21$ ⑮ $4 \times$ ☐ $= 12$

⑯ $3 \times$ ☐ $= 24$ ⑰ $3 \times$ ☐ $= 15$ ⑱ $4 \times$ ☐ $= 32$

⑲ $5 \times$ ☐ $= 10$ ⑳ $2 \times$ ☐ $= 12$ ㉑ $5 \times$ ☐ $= 40$

㉒ $2 \times$ ☐ $= 6$ ㉓ $4 \times$ ☐ $= 36$ ㉔ $5 \times$ ☐ $= 15$

2
곱셈구구

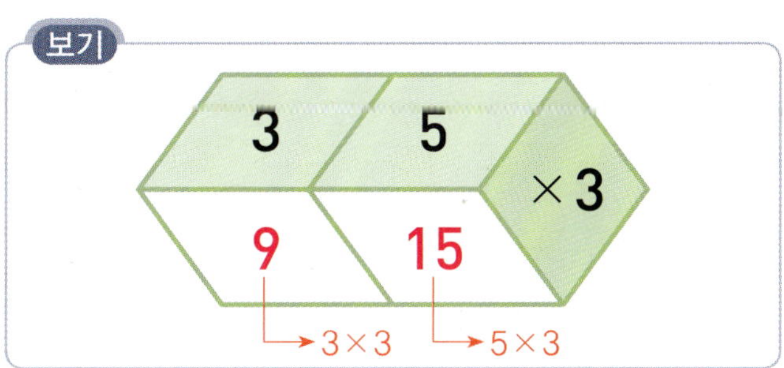 보기 와 같이 빈칸에 알맞은 수를 써넣으세요.

보기

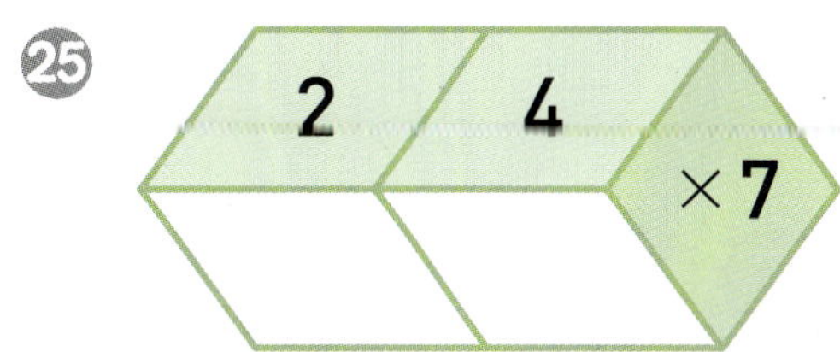

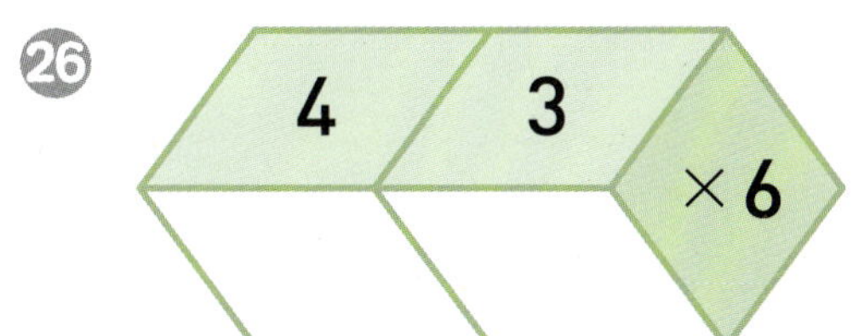

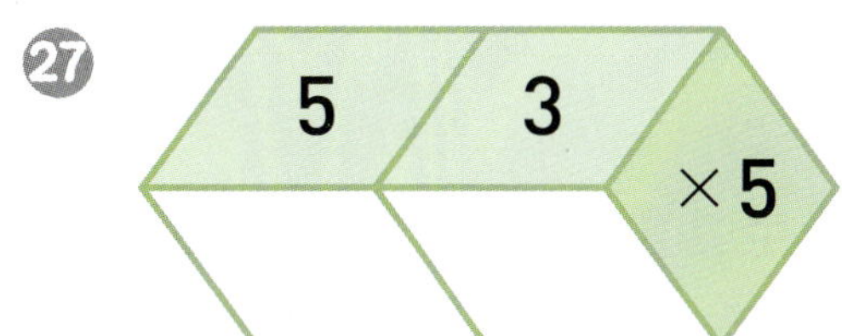

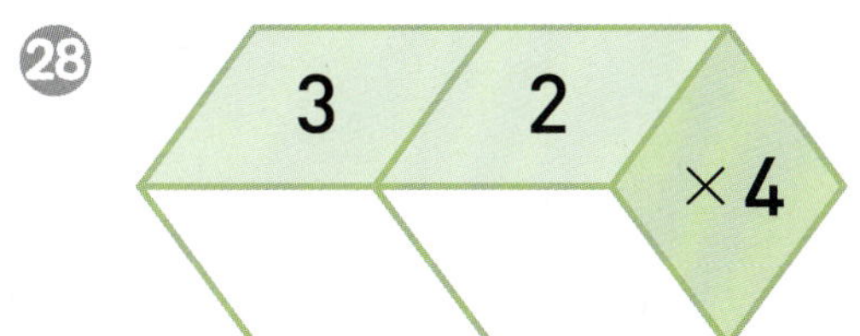

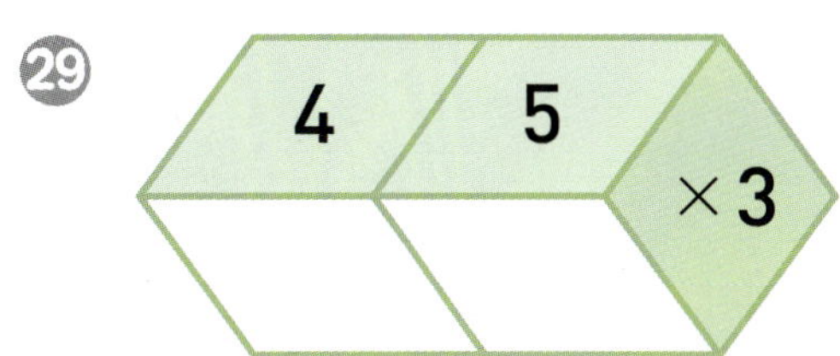

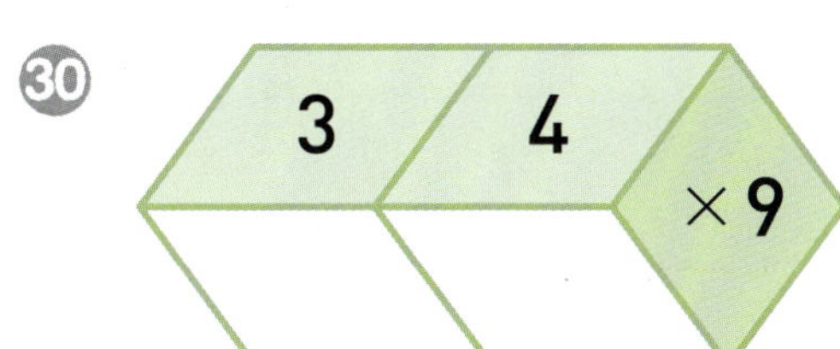

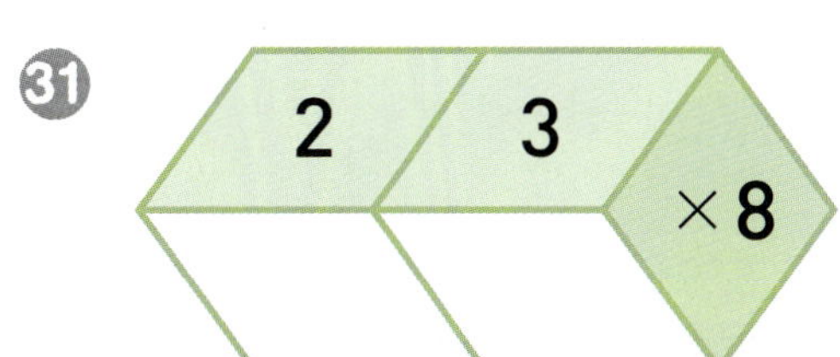

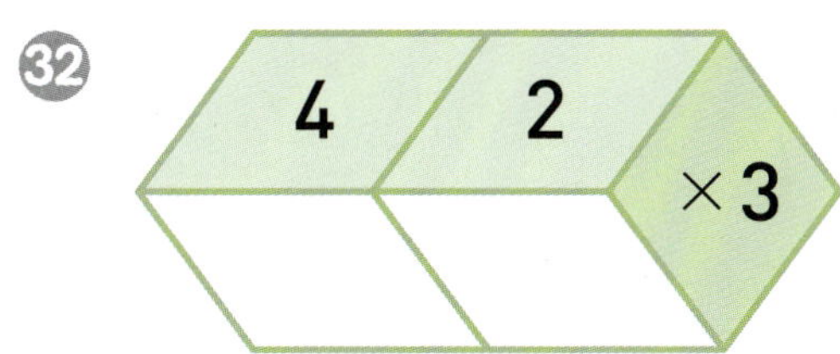

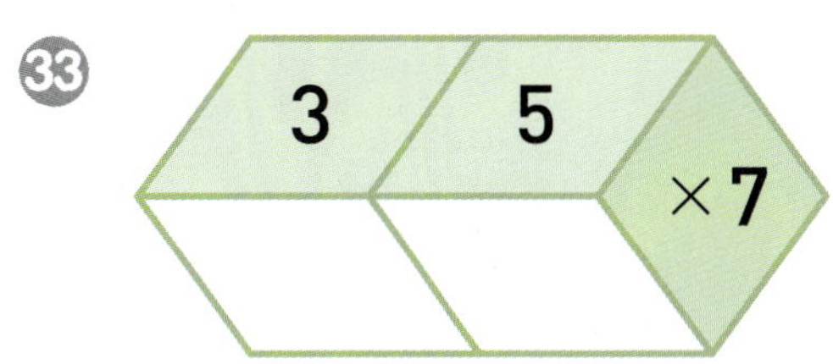

제한 시간 안에 정확하게
모두 풀었다면 여러분은 진정한 **계산왕!**

6단 곱셈구구

- 그림으로 6단 곱셈구구 알아보기

$$6 \times 2 = 12$$

6씩 **2**묶음이므로 **6** $\times$ **2** = **12**입니다.

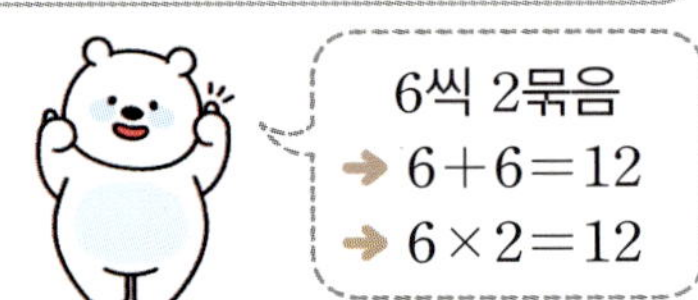

그림을 보고 ☐ 안에 알맞은 수를 써넣으세요.

①  $6 \times 1 = \boxed{}$

② $6 \times 2 = \boxed{}$

③ 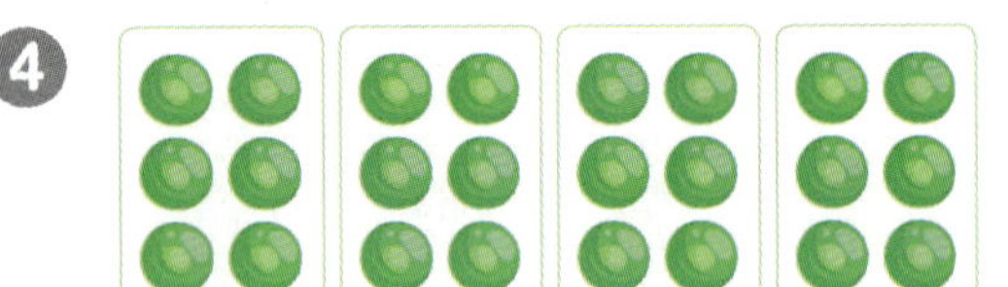 $6 \times 3 = \boxed{}$

④  $6 \times \boxed{} = \boxed{}$

⑤ $6 \times \boxed{} = \boxed{}$

⑥ 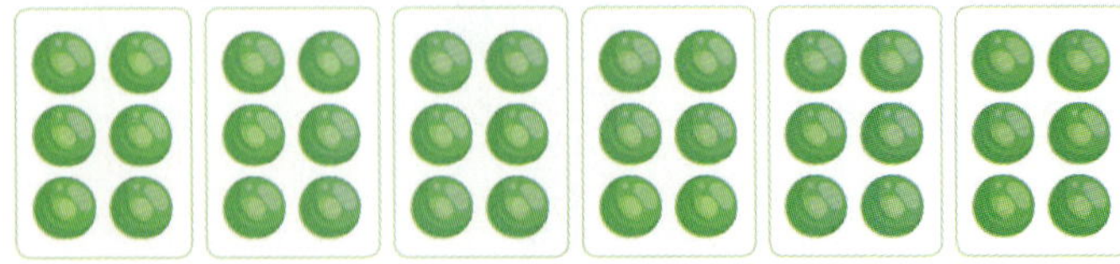 $6 \times \boxed{} = \boxed{}$

 기초 계산 연습

❼ 6 × ☐ = ☐

❽ 6 × ☐ = ☐

❾ 6 × ☐ = ☐

 ☐ 안에 알맞은 수를 써넣으세요.

❿
6 × 1 = ☐
6 × 2 = ☐
6 × 3 = ☐

⓫
6 × 7 = ☐
6 × 8 = ☐
6 × 9 = ☐

⓬
6 × ☐ = 24
6 × ☐ = 30
6 × ☐ = 36

⓭
6 × ☐ = 36
6 × ☐ = 42
6 × ☐ = 48

6단 곱셈구구

빈칸에 알맞은 수를 써넣으세요.

1 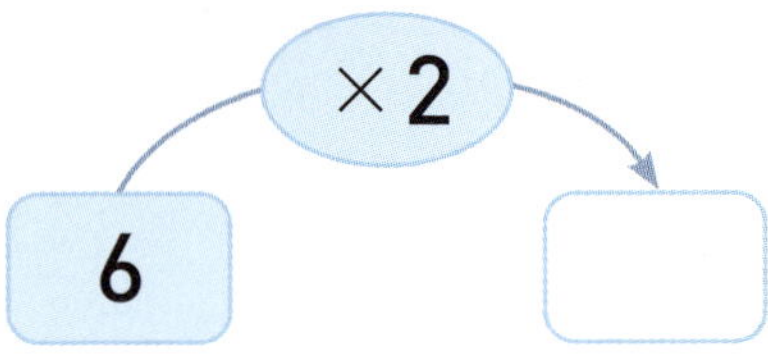

2 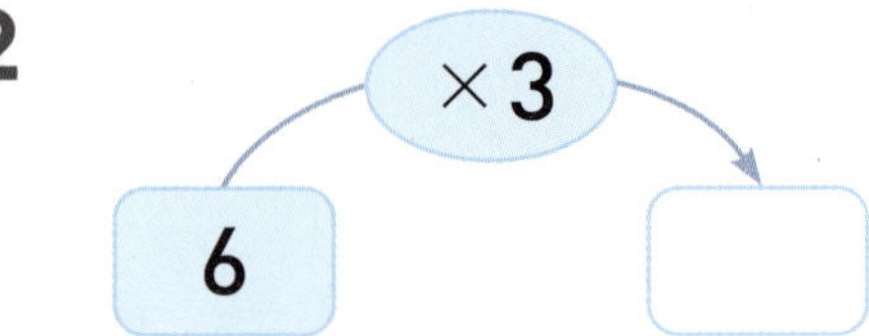

3 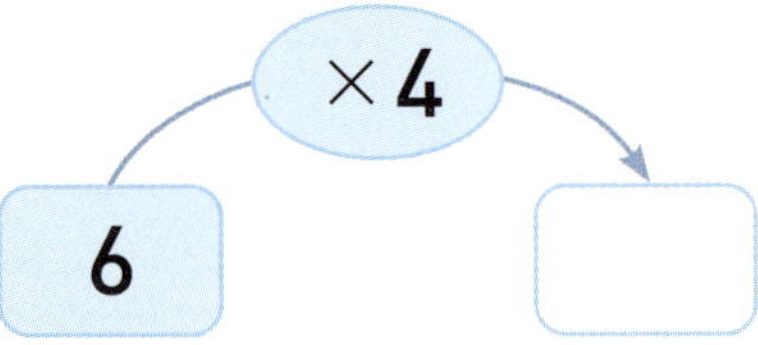

4 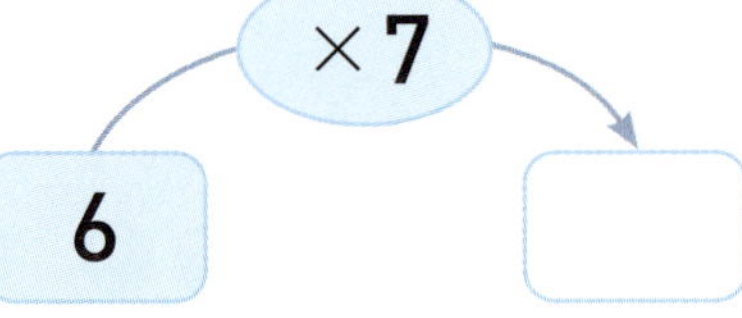

5 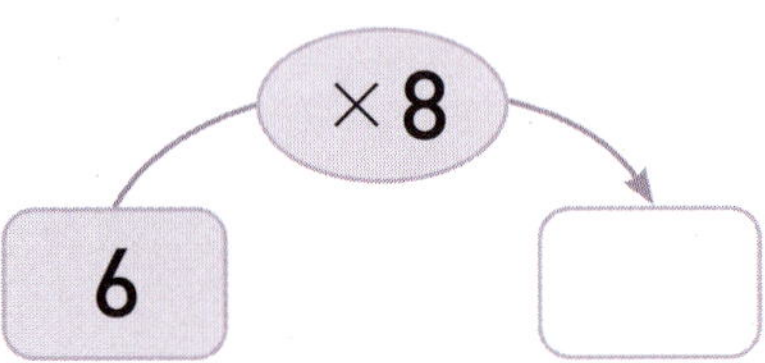

6 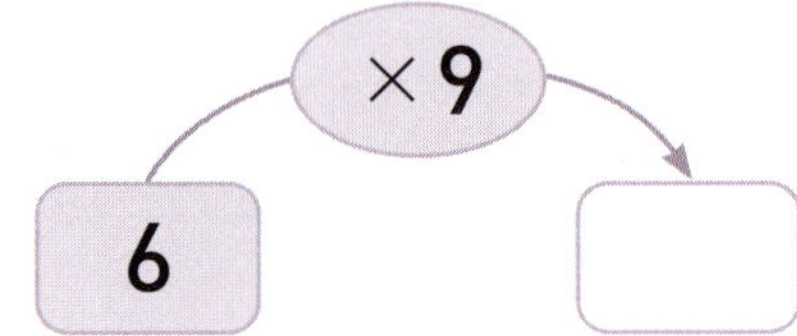

7 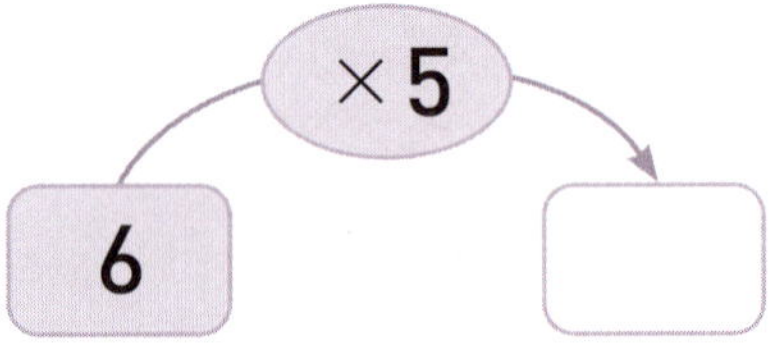

8 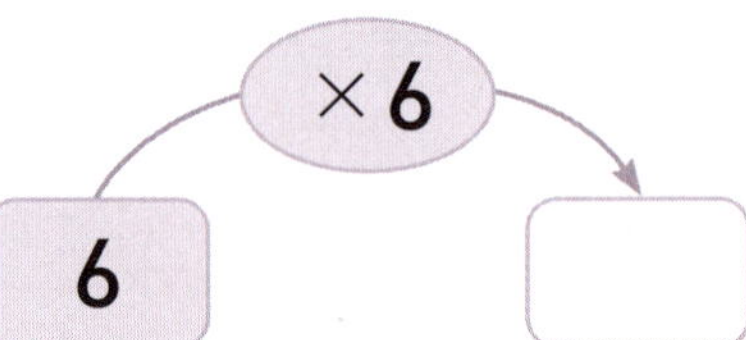

보기 와 같이 식을 쓰려고 합니다. ☐ 안에 알맞은 수를 써넣으세요.

보기
$$6 \times 3 = 6 \times 2 + 6$$

9 $6 \times 5 = 6 \times \boxed{} + 6$

10 $6 \times 6 = 6 \times 5 + \boxed{}$

11 $6 \times 7 = 6 \times \boxed{} + 6$

12 $6 \times 8 = 6 \times 7 + \boxed{}$

13 $6 \times 9 = 6 \times \boxed{} + 6$

생활 속 계산

개미의 수가 다음과 같을 때 개미의 다리는 모두 몇 개인지 구하세요.

14 개미 4마리가 있어요.

☐ 개

15 개미 2마리가 있어요.

☐ 개

16 개미 8마리가 있어요.

☐ 개

17 개미 7마리가 있어요.

☐ 개

18 개미 6마리가 있어요.

☐ 개

19 개미 9마리가 있어요.

☐ 개

문장 읽고 계산식 세우기

20 육각형 5개의 변은 모두 몇 개?

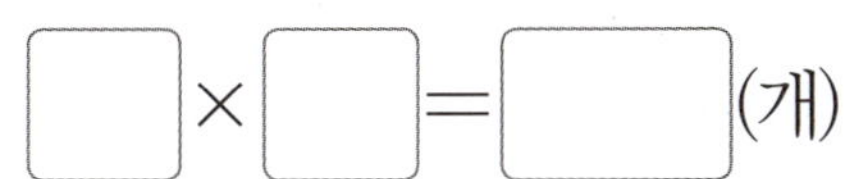
식 ☐ × ☐ = ☐ (개)

21 육각형 3개의 변은 모두 몇 개?

식 ☐ × ☐ = ☐ (개)

22 육각형 6개의 꼭짓점은 모두 몇 개?

식 ☐ × ☐ = ☐ (개)

23 육각형 7개의 꼭짓점은 모두 몇 개?

식 ☐ × ☐ = ☐ (개)

7단 곱셈구구

- **그림으로 7단 곱셈구구 알아보기**

$$7 \times 4 = 28$$

7씩 **4**묶음이므로 **7**×**4**=**28**입니다.

2

곱셈구구

 그림을 보고 ☐ 안에 알맞은 수를 써넣으세요.

 　　$7 \times 1 = \boxed{}$

 　　$7 \times 2 = \boxed{}$

 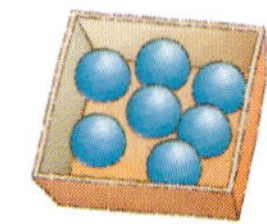 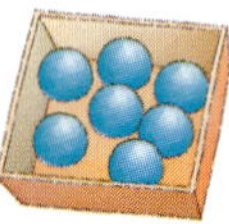 　　$7 \times 3 = \boxed{}$

   　　$7 \times \boxed{} = \boxed{}$

    　　$7 \times \boxed{} = \boxed{}$

  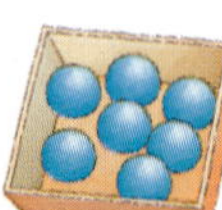 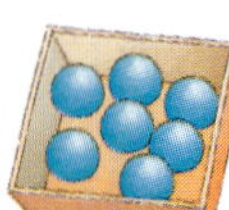 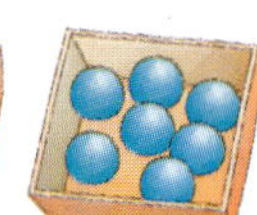 　　$7 \times \boxed{} = \boxed{}$

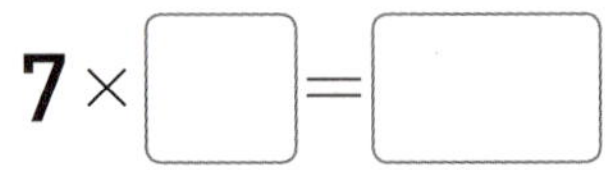

기초 계산 연습

▶ 정답과 해설 9쪽

⑦       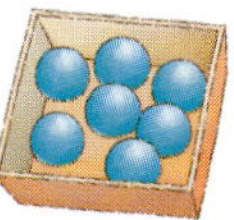 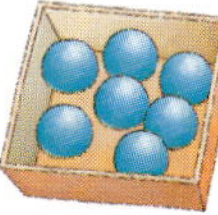

$7 \times \boxed{} = \boxed{}$

⑧     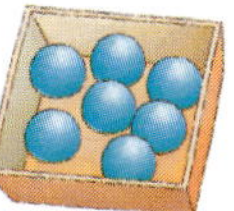 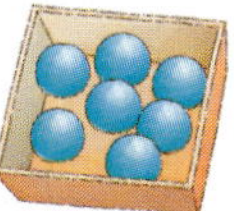 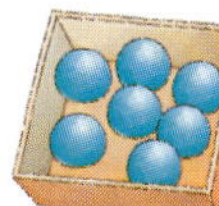

$7 \times \boxed{} = \boxed{}$

⑨ 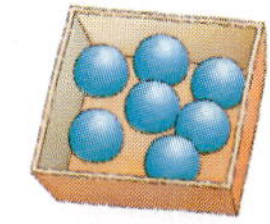   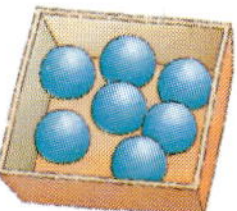   

$7 \times \boxed{} = \boxed{}$

 ⬜ 안에 알맞은 수를 써넣으세요.

⑩

$7 \times 1 = \boxed{}$

$7 \times 2 = \boxed{}$

$7 \times 3 = \boxed{}$

⑪

$7 \times 4 = \boxed{}$

$7 \times 5 = \boxed{}$

$7 \times 6 = \boxed{}$

⑫

$7 \times \boxed{} = 21$

$7 \times \boxed{} = 28$

$7 \times \boxed{} = 35$

⑬

$7 \times \boxed{} = 49$

$7 \times \boxed{} = 56$

$7 \times \boxed{} = 63$

7단 곱셈구구

빈칸에 알맞은 수를 써넣으세요.

1 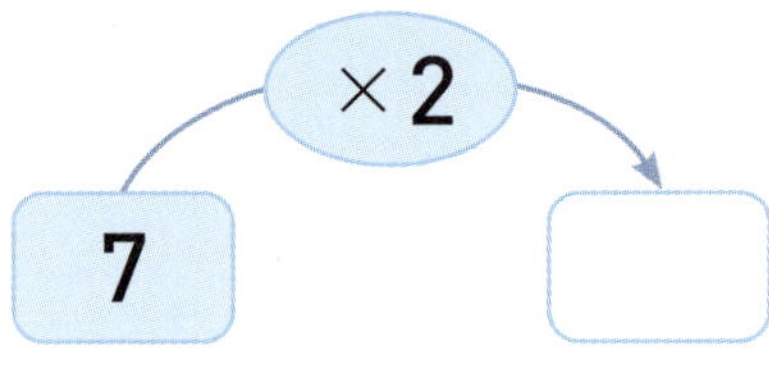

2 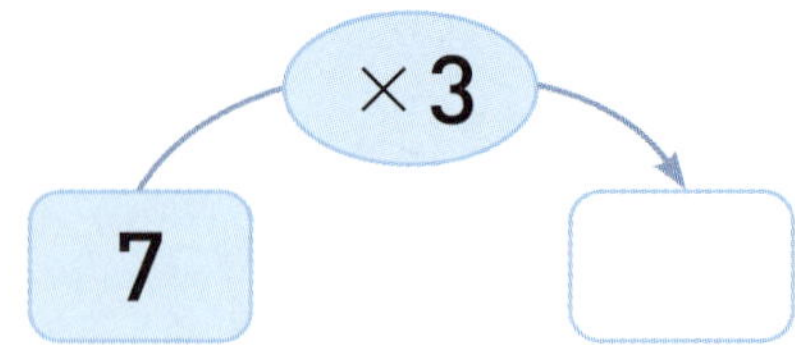

3 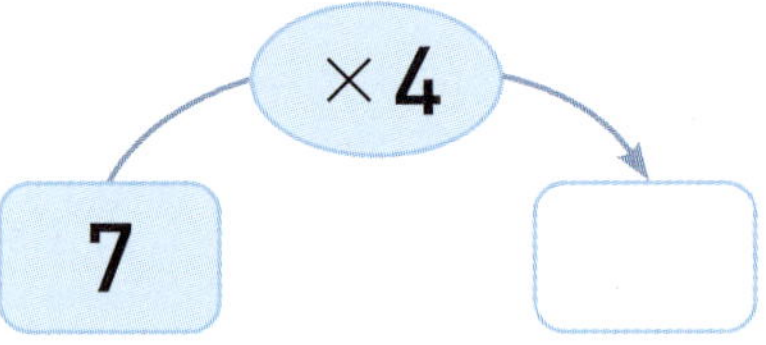

4 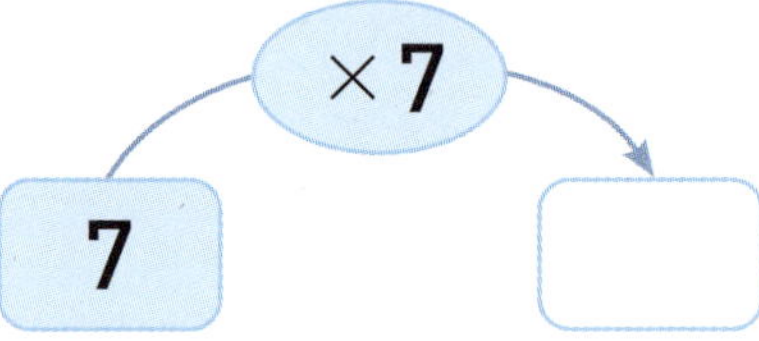

5 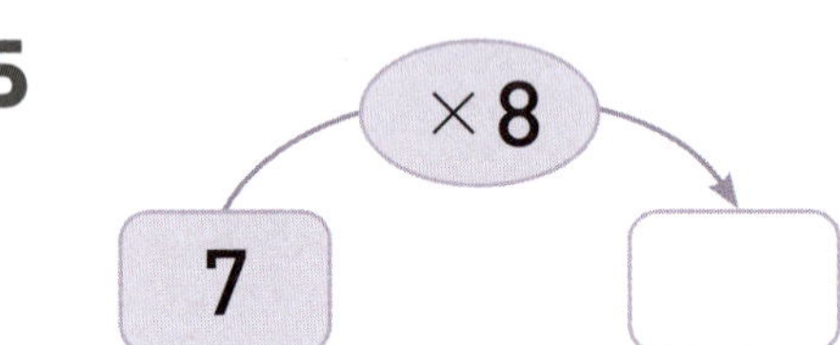

6 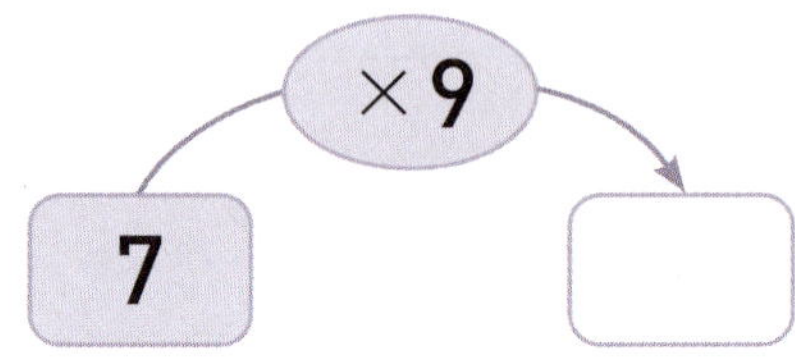

7 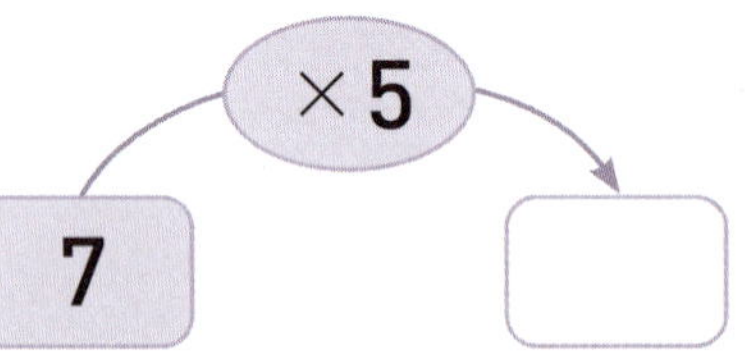

8 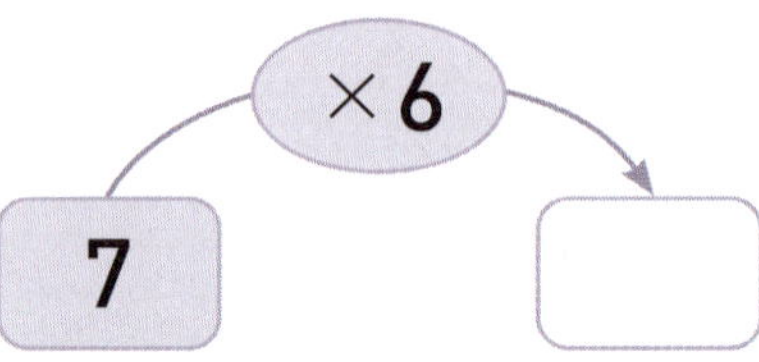

보기 와 같이 식을 쓰려고 합니다. ☐ 안에 알맞은 수를 써넣으세요.

보기

$$7 \times 3 = 7 \times 2 + 7$$

9 $7 \times 5 = 7 \times \boxed{} + 7$

10 $7 \times 6 = 7 \times 5 + \boxed{}$

11 $7 \times 7 = 7 \times \boxed{} + 7$

12 $7 \times 8 = 7 \times 7 + \boxed{}$

13 $7 \times 9 = 7 \times \boxed{} + 7$

생활 속 계산

🐻 나뭇잎은 몇 장인지 ☐ 안에 알맞은 수를 써넣으세요.

14 

$7 \times 2 =$ ☐ (장)

15

$7 \times 5 =$ ☐ (장)

16 

$7 \times 9 =$ ☐ (장)

17 

$7 \times 8 =$ ☐ (장)

문장 읽고 계산식 세우기

18 꽃병 한 개에 장미가 7송이씩 있을 때 꽃병 6개에 있는 장미는 모두 몇 송이?

식 ☐ × ☐ = ☐ (송이)
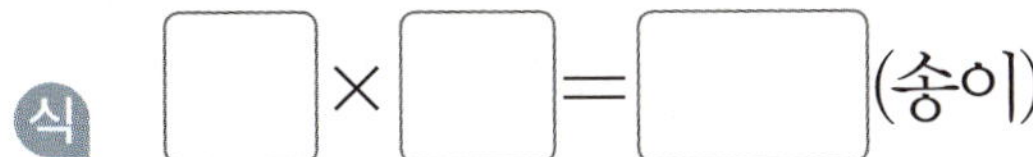

19 꽃병 한 개에 장미가 7송이씩 있을 때 꽃병 4개에 있는 장미는 모두 몇 송이?

식 ☐ × ☐ = ☐ (송이)
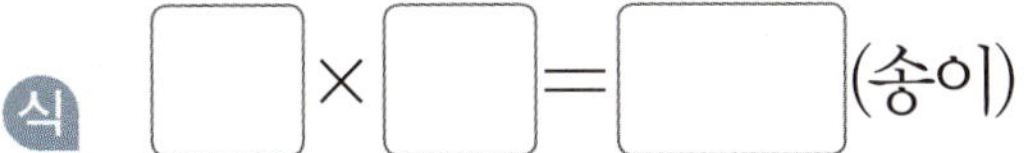

20 연필꽂이 한 개에 연필이 7자루씩 있을 때 연필꽂이 3개에 있는 연필은 모두 몇 자루?

식 ☐ × ☐ = ☐ (자루)
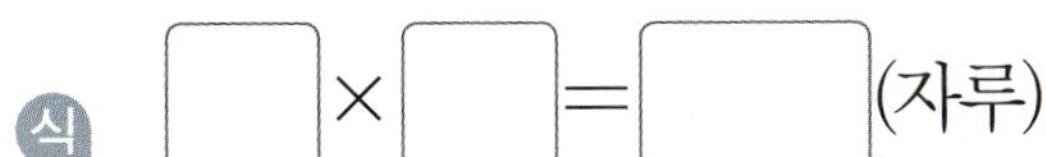

21 연필꽂이 한 개에 연필이 7자루씩 있을 때 연필꽂이 7개에 있는 연필은 모두 몇 자루?

식 ☐ × ☐ = ☐ (자루)
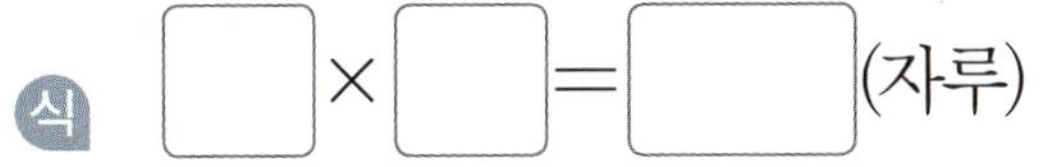

8단 곱셈구구

- 그림으로 8단 곱셈구구 알아보기

$$8 \times 3 = 24$$

8씩 **3**묶음이므로 **8**×**3**=**24**입니다.

그림을 보고 ☐ 안에 알맞은 수를 써넣으세요.

①  $8 \times 1 = \boxed{}$

②   $8 \times 2 = \boxed{}$

③ 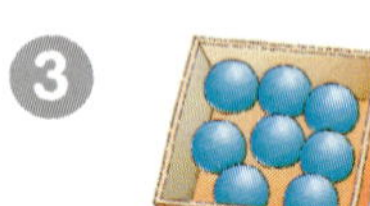  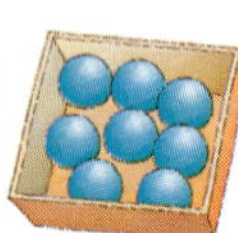 $8 \times 3 = \boxed{}$

④     $8 \times \boxed{} = \boxed{}$

⑤ 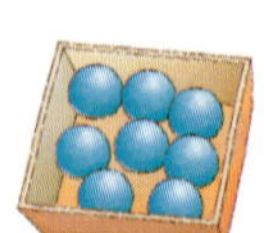     $8 \times \boxed{} = \boxed{}$

⑥    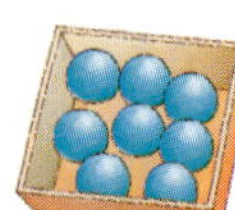   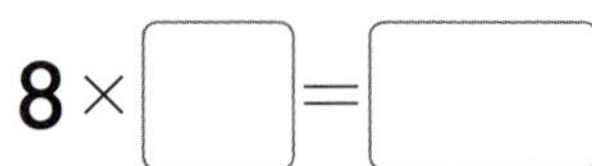 $8 \times \boxed{} = \boxed{}$

기초 계산 연습

❼ 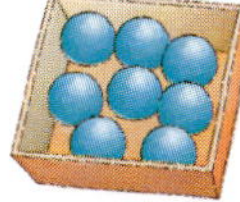　　$8 \times \boxed{} = \boxed{}$

❽ 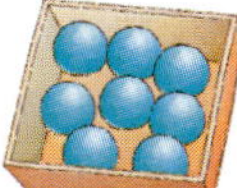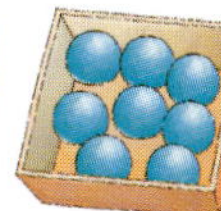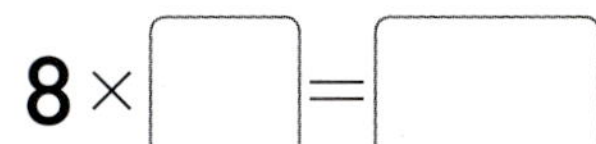　　$8 \times \boxed{} = \boxed{}$

❾ 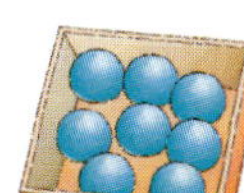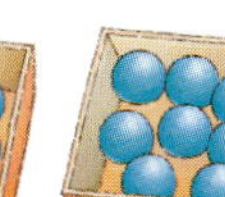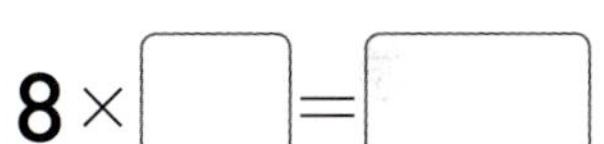　　$8 \times \boxed{} = \boxed{}$

□ 안에 알맞은 수를 써넣으세요.

❿
$$8 \times 4 = \boxed{}$$
$$8 \times 5 = \boxed{}$$
$$8 \times 6 = \boxed{}$$

⓫
$$8 \times 7 = \boxed{}$$
$$8 \times 8 = \boxed{}$$
$$8 \times 9 = \boxed{}$$

⓬
$$8 \times \boxed{} = 16$$
$$8 \times \boxed{} = 24$$
$$8 \times \boxed{} = 32$$

⓭
$$8 \times \boxed{} = 40$$
$$8 \times \boxed{} = 48$$
$$8 \times \boxed{} = 56$$

8단 곱셈구구

 빈칸에 알맞은 수를 써넣으세요.

1 8 ×2

2 8 ×7

3 8 ×3

4 8 ×8

5 8 ×9

6 8 ×5

 보기 와 같이 식을 쓰려고 합니다. ☐ 안에 알맞은 수를 써넣으세요.

보기

$$8 \times 2 = 8 \times 1 + 8$$

7 $8 \times 3 = 8 \times \boxed{} + 8$

8 $8 \times 4 = 8 \times 3 + \boxed{}$

9 $8 \times 5 = 8 \times \boxed{} + 8$

10 $8 \times 6 = 8 \times 5 + \boxed{}$

11 $8 \times 7 = 8 \times \boxed{} + 8$

12 $8 \times 8 = 8 \times 7 + \boxed{}$

13 $8 \times 9 = 8 \times \boxed{} + 8$

플러스 계산 연습

생활 속 계산

📖 책장에 책을 몇 칸까지 꽂았는지 곱셈식으로 알아보세요.

14 

$8 \times \boxed{} = 64 \rightarrow \boxed{}$ 칸

15 

$8 \times \boxed{} = 72 \rightarrow \boxed{}$ 칸

16 

$8 \times \boxed{} = 24 \rightarrow \boxed{}$ 칸

17 

$8 \times \boxed{} = 48 \rightarrow \boxed{}$ 칸

18 

$8 \times \boxed{} = 56 \rightarrow \boxed{}$ 칸

19 

$8 \times \boxed{} = 40 \rightarrow \boxed{}$ 칸

문장 읽고 계산식 세우기

20 만두가 한 판에 8개씩 들어 있을 때 2판에 들어 있는 만두는 모두 몇 개?

 식 　$8 \times \boxed{} = \boxed{}$ (개)

21 만두가 한 판에 8개씩 들어 있을 때 8판에 들어 있는 만두는 모두 몇 개?

 식 　$8 \times \boxed{} = \boxed{}$ (개)

22 키위가 한 상자에 8개씩 들어 있을 때 4상자에 들어 있는 키위는 모두 몇 개?

 식 　$\boxed{} \times \boxed{} = \boxed{}$ (개)
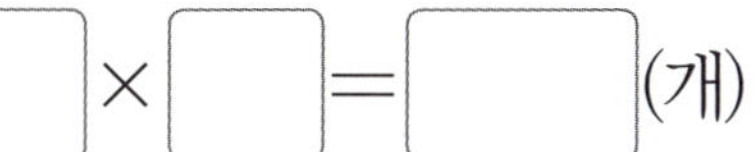

23 키위가 한 상자에 8개씩 들어 있을 때 9상자에 들어 있는 키위는 모두 몇 개?

 식 　$\boxed{} \times \boxed{} = \boxed{}$ (개)
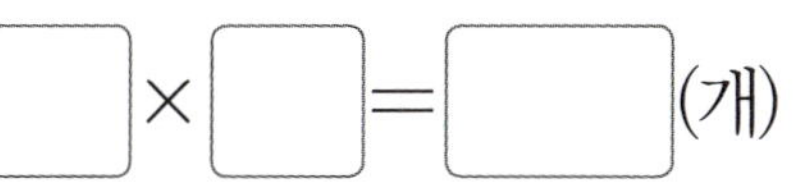

9단 곱셈구구

• 그림으로 9단 곱셈구구 알아보기

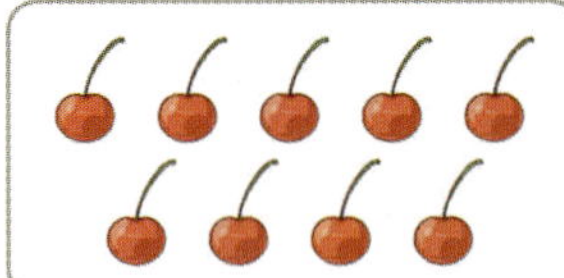
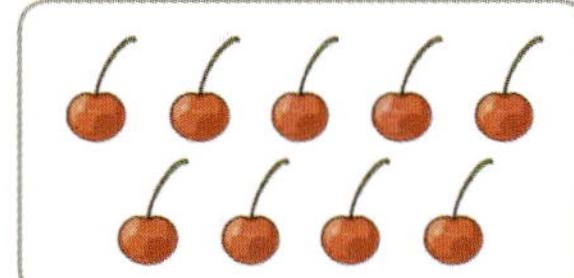

$$9 \times 3 = 27$$

9씩 3묶음이므로 9×3=27입니다.

 그림을 보고 ☐ 안에 알맞은 수를 써넣으세요.

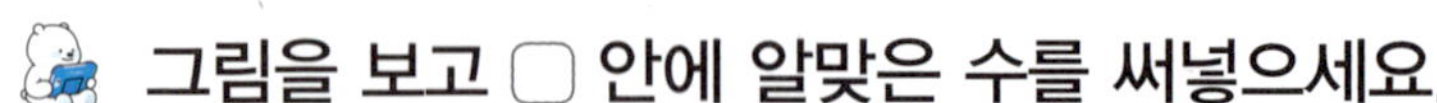

①  9×1=☐

②  9×2=☐

③  9×3=☐

④  9×☐=☐

⑤  9×☐=☐

⑥ 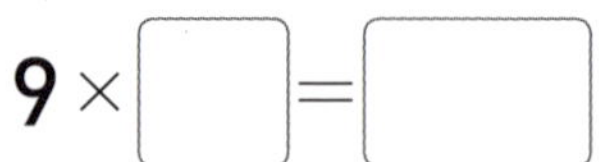 9×☐=☐

⑦ 

 9×☐=☐

⑧ 

$9 \times \boxed{} = \boxed{}$

⑨ 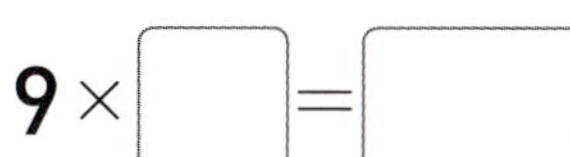

$9 \times \boxed{} = \boxed{}$

 □ 안에 알맞은 수를 써넣으세요.

⑩
$9 \times 4 = \boxed{}$
$9 \times 5 = \boxed{}$
$9 \times 6 = \boxed{}$

⑪
$9 \times 7 = \boxed{}$
$9 \times 8 = \boxed{}$
$9 \times 9 = \boxed{}$

⑫
$9 \times \boxed{} = 9$
$9 \times \boxed{} = 18$
$9 \times \boxed{} = 27$

⑬
$9 \times \boxed{} = 54$
$9 \times \boxed{} = 63$
$9 \times \boxed{} = 72$

 계산해 보세요.

⑭ $9 \times 2 = \boxed{}$ 　　⑮ $9 \times 5 = \boxed{}$ 　　⑯ $9 \times 4 = \boxed{}$

⑰ $9 \times 1 = \boxed{}$ 　　⑱ $9 \times 3 = \boxed{}$ 　　⑲ $9 \times 7 = \boxed{}$

2 곱셈구구

77

9단 곱셈구구

🐻 빈칸에 알맞은 수를 써넣으세요.

1 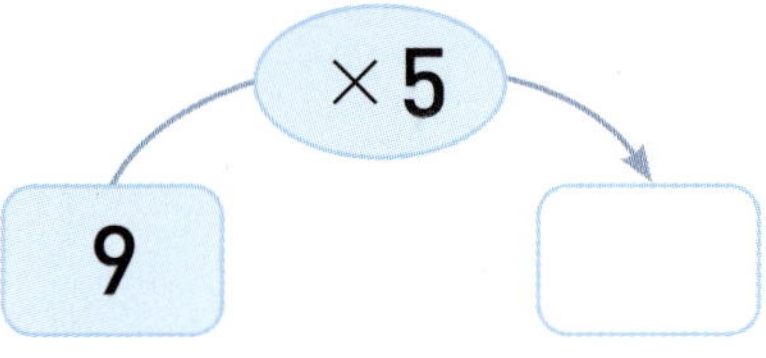

2 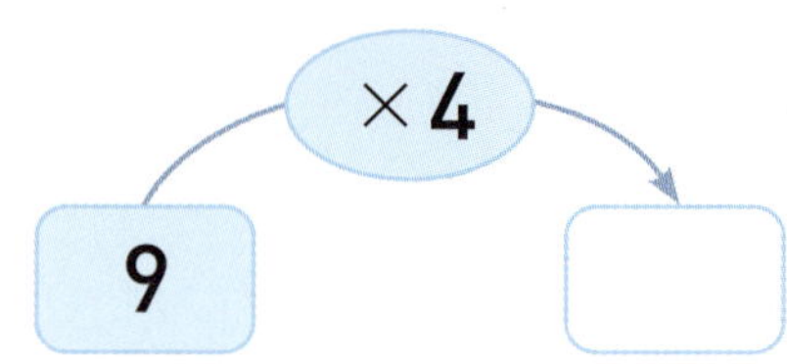

3 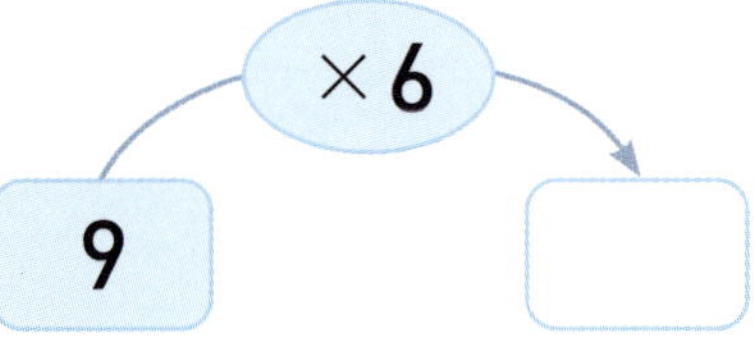

4 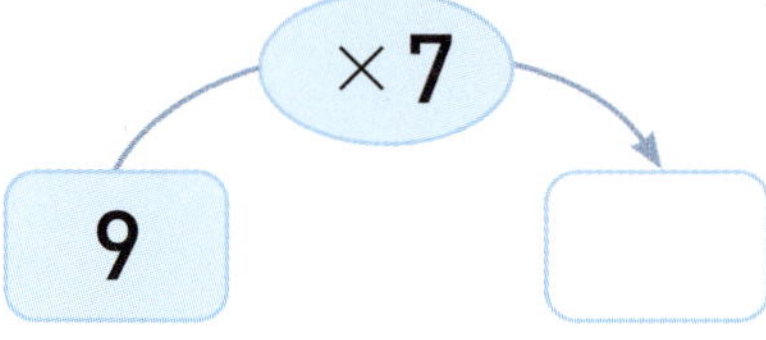

5 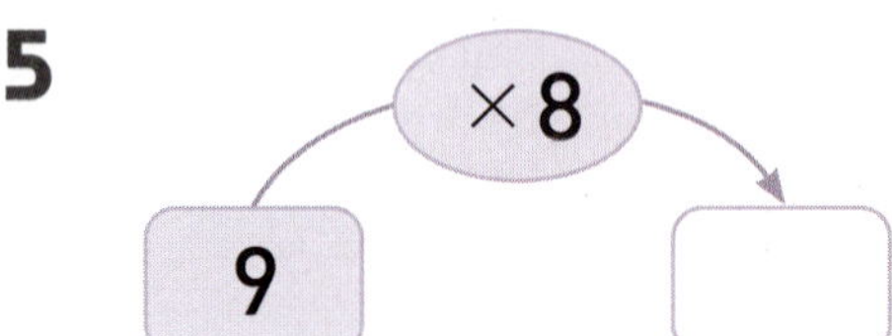

6 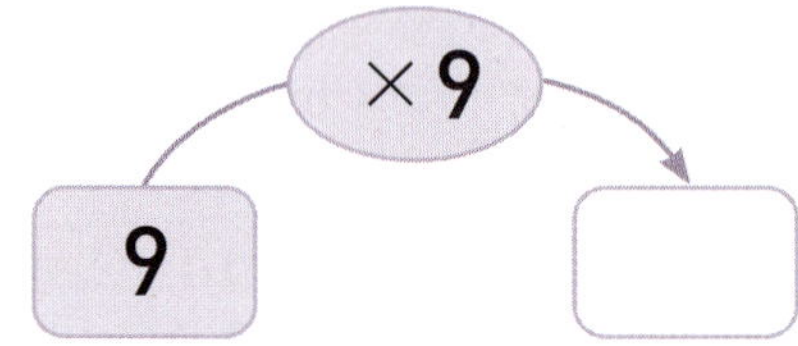

7 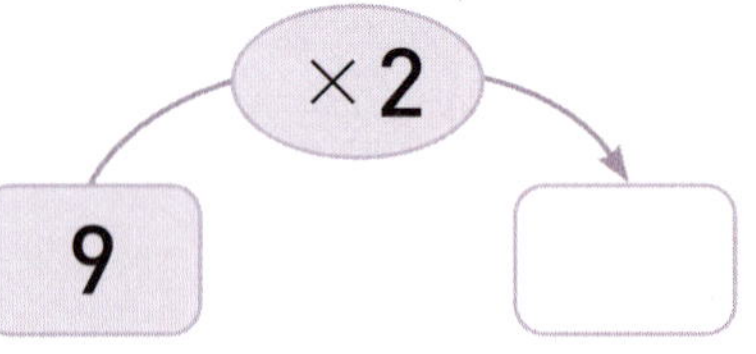

8 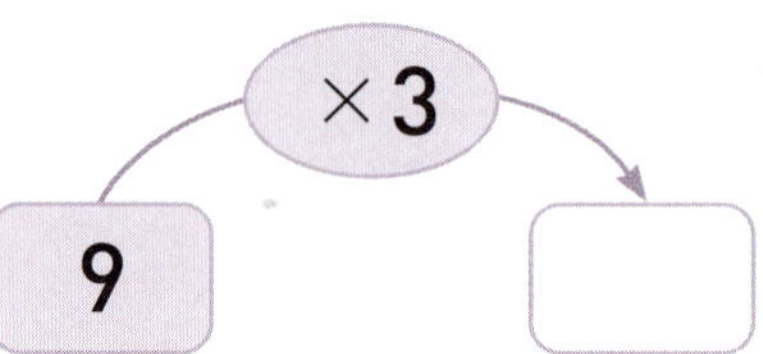

🐻 보기 와 같이 식을 쓰려고 합니다. ☐ 안에 알맞은 수를 써넣으세요.

> **보기**
>
> $9 \times 3 = 9 \times 2 + 9$

9 $9 \times 5 = 9 \times \boxed{} + 9$

10 $9 \times 6 = 9 \times 5 + \boxed{}$

11 $9 \times 7 = 9 \times \boxed{} + 9$

12 $9 \times 8 = 9 \times 7 + \boxed{}$

13 $9 \times 9 = 9 \times \boxed{} + 9$

 9단 곱셈구구의 값을 찾아 선으로 이어 보세요.

14

9×5 ·

9×6 ·

· 45

· 42

· 54

15

9×4 ·

9×7 ·

· 63

· 54

· 36

16

9×3 ·

9×9 ·

· 81

· 27

· 49

17

9×2 ·

9×8 ·

· 72

· 18

· 36

문장 읽고 계산식 세우기

18 

식　　☐ × ☐ = ☐ (개)

19 

식　　☐ × ☐ = ☐ (개)

20 

식　　☐ × ☐ = ☐ (개)

21 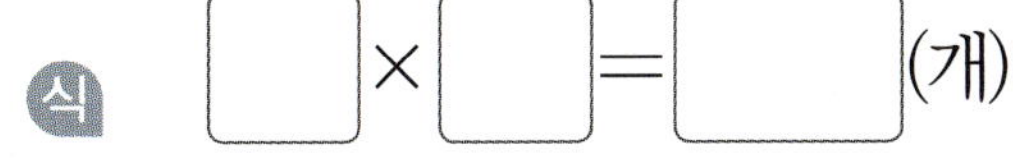

식　　☐ × ☐ = ☐ (개)

곱이 같은 곱셈구구

- 곱이 6인 곱셈구구

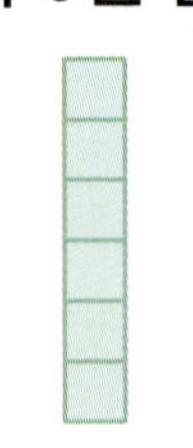

$$1 \times 6 = 6 \qquad 6 \times 1 = 6 \qquad 2 \times 3 = 6 \qquad 3 \times 2 = 6$$

1칸 6줄 6칸 1줄 2칸 3줄 3칸 2줄

곱이 6
$1 \times 6 = 6,\ 6 \times 1 = 6$
$2 \times 3 = 6,\ 3 \times 2 = 6$

곱이 같은 곱셈구구를 구하려고 합니다. ☐ 안에 알맞은 수를 써넣으세요.

❶ 곱이 16

$$8 \times \boxed{} = 16$$
$$2 \times \boxed{} = 16$$
$$\boxed{} \times 4 = 16$$

❷ 곱이 36

$$\boxed{} \times 4 = 36$$
$$4 \times \boxed{} = \boxed{}$$
$$\boxed{} \times 6 = 36$$

❸ 곱이 24

$$8 \times \boxed{} = 24$$
$$3 \times \boxed{} = 24$$
$$\boxed{} \times 6 = 24$$
$$\boxed{} \times 4 = \boxed{}$$

❹ 곱이 18

$$6 \times \boxed{} = 18$$
$$3 \times \boxed{} = 18$$
$$\boxed{} \times 9 = 18$$
$$\boxed{} \times 2 = \boxed{}$$

기초 계산 연습

곱셈을 하세요.

⑤ $3 \times 8 =$ ☐　　⑥ $2 \times 8 =$ ☐　　⑦ $3 \times 2 =$ ☐

$6 \times 4 =$ ☐　　$4 \times 4 =$ ☐　　$6 \times 1 =$ ☐

$8 \times 3 =$ ☐　　$8 \times 2 =$ ☐　　$1 \times 6 =$ ☐

⑧ $2 \times 9 =$ ☐　　⑨ $2 \times 6 =$ ☐　　⑩ $4 \times 9 =$ ☐

$3 \times 6 =$ ☐　　$4 \times 3 =$ ☐　　$6 \times 6 =$ ☐

$6 \times 3 =$ ☐　　$6 \times 2 =$ ☐　　$9 \times 4 =$ ☐

⑪ $1 \times 9 =$ ☐　　⑫ $1 \times 8 =$ ☐　　⑬ $9 \times 2 =$ ☐

$3 \times 3 =$ ☐　　$2 \times 4 =$ ☐　　$6 \times 3 =$ ☐

$9 \times 1 =$ ☐　　$8 \times 1 =$ ☐　　$2 \times 9 =$ ☐

곱이 같은 것끼리 선으로 이어 보세요.

⑭

4×9 ·

3×6 ·

· 2×9

· 4×6

· 6×6

⑮

8×3 ·

9×2 ·

· 8×2

· 6×3

· 6×4

곱이 같은 곱셈구구

안에 알맞은 수를 써넣고 풍선 안의 수 중 □ 안에 들어가지 않는 수에 ✗표 하세요.

1

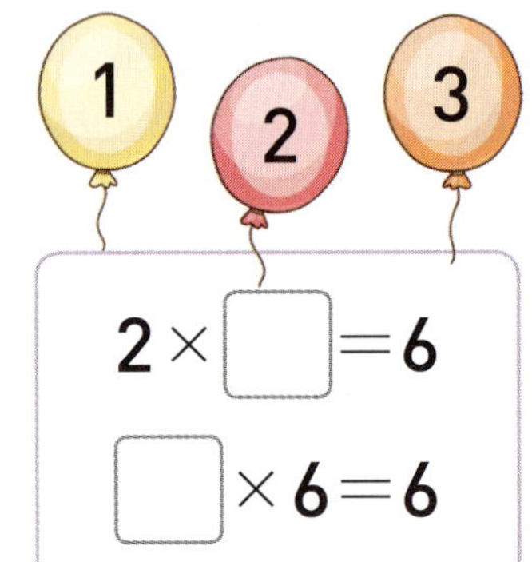

$$2 \times \boxed{} = 6$$
$$\boxed{} \times 6 = 6$$

2

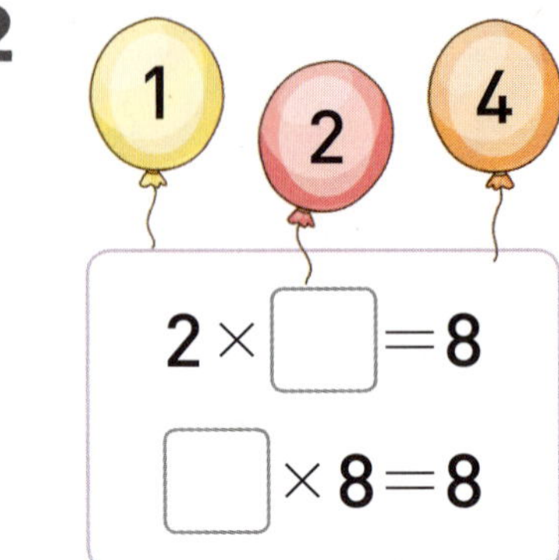

$$2 \times \boxed{} = 8$$
$$\boxed{} \times 8 = 8$$

3

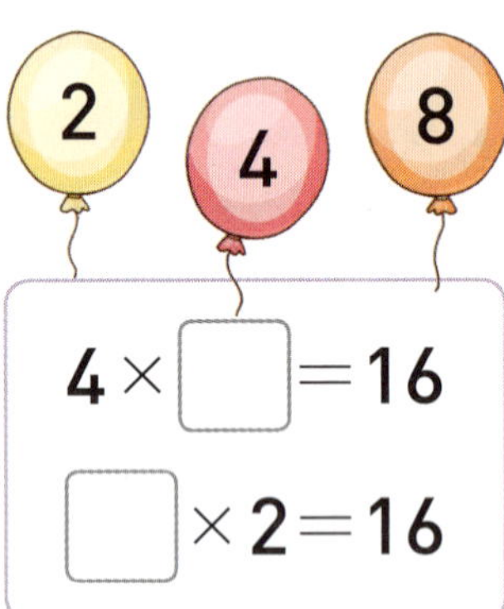

$$4 \times \boxed{} = 16$$
$$\boxed{} \times 2 = 16$$

4

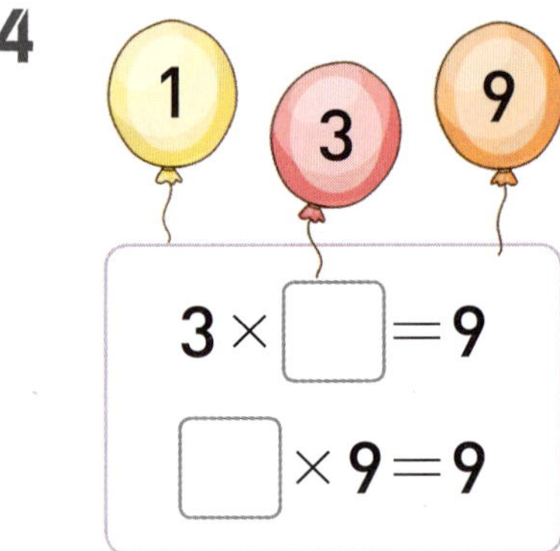

$$3 \times \boxed{} = 9$$
$$\boxed{} \times 9 = 9$$

5

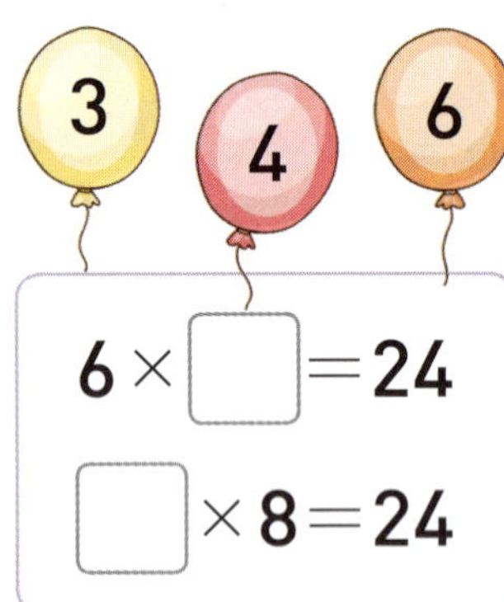

$$6 \times \boxed{} = 24$$
$$\boxed{} \times 8 = 24$$

6

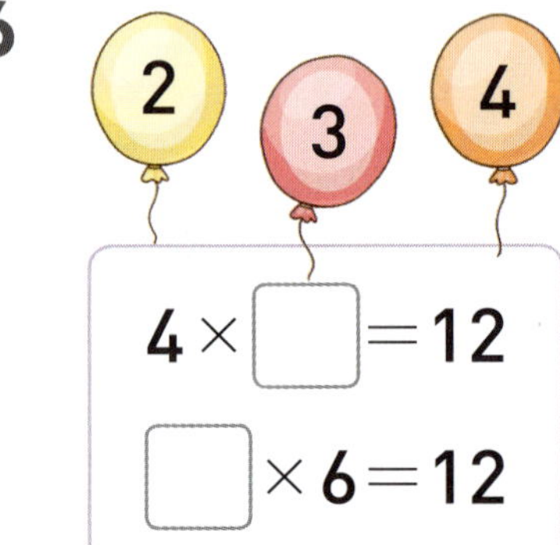

$$4 \times \boxed{} = 12$$
$$\boxed{} \times 6 = 12$$

7

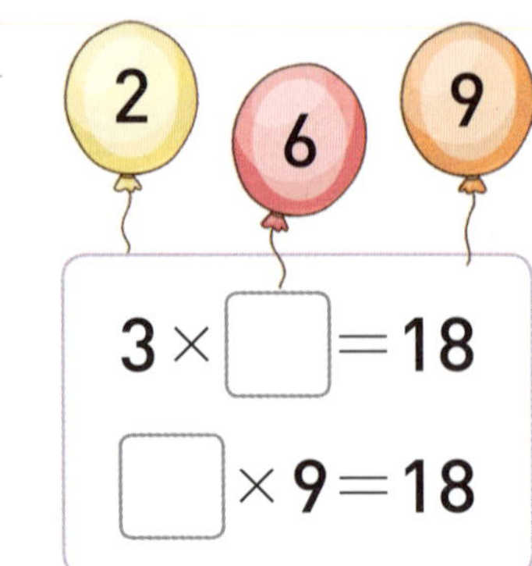

$$3 \times \boxed{} = 18$$
$$\boxed{} \times 9 = 18$$

8

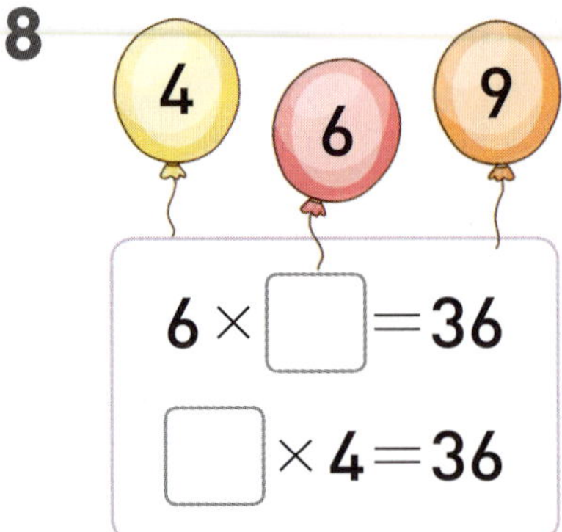

$$6 \times \boxed{} = 36$$
$$\boxed{} \times 4 = 36$$

플러스 계산 연습

생활 속 계산

보기 와 같이 ◯ 안의 수가 되도록 선으로 이어 보세요.

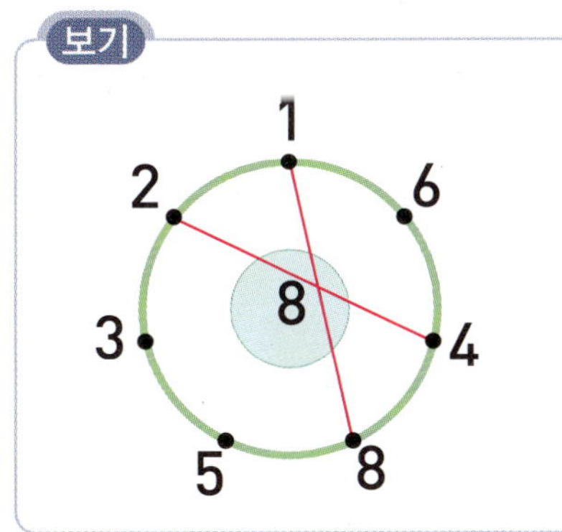

9 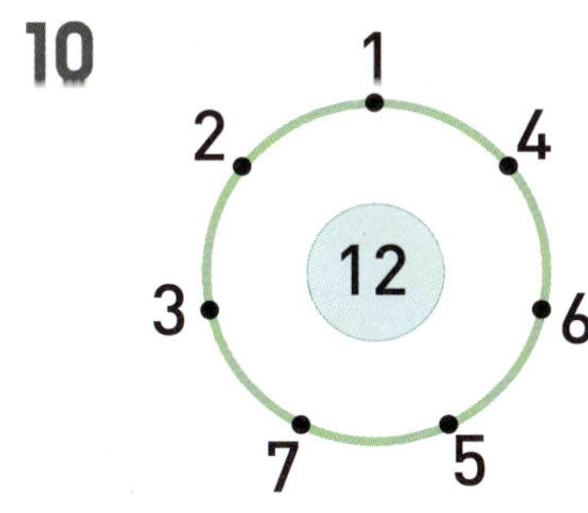

10 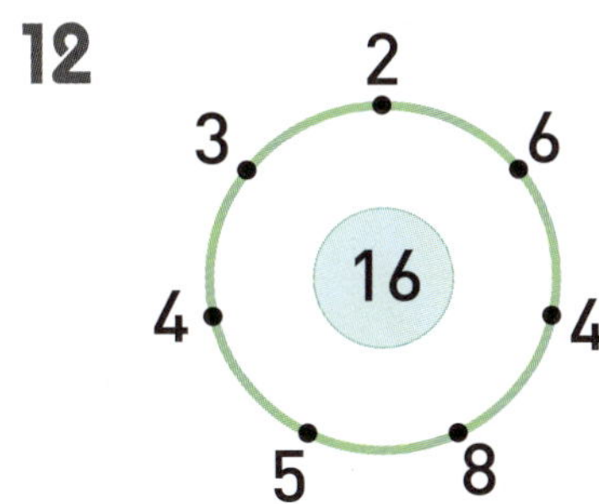

11 **12** **13** 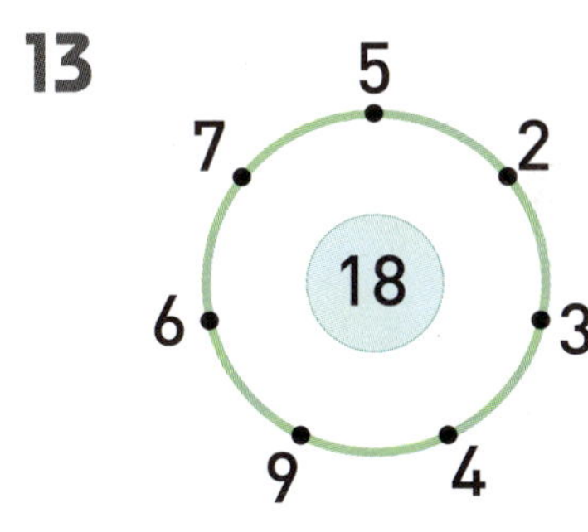

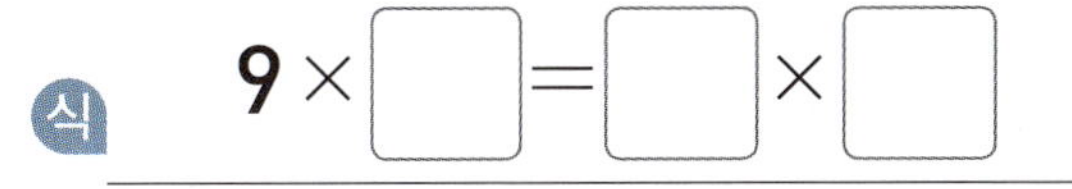

문장 읽고 계산식 세우기

14 2씩 6개와 3씩 4개는 같아요.

식 $2 \times 6 = \boxed{} \times \boxed{}$

15 2씩 8개와 4씩 4개는 같아요.

식 $2 \times 8 = \boxed{} \times \boxed{}$

16 4씩 6개와 3씩 8개는 같아요.

식 $4 \times \boxed{} = \boxed{} \times \boxed{}$

17 6씩 3개와 9씩 2개는 같아요.

식 $6 \times \boxed{} = \boxed{} \times \boxed{}$

18 9씩 1개와 3씩 3개는 같아요.

식 $9 \times \boxed{} = \boxed{} \times \boxed{}$

19 9씩 4개와 6씩 6개는 같아요.

식 $9 \times \boxed{} = \boxed{} \times \boxed{}$

1단 곱셈구구와 0의 곱

- **1단 곱셈구구**

×	1	2	3	4	5	6	7	8	9
1	1	2	3	4	5	6	7	8	9

$$1 \times (어떤 수) = (어떤 수)$$

- **0의 곱**

$$0 \times 2 = 0$$

0과 **어떤 수**의 곱은 항상 **0**입니다.

$0 \times (어떤 수) = 0$

$$2 \times 0 = 0$$

어떤 수와 **0**의 곱은 항상 **0**입니다.

$(어떤 수) \times 0 = 0$

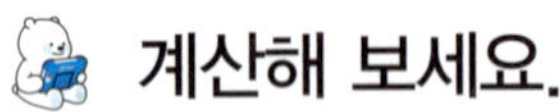

계산해 보세요.

① $1 \times 3 = \boxed{}$

② $0 \times 9 = \boxed{}$

③ $1 \times 7 = \boxed{}$

④ $1 \times 4 = \boxed{}$

⑤ $0 \times 2 = \boxed{}$

⑥ $7 \times 0 = \boxed{}$

⑦ $1 \times 5 = \boxed{}$

⑧ $0 \times 5 = \boxed{}$

⑨ $3 \times 0 = \boxed{}$

⑩ $1 \times 6 = \boxed{}$

⑪ $0 \times 4 = \boxed{}$

⑫ $8 \times 0 = \boxed{}$

기초 계산 연습

⑬ $1 \times 8 =$ 　　⑭ $6 \times 1 =$ 　　⑮ $1 \times 9 =$

⑯ $7 \times 1 =$ 　　⑰ $3 \times 1 =$ 　　⑱ $8 \times 1 =$

⑲ $0 \times 3 =$ 　　⑳ $0 \times 6 =$ 　　㉑ $2 \times 1 =$

㉒ $5 \times 0 =$ 　　㉓ $4 \times 0 =$ 　　㉔ $9 \times 0 =$

㉕ $1 \times 1 =$ 　　㉖ $0 \times 1 =$ 　　㉗ $2 \times 0 =$

㉘ $1 \times 2 =$ 　　㉙ $5 \times 1 =$ 　　㉚ $6 \times 0 =$

㉛ $4 \times 1 =$ 　　㉜ $0 \times 7 =$ 　　㉝ $9 \times 1 =$

1단 곱셈구구와 0의 곱

🐻 빈칸에 알맞은 수를 써넣으세요.

1

×	1	2	3	4	5
1					

2

×	1	2	3	4	5
0	0				

3 ☐ 안에 알맞은 수를 써넣으세요.

(1) $2 \times 0 =$ ☐

(2) $1 \times 7 =$ ☐

(3) $4 \times 0 =$ ☐

(4) $1 \times 6 =$ ☐

(5) $0 \times 7 =$ ☐

(6) $1 \times 9 =$ ☐

🐻 바르게 계산한 것에 ◯표 하세요.

4 $3 \times 0 = 3$ $0 \times 5 = 0$

(   )   (   )

5 $1 \times 5 = 1$ $1 \times 8 = 8$

(   )   (   )

🐻 빈칸에 알맞은 수를 써넣으세요.

6 1 $\times 9$

7 9 $\times 0$

8 1 $\times 2$

9 6 $\times 0$

플러스 계산 연습

생활 속 계산

 보기 와 같이 두 수의 곱을 구하세요.

보기

$$4 \times 0 = 0$$

10

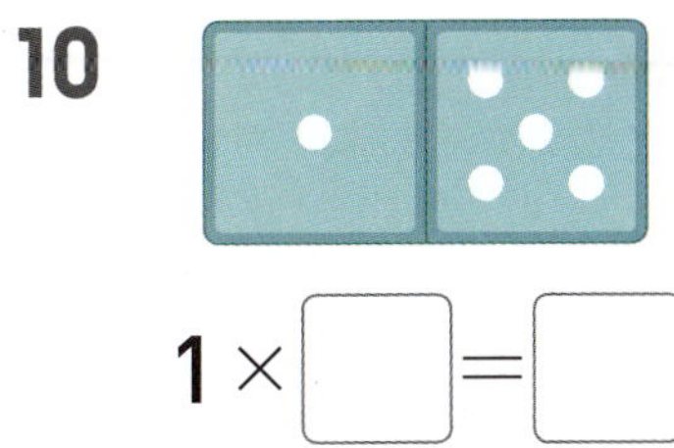

$1 \times \boxed{} = \boxed{}$

11

$\boxed{} \times \boxed{} = \boxed{}$

12

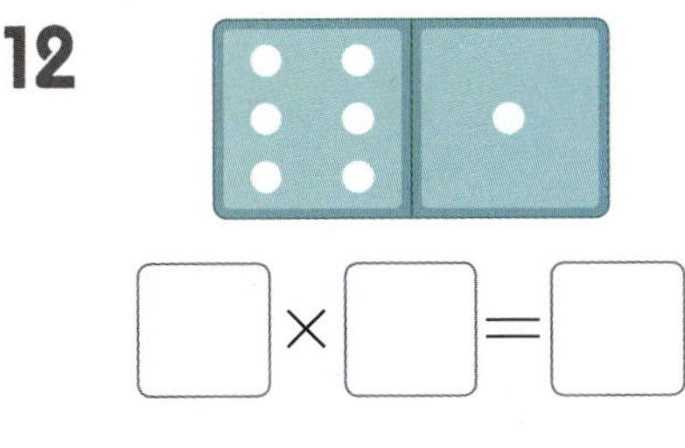

$\boxed{} \times \boxed{} = \boxed{}$

13

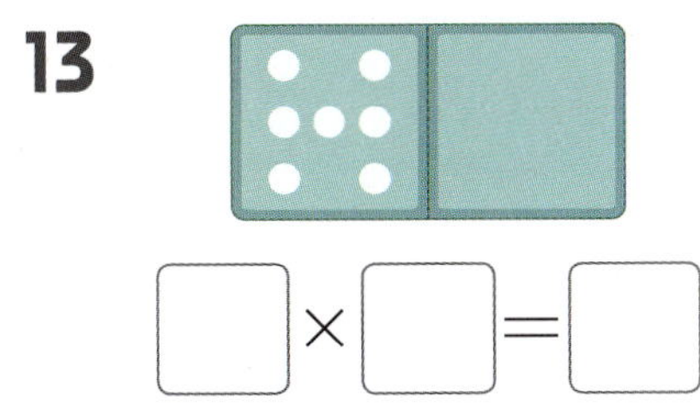

$\boxed{} \times \boxed{} = \boxed{}$

14

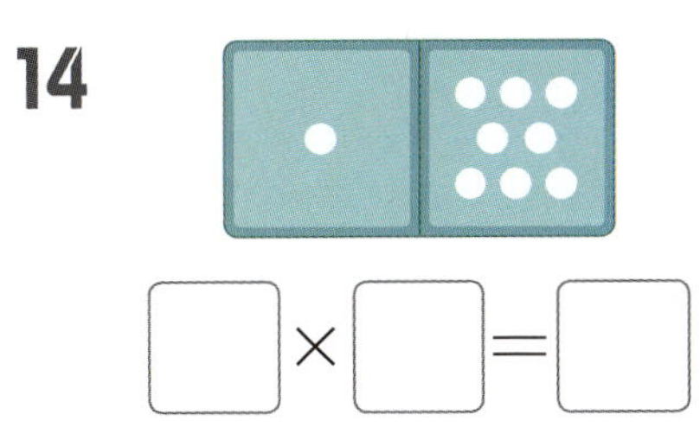

$\boxed{} \times \boxed{} = \boxed{}$

문장 읽고 계산식 세우기

15

식　$1 \times \boxed{} = \boxed{}$

16

식　$\boxed{} \times \boxed{} = \boxed{}$

17
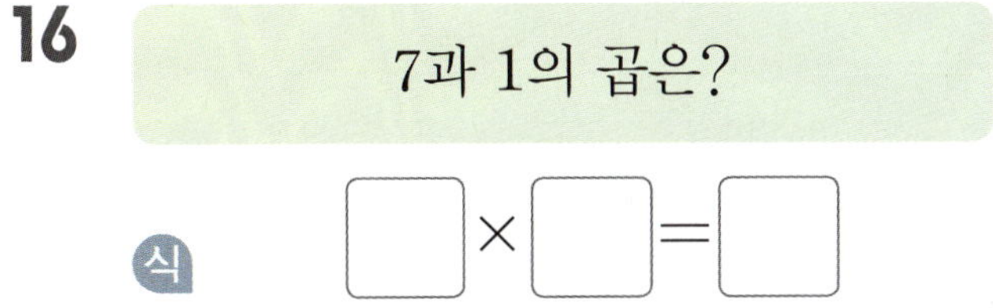

식　$0 \times \boxed{} = \boxed{}$

18
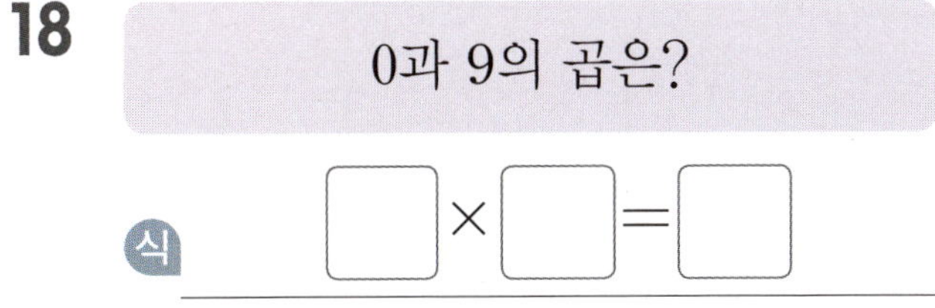

식　$\boxed{} \times \boxed{} = \boxed{}$

6~9단 곱셈표

이렇게 해결하자

- **곱셈표 만들기**

×	6	7	8	9
6	36	42	48	54
7	42	49	56	63
8	48	56	64	72
9	54	63	72	81

7단 곱셈구구에서는 곱이 7씩 커집니다.

■단 곱셈구구에서는 곱이 ■씩 커집니다.
곱하는 두 수의 순서를 바꾸어도 곱은 같습니다.

$$6 \times 9 = 54, \ 9 \times 6 = 54$$

곱이 같습니다.

빈칸에 알맞은 수를 써넣으세요.

1

×	1	2	3	4	5
6					

2

×	5	6	7	8	9
6					

3

×	1	2	3	4	5
7					

4

×	5	6	7	8	9
7					

5

×	1	2	3	4	5
8					

6

×	5	6	7	8	9
8					

7

×	1	2	3	4	5
9					

8

×	5	6	7	8	9
9					

기초 계산 연습

빈칸에 알맞은 수를 써넣어 곱셈표를 완성하세요.

⑨

×	1	2	3	4
6	6			
7		14		
8			24	
9				36

⑩

×	2	3	4	5
6				30
7			28	
8		24		
9	18			

⑪

×	3	4	5	6
6		24		
7		28		
8	24			
9			45	

⑫

×	5	6	7	8
6	30			
7			49	
8		48		
9				72

⑬

×	6	7	8	9
6	36			
7			56	
8		56		
9				81

⑭

×	4	5	6	7
6		30		
7	28			
8			48	
9				63

6~9단 곱셈표

🐻 **보기**와 같이 결과가 같도록 ☐ 안에 알맞은 수를 써넣으세요.

보기

×	5	6
5	25	30
6	30	36

$5 \times 6 = 30 = 6 \times 5$

1 $7 \times 3 = 3 \times \boxed{}$

2 $9 \times 4 = 4 \times \boxed{}$

3 $8 \times 6 = 6 \times \boxed{}$

4 $7 \times 2 = 2 \times \boxed{}$

5 $7 \times 6 = 6 \times \boxed{}$

6 $6 \times 5 = 5 \times \boxed{}$

7 $8 \times 3 = 3 \times \boxed{}$

8 $8 \times 9 = \boxed{} \times 8$

9 $9 \times 3 = \boxed{} \times 9$

10 $6 \times 9 = \boxed{} \times 6$

11 $7 \times 4 = \boxed{} \times 7$

12 $9 \times 2 = \boxed{} \times 9$

13 $8 \times 7 = \boxed{} \times 8$

14 $7 \times 5 = 5 \times \boxed{}$

15 $9 \times 7 = 7 \times \boxed{}$

16 $6 \times 7 = \boxed{} \times 6$

17 $9 \times 5 = \boxed{} \times 9$

▶ 정답과 해설 12쪽

㉠, ㉡에 알맞은 수를 구하세요.

18

×	8	9
6		㉠
7	㉡	

- ㉠＝6×9＝ ☐
- ㉡＝7×8＝ ☐

19

×	8	9
6	㉠	
7		㉡

- ㉠＝6×8＝ ☐
- ㉡＝7×9＝ ☐

20

×	7	8
7		㉠
8	㉡	

- ㉠＝7×8＝ ☐
- ㉡＝8×7＝ ☐

21

×	6	7
7		㉠
8	㉡	

- ㉠＝7×7＝ ☐
- ㉡＝8×6＝ ☐

22

×	7	8
8	㉠	
9	㉡	

- ㉠＝8×7＝ ☐
- ㉡＝9×7＝ ☐

23

×	8	9
8		㉠
9		㉡

- ㉠＝8×9＝ ☐
- ㉡＝9×9＝ ☐

문장 읽고 계산식 세우기

24 두 수의 곱이 56이 되는 경우는?

식 7× ☐ ＝ ☐

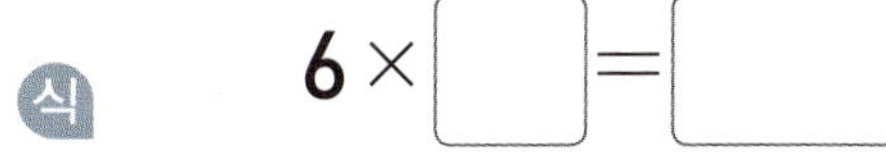

25 두 수의 곱이 48이 되는 경우는?

식 6× ☐ ＝ ☐

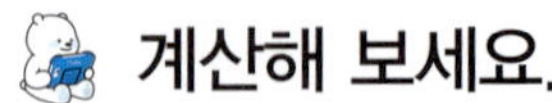 계산해 보세요.

① $6 \times 4 =$ ☐　　② $9 \times 5 =$ ☐　　③ $7 \times 5 =$ ☐

④ $8 \times 9 =$ ☐　　⑤ $7 \times 2 =$ ☐　　⑥ $6 \times 8 =$ ☐

⑦ $7 \times 6 =$ ☐　　⑧ $9 \times 6 =$ ☐　　⑨ $8 \times 8 =$ ☐

⑩ $7 \times 7 =$ ☐　　⑪ $8 \times 7 =$ ☐　　⑫ $6 \times 3 =$ ☐

⑬ $8 \times$ ☐ $= 16$　　⑭ $7 \times$ ☐ $= 21$　　⑮ $7 \times$ ☐ $= 63$

⑯ $9 \times$ ☐ $= 27$　　⑰ $6 \times$ ☐ $= 36$　　⑱ $8 \times$ ☐ $= 40$

⑲ $7 \times$ ☐ $= 28$　　⑳ $6 \times$ ☐ $= 12$　　㉑ $9 \times$ ☐ $= 36$

㉒ $7 \times$ ☐ $= 7$　　㉓ $9 \times$ ☐ $= 63$　　㉔ $6 \times$ ☐ $= 30$

2

곱셈구구

92

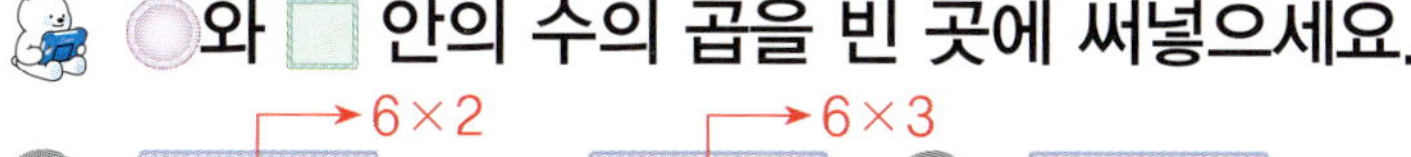 와 ◻ 안의 수의 곱을 빈 곳에 써넣으세요.

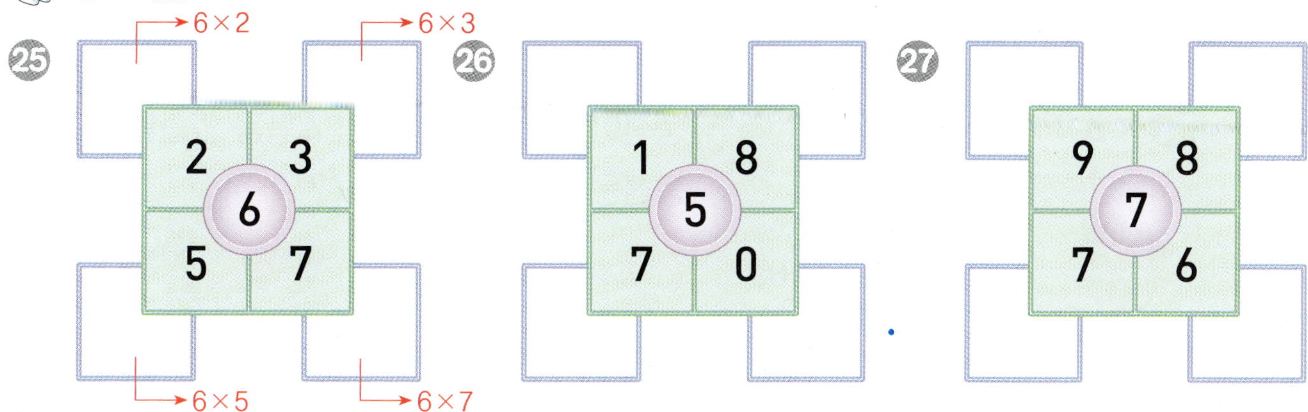

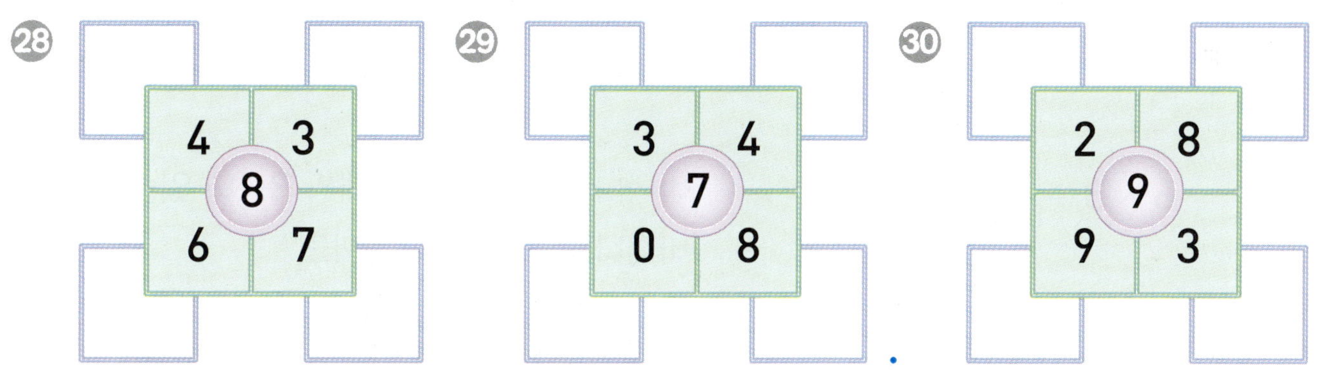

문장제 문제 도전하기

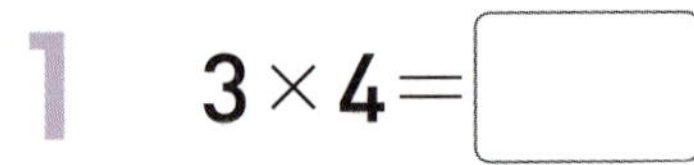 곱셈구구를 이용하여 물음에 답하세요.

1 $3 \times 4 = \boxed{}$ →

풍선이 한 묶음에 **3**개씩 **4**묶음 있습니다.
풍선은 모두 몇 개일까요?

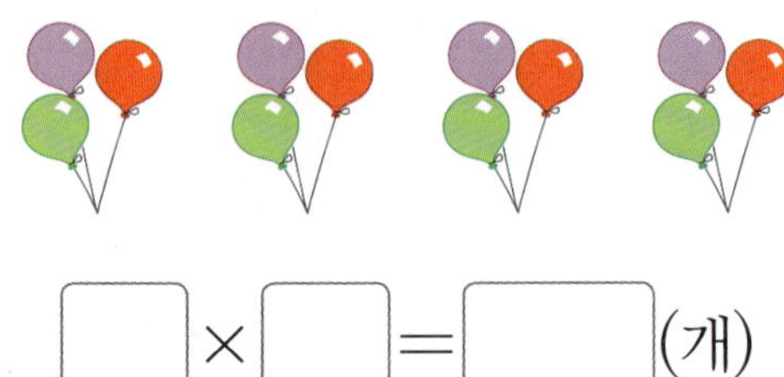

$\boxed{} \times \boxed{} = \boxed{}$ (개)

2 $6 \times 3 = \boxed{}$ →

바나나가 한 송이에 **6**개씩 **3**송이 있습니다.
바나나는 모두 몇 개일까요?

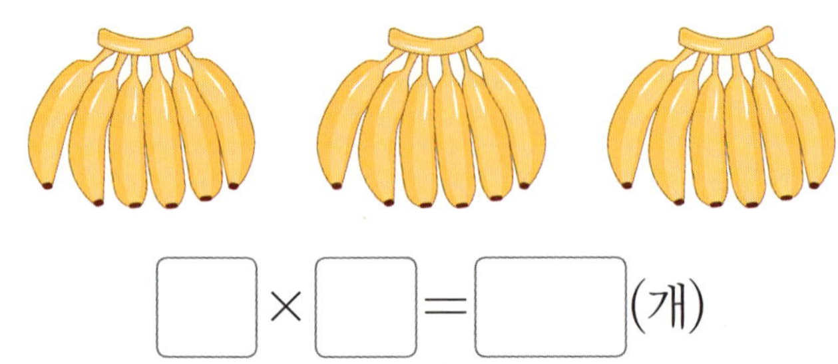

$\boxed{} \times \boxed{} = \boxed{}$ (개)

3 $7 \times 5 = \boxed{}$ →

공책이 한 묶음에 **7**권씩 있습니다.
공책 **5**묶음은 모두 몇 권일까요?

$\boxed{} \times \boxed{} = \boxed{}$ (권)

4 세발자전거 **7**대의 바퀴는 모두 몇 개일까요?

$$\boxed{} \times \boxed{} = \boxed{} \text{(개)}$$

5 볼펜이 한 묶음에 **7**자루씩 있습니다.

볼펜 **9**묶음은 모두 몇 자루일까요?

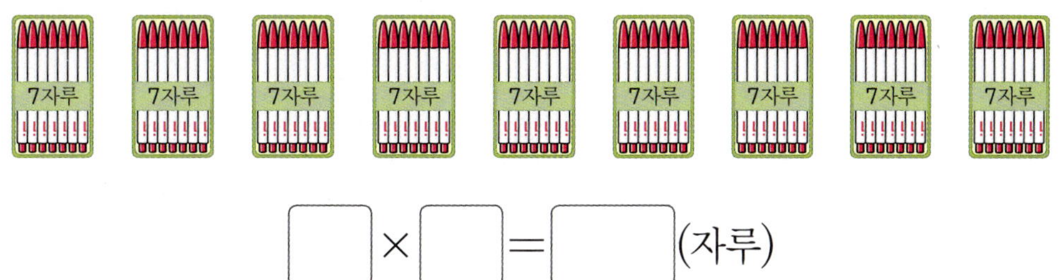

$$\boxed{} \times \boxed{} = \boxed{} \text{(자루)}$$

6 사탕이 한 봉지에 **9**개씩 들어 있습니다.

6봉지에 들어 있는 사탕은 모두 몇 개일까요?

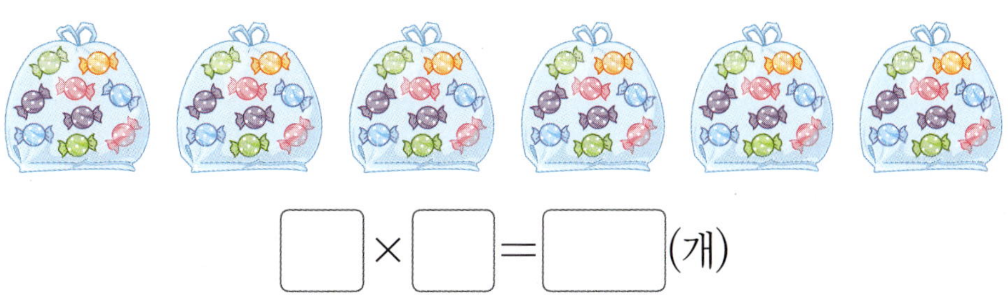

$$\boxed{} \times \boxed{} = \boxed{} \text{(개)}$$

문장제 문제 도전하기

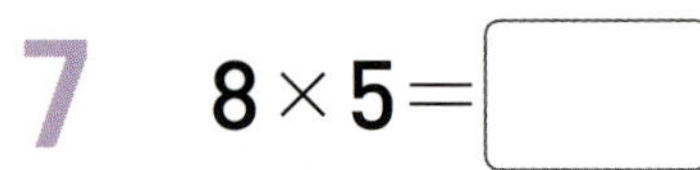 곱셈구구를 이용하여 물음에 답하세요.

7 8 × 5 = ☐ →

사과가 한 상자에 **8**개씩 들어 있습니다.
5상자에 들어 있는 사과는 모두 몇 개일까요?

☐ × ☐ = ☐ (개)

8 1 × 6 = ☐ →

접시 한 개에 빵이 한 조각씩 있습니다.
6접시에 있는 빵은 모두 몇 조각일까요?

☐ × ☐ = ☐ (조각)

9 0 × 5 = ☐ →

접시에 아무것도 없습니다.
그림을 보고 ☐ 안에 알맞은 수를 써넣으세요.

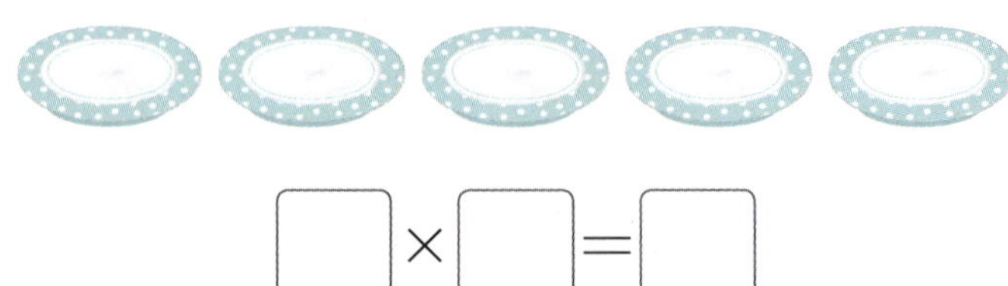

☐ × ☐ = ☐

10 라율이의 나이는 **9**살입니다.

이버지의 나이는 라율이 나이의 **5**배라면 아버지는 몇 살일까요?

$$9 \times 5 = \boxed{} \text{(살)}$$

11 사탕이 한 봉지에 **1**개씩 **9**봉지가 있습니다.

사탕은 모두 몇 개인지 구하세요.

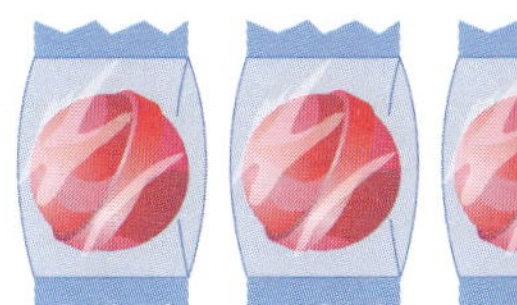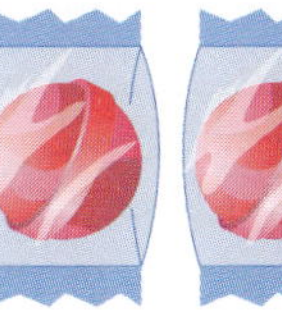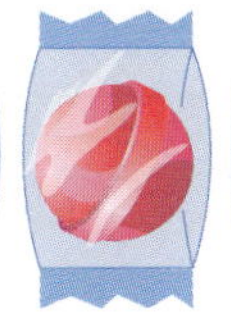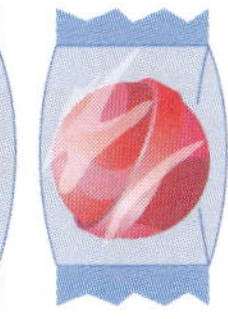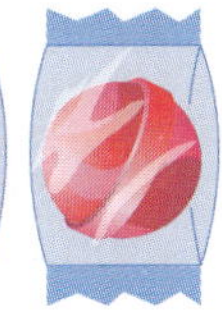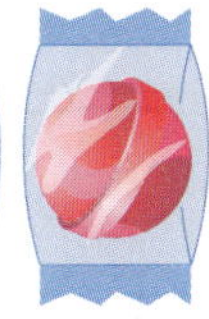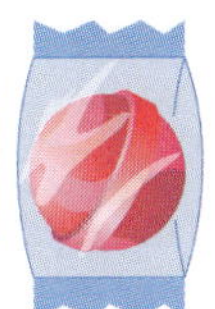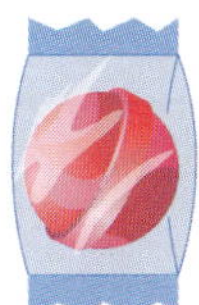

$$1 \times 9 = \boxed{} \text{(개)}$$

12 예지는 공 꺼내기 놀이를 하고 있습니다.

예지가 얻은 점수는 모두 몇 점인지 구하세요.

예지

$$0 \times 3 = \boxed{} \text{(점)}$$

특강 창의·융합·코딩·도전하기

암호를 풀자!

창의 1 아름이가 암호가 적힌 종이를 가지고 왔습니다.

숫자 표에서 **9**단 곱셈구구를 모두 찾아 색칠한 후, 색칠한 칸과 같은 위치에 있는 글자를 글자 표에서 찾아 ◯표 하세요.

8	4	18
45	16	20
35	54	64

학	꽃	교
문	원	집
점	앞	옆

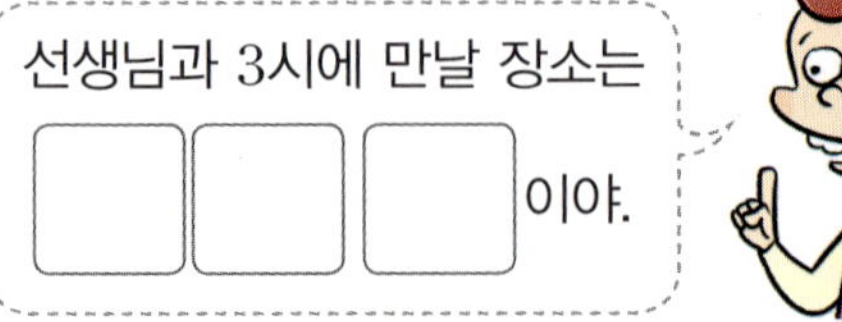

 모형의 개수를 옳게 말한 친구의 이름을 쓰세요.

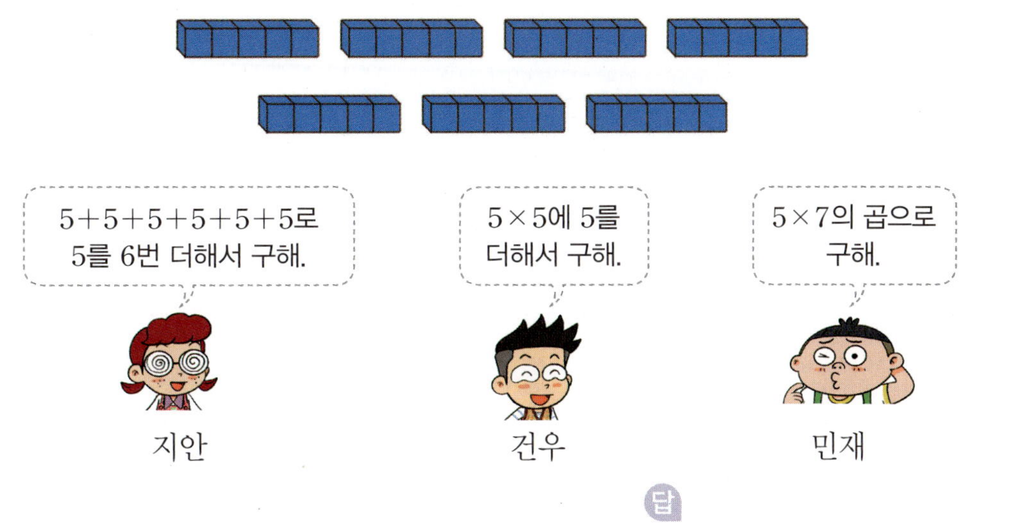

답 ____________________

 로봇이 블록명령에 따라 움직이면서 울타리를 쳤을 때,
울타리 안의 꽃은 모두 몇 송이인지 구하세요.

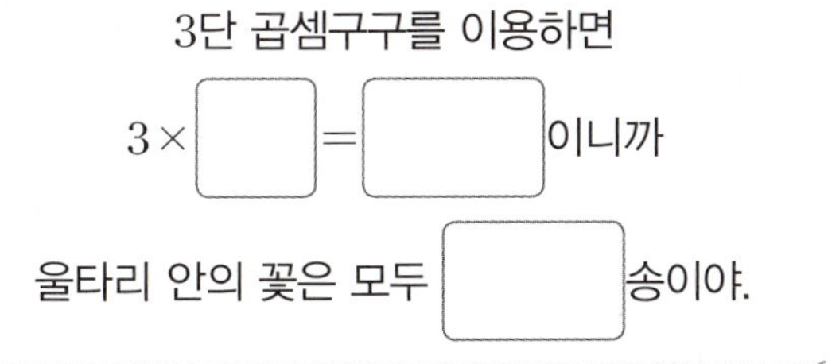

답 ____________________ 송이

③ 길이의 합과 차

실생활에서 알아보는 재미있는 수학 이야기

하나, 둘, 셋!
갑자기 멀리뛰기 연습은 왜 하는 거야?

헤헤, 멀리뛰기 선수가 멋있어서 나도 되려고!
지금 기록이 얼마인데?

1 m 넘어?
1 m? 그게 뭐야?

이그~ 100 cm가 1 m잖아.
100 cm = 1 m
아 하!

내 기록은 1 m보다 30 cm 더 길어.
그래?

그걸 1 m 30 cm라고 쓰고, 1 미터 30 센티미터 라고 읽어.
아하! 그렇구나.

영차! 얼마나 뛰었지?

120 cm네.
그게 몇 m 몇 cm야?

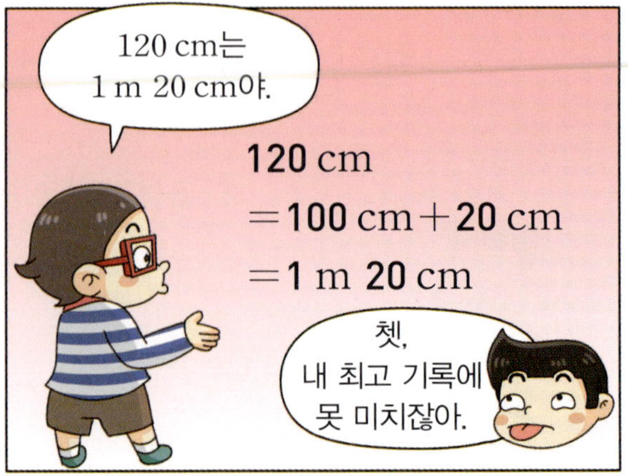
120 cm는 1 m 20 cm야.
120 cm
= 100 cm + 20 cm
= 1 m 20 cm
쳇, 내 최고 기록에 못 미치잖아.

1일차 ▶ m와 cm의 관계
2일차 ~ 4일차 ▶ 길이의 합
5일차 ~ 7일차 ▶ 길이의 차

m와 cm의 관계

• 1 m 알아보기

$$100 \text{ cm} = 1 \text{ m}$$

쓰기 **1 m**   읽기 **1미터**

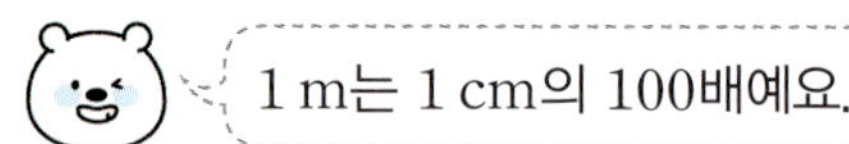

• 123 cm를 몇 m 몇 cm로 나타내기

123 cm
$= \mathbf{100}$ cm $+ \mathbf{23}$ cm
$= \mathbf{1}$ m $\mathbf{23}$ cm

• 1 m 40 cm를 몇 cm로 나타내기

1 m **40** cm
$= \mathbf{100}$ cm $+ \mathbf{40}$ cm
$= \mathbf{140}$ cm

☐ 안에 알맞은 수를 써넣으세요.

❶ 300 cm = ☐ m
500 cm = ☐ m

❷ 2 m = ☐ cm
8 m = ☐ cm

❸ 400 cm = ☐ m
700 cm = ☐ m

❹ 6 m = ☐ cm
9 m = ☐ cm

❺ 130 cm
$= 100$ cm $+ 30$ cm
$= ☐$ m ☐ cm

❻ 5 m 70 cm
$= 500$ cm $+ 70$ cm
$= ☐$ cm

❼ 410 cm
$= 400$ cm $+ 10$ cm
$= ☐$ m ☐ cm

❽ 3 m 20 cm
$= 300$ cm $+ 20$ cm
$= ☐$ cm

기초 계산 연습

⑨ 287 cm
= 200 cm + 87 cm
= ☐ m ☐ cm

⑩ 7 m 64 cm
= 700 cm + 64 cm
= ☐ cm

⑪ 452 cm
= ☐ cm + 52 cm
= ☐ m ☐ cm

⑫ 6 m 95 cm
= ☐ cm + 95 cm
= ☐ cm

⑬ 850 cm
= ☐ cm + 50 cm
= ☐ m ☐ cm

⑭ 9 m 40 cm
= ☐ cm + 40 cm
= ☐ cm

⑮ 680 cm
= ☐ cm + 80 cm
= ☐ m ☐ cm

⑯ 5 m 15 cm
= ☐ cm + 15 cm
= ☐ cm

⑰ 379 cm
= 300 cm + ☐ cm
= ☐ m ☐ cm

⑱ 8 m 23 cm
= 800 cm + ☐ cm
= ☐ cm

⑲ 144 cm = ☐ m ☐ cm

⑳ 2 m 46 cm = ☐ cm

㉑ 737 cm = ☐ m ☐ cm

㉒ 1 m 98 cm = ☐ cm

m와 cm의 관계

□ 안에 알맞은 수를 써넣으세요.

1 1 m 25 cm = ☐ cm

2 670 cm = ☐ m ☐ cm

3 5 m 93 cm = ☐ cm

4 358 cm = ☐ m ☐ cm

5 9 m 82 cm = ☐ cm

6 231 cm = ☐ m ☐ cm

같은 길이끼리 이어 보세요.

7

540 cm ·   · 5 m 40 cm

544 cm ·   · 5 m 24 cm

524 cm ·   · 5 m 44 cm

8

7 m 36 cm ·   · 836 cm

8 m 36 cm ·   · 736 cm

7 m 66 cm ·   · 766 cm

9

407 cm ·   · 4 m 70 cm

477 cm ·   · 4 m 77 cm

470 cm ·   · 4 m 7 cm

10

1 m 36 cm ·   · 163 cm

1 m 60 cm ·   · 136 cm

1 m 63 cm ·   · 160 cm

플러스 계산 연습

생활 속 문제

🐻 리본 끈의 길이를 몇 m 몇 cm로 나타내 보세요.

11 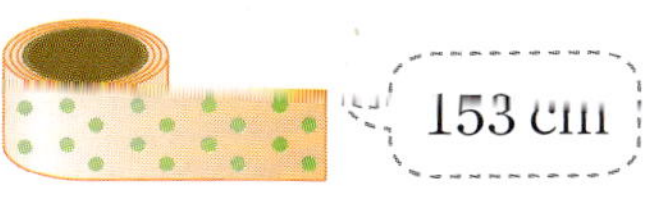

답 ________ m ________ cm

12 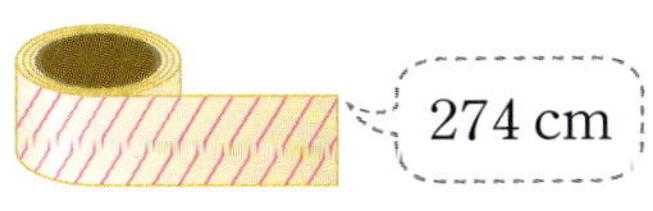

답 ________ m ________ cm

13 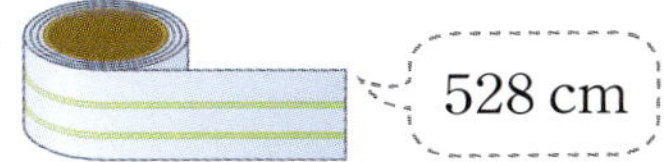

답 ________ m ________ cm

14 

답 ________ m ________ cm

15 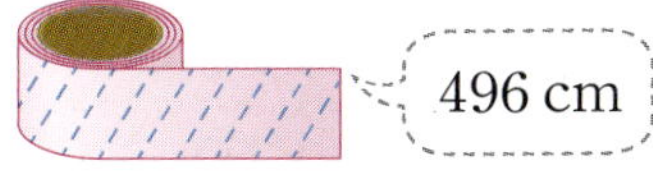

답 ________ m ________ cm

16 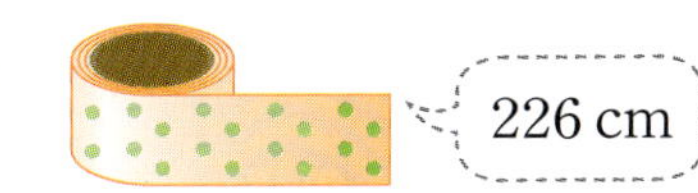

답 ________ m ________ cm

문장 읽고 문제 해결하기

17 6 m보다 50 cm 더 긴 길이는 몇 cm?

답 ________ cm

18 3 m보다 81 cm 더 긴 길이는 몇 cm?

답 ________ cm

19 9 m보다 4 cm 더 긴 길이는 몇 cm?

답 ________ cm

20 7 m보다 43 cm 더 긴 길이는 몇 cm?

답 ________ cm

받아올림이 없는 길이의 합

	m	cm
1	m	**34** cm
+ **2**	m	**50** cm
3	m	**84** cm

1+2=3 34+50=84

계산해 보세요.

①

	m		cm
1	m	20	cm
+ 3	m	40	cm
	m		cm

②

	m		cm
3	m	31	cm
+ 4	m	67	cm
	m		cm

③

	m		cm
2	m	15	cm
+ 4	m	30	cm
	m		cm

④

	m		cm
5	m	43	cm
+ 2	m	10	cm
	m		cm

⑤

	m		cm
3	m	17	cm
+ 6	m	61	cm
	m		cm

⑥

	m		cm
5	m	80	cm
+ 4	m	16	cm
	m		cm

⑦

	m		cm
1	m	26	cm
+ 2	m	33	cm
	m		cm

⑧

	m		cm
7	m	11	cm
+ 1	m	42	cm
	m		cm

⑨
	2	m	23	cm
+	6	m	25	cm
		m		cm

⑩
	3	m	35	cm
+	3	m	41	cm
		m		cm

⑪
	1	m	34	cm
+	8	m	55	cm
		m		cm

⑫
	6	m	60	cm
+	3	m	12	cm
		m		cm

⑬
	4	m	58	cm
+	3	m	10	cm
		m		cm

⑭
	1	m	46	cm
+	7	m	31	cm
		m		cm

⑮
	5	m	20	cm
+	4	m	28	cm
		m		cm

⑯
	2	m	81	cm
+	5	m	14	cm
		m		cm

⑰
	3	m	25	cm
+	6	m	72	cm
		m		cm

⑱
	1	m	19	cm
+	2	m	60	cm
		m		cm

3

길이의 합과 차

2 일차

받아올림이 없는 길이의 합

□ 안에 알맞은 수를 써넣으세요.

1 4 m 61 cm + 2 m 37 cm
= □ m □ cm

2 6 m 29 cm + 1 m 50 cm
= □ m □ cm

3 1 m 32 cm + 4 m 26 cm
= □ m □ cm

4 5 m 20 cm + 3 m 12 cm
= □ m □ cm

5 3 m 40 cm + 3 m 48 cm
= □ m □ cm

6 7 m 55 cm + 2 m 32 cm
= □ m □ cm

두 길이의 합을 구하세요.

7 2 m 10 cm　　1 m 40 cm
□ m □ cm

8 3 m 53 cm　　2 m 36 cm
□ m □ cm

9  1 m 47 cm　　6 m 30 cm
□ m □ cm

10 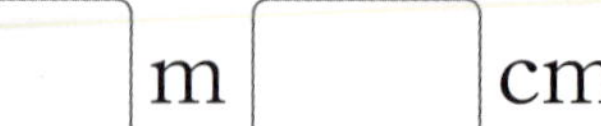 5 m 28 cm　　4 m 11 cm
□ m □ cm

11  7 m 62 cm　　2 m 25 cm
□ m □ cm

12 3 m 14 cm　　1 m 70 cm
□ m □ cm

플러스 계산 연습

생활 속 계산

🐻 리본 테이프를 사용하여 선물 상자를 포장했습니다. 사용한 리본 테이프의 길이의 합을 구하세요.

13

답 ______ m ______ cm

14

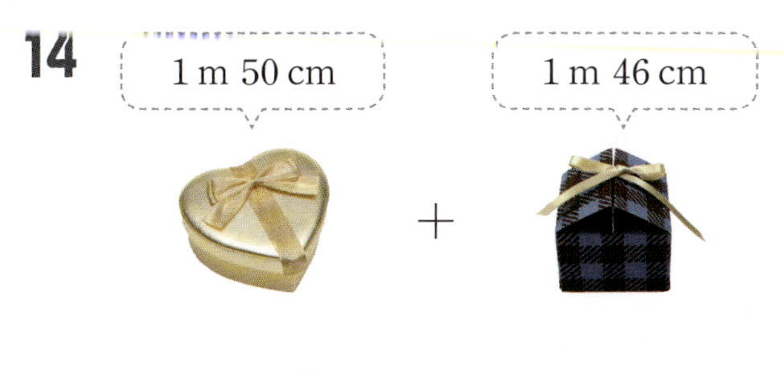

답 ______ m ______ cm

15

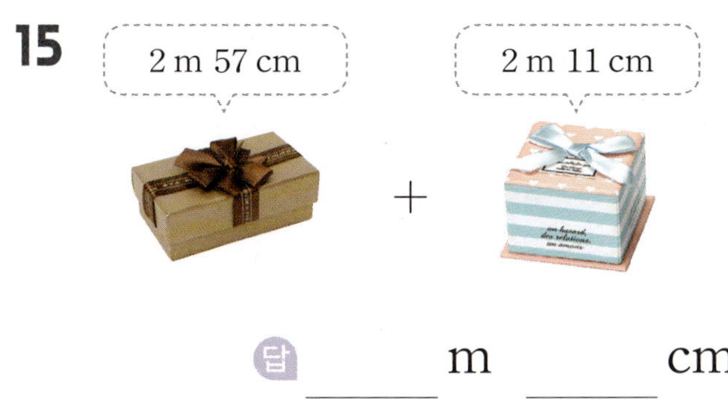

답 ______ m ______ cm

16

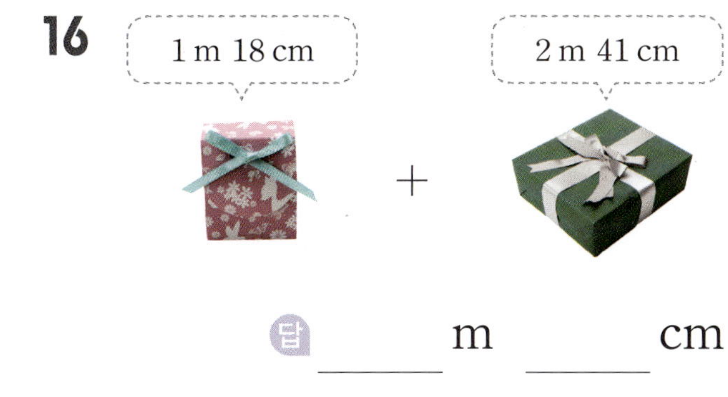

답 ______ m ______ cm

문장 읽고 계산식 세우기

17

4 m 55 cm보다 2 m 14 cm 더 긴 길이는 몇 m 몇 cm?

식 $4\,m\,55\,cm + 2\,m\,14\,cm$

$= \boxed{}\,m\,\boxed{}\,cm$

18

3 m 42 cm보다 5 m 10 cm 더 긴 길이는 몇 m 몇 cm?

식 $3\,m\,42\,cm + 5\,m\,10\,cm$

$= \boxed{}\,m\,\boxed{}\,cm$

19

1 m 17 cm보다 6 m 70 cm 더 긴 길이는 몇 m 몇 cm?

식 $1\,m\,17\,cm + \boxed{}\,m\,\boxed{}\,cm$

$= \boxed{}\,m\,\boxed{}\,cm$

20

4 m 21 cm보다 4 m 53 cm 더 긴 길이는 몇 m 몇 cm?

식 $4\,m\,21\,cm + \boxed{}\,m\,\boxed{}\,cm$

$= \boxed{}\,m\,\boxed{}\,cm$

3

길이의 합과 차

받아올림이 있는 길이의 합

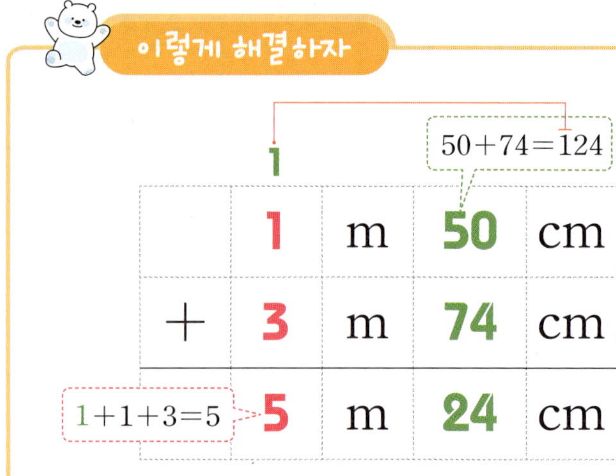

계산해 보세요.

①

	m	cm
2	m	30 cm
+ 1	m	80 cm
	m	cm

②

	m	cm
1	m	60 cm
+ 4	m	70 cm
	m	cm

③

	m	cm
4	m	90 cm
+ 3	m	27 cm
	m	cm

④

	m	cm
6	m	40 cm
+ 2	m	82 cm
	m	cm

⑤

	m	cm
2	m	61 cm
+ 4	m	52 cm
	m	cm

⑥

	m	cm
4	m	92 cm
+ 3	m	37 cm
	m	cm

⑦

	m	cm
3	m	55 cm
+ 4	m	50 cm
	m	cm

⑧

	m	cm
1	m	24 cm
+ 5	m	91 cm
	m	cm

기초 계산 연습

▶ 정답과 해설 14쪽

⑨

	4	m	93	cm
+	2	m	75	cm
		m		cm

⑩

	5	m	68	cm
+	3	m	51	cm
		m		cm

⑪

	1	m	40	cm
+	6	m	87	cm
		m		cm

⑫

	2	m	65	cm
+	2	m	73	cm
		m		cm

⑬

	5	m	77	cm
+	1	m	42	cm
		m		cm

⑭

	4	m	90	cm
+	3	m	85	cm
		m		cm

⑮ $4 \text{ m } 20 \text{ cm} + 3 \text{ m } 83 \text{ cm}$
= ☐ m ☐ cm

⑯ $5 \text{ m } 93 \text{ cm} + 1 \text{ m } 20 \text{ cm}$
= ☐ m ☐ cm

⑰ $2 \text{ m } 58 \text{ cm} + 5 \text{ m } 71 \text{ cm}$
= ☐ m ☐ cm

⑱ $1 \text{ m } 86 \text{ cm} + 7 \text{ m } 62 \text{ cm}$
= ☐ m ☐ cm

⑲ $3 \text{ m } 62 \text{ cm} + 3 \text{ m } 95 \text{ cm}$
= ☐ m ☐ cm

⑳ $4 \text{ m } 47 \text{ cm} + 2 \text{ m } 73 \text{ cm}$
= ☐ m ☐ cm

3

길이의 합과 차

받아올림이 있는 길이의 합

🐻 □ 안에 알맞은 수를 써넣으세요.

1 1 m 74 cm + 3 m 70 cm
= □ m □ cm

2 2 m 47 cm + 5 m 82 cm
= □ m □ cm

3 3 m 55 cm + 4 m 63 cm
= □ m □ cm

4 1 m 94 cm + 1 m 90 cm
= □ m □ cm

5 2 m 12 cm + 6 m 95 cm
= □ m □ cm

6 4 m 69 cm + 3 m 87 cm
= □ m □ cm

🐻 두 길이의 합을 구하세요.

7 1 m 20 cm   5 m 90 cm
□ m □ cm

8 2 m 77 cm   3 m 50 cm
□ m □ cm

9 3 m 62 cm   4 m 81 cm
□ m □ cm

10 6 m 99 cm   2 m 60 cm
□ m □ cm

11 2 m 75 cm   1 m 64 cm
□ m □ cm

12 5 m 53 cm   3 m 95 cm
□ m □ cm

플러스 계산 연습

생활 속 계산

 실의 길이의 합을 구하세요.

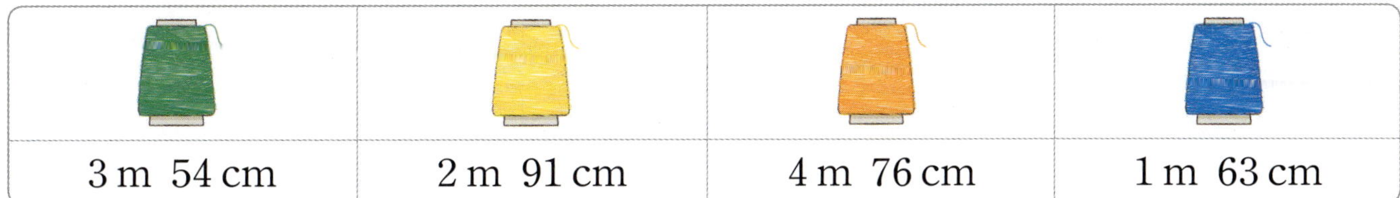

3 m 54 cm	2 m 91 cm	4 m 76 cm	1 m 63 cm

13 

답 ______ m ______ cm

14

답 ______ m ______ cm

15 

답 ______ m ______ cm

16 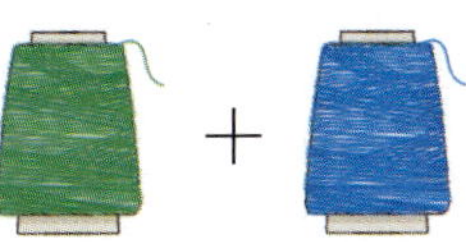

답 ______ m ______ cm

문장 읽고 계산식 세우기

17 3 m 19 cm보다 4 m 82 cm 더 긴 길이는 몇 m 몇 cm?

식 3 m 19 cm + 4 m 82 cm

= ☐ m ☐ cm

18 1 m 80 cm보다 5 m 49 cm 더 긴 길이는 몇 m 몇 cm?

식 1 m 80 cm + 5 m 49 cm

= ☐ m ☐ cm

19 2 m 64 cm보다 6 m 71 cm 더 긴 길이는 몇 m 몇 cm?

식 2 m 64 cm + ☐ m ☐ cm

= ☐ m ☐ cm

20 4 m 37 cm보다 4 m 95 cm 더 긴 길이는 몇 m 몇 cm?

식 4 m 37 cm + ☐ m ☐ cm

= ☐ m ☐ cm

단위가 섞인 길이의 합

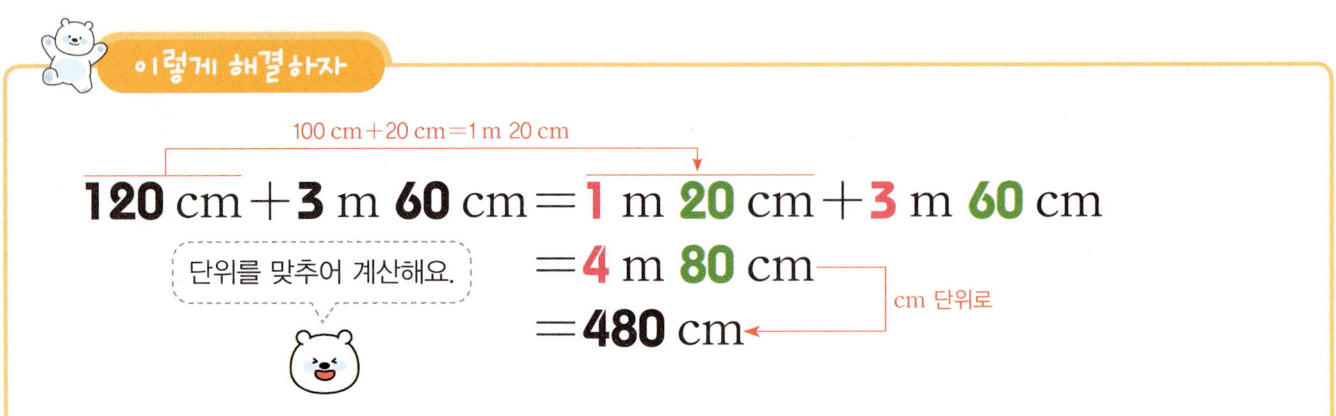

□ 안에 알맞은 수를 써넣으세요.

1 230 cm+1 m
=2 m 30 cm+1 m
=□ m □ cm
=□ cm

2 3 m+570 cm
=3 m+5 m 70 cm
=□ m □ cm
=□ cm

3 350 cm+4 m
=□ m 50 cm+4 m
=□ m □ cm
=□ cm

4 2 m+460 cm
=2 m+□ m 60 cm
=□ m □ cm
=□ cm

5 170 cm+8 m
=□ m 70 cm+8 m
=□ m □ cm
=□ cm

6 5 m+290 cm
=5 m+□ m 90 cm
=□ m □ cm
=□ cm

⑦ 429 cm＋5 m 10 cm

= ☐ m 29 cm＋5 m 10 cm

= ☐ m ☐ cm

= ☐ cm

⑧ 7 m 36 cm＋250 cm

= 7 m 36 cm＋☐ m 50 cm

= ☐ m ☐ cm

= ☐ cm

⑨ 236 cm＋6 m 22 cm

= ☐ m ☐ cm＋6 m 22 cm

= ☐ m ☐ cm

= ☐ cm

⑩ 1 m 8 cm＋502 cm

= 1 m 8 cm＋☐ m ☐ cm

= ☐ m ☐ cm

= ☐ cm

⑪ 564 cm＋4 m 32 cm

= ☐ m ☐ cm＋4 m 32 cm

= ☐ m ☐ cm

= ☐ cm

⑫ 2 m 5 cm＋110 cm

= 2 m 5 cm＋☐ m ☐ cm

= ☐ m ☐ cm

= ☐ cm

⑬ 8 m 47 cm＋102 cm

= ☐ m ☐ cm

⑭ 3 m 73 cm＋515 cm

= ☐ cm

⑮ 195 cm＋2 m 53 cm

= ☐ m ☐ cm

⑯ 494 cm＋3 m 45 cm

= ☐ cm

⑰ 2 m 33 cm＋640 cm

= ☐ m ☐ cm

⑱ 1 m 81 cm＋727 cm

= ☐ cm

단위가 섞인 길이의 합

□ 안에 알맞은 수를 써넣으세요.

1 1 m 60 cm + 512 cm
= ☐ m ☐ cm

2 7 m 4 cm + 234 cm
= ☐ cm

3 478 cm + 4 m 11 cm
= ☐ m ☐ cm

4 250 cm + 6 m 22 cm
= ☐ cm

5 3 m 20 cm + 395 cm
= ☐ m ☐ cm

6 8 m 37 cm + 119 cm
= ☐ cm

두 길이의 합을 구하세요.

7

2 m 10 cm	350 cm
☐ m ☐ cm	

8

195 cm	5 m 2 cm
☐ cm	

9

5 m 74 cm	406 cm
☐ m ☐ cm	

10
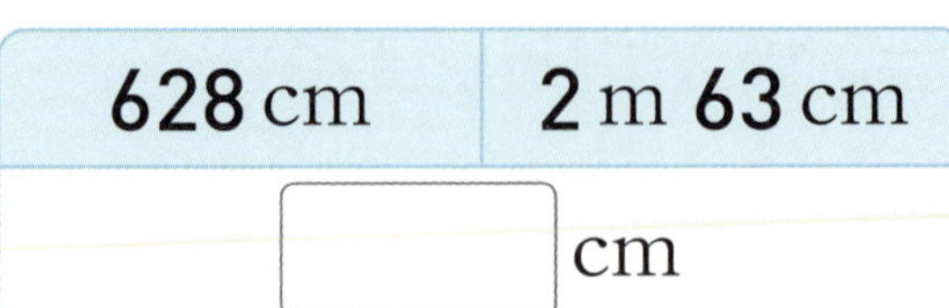

628 cm	2 m 63 cm
☐ cm	

11
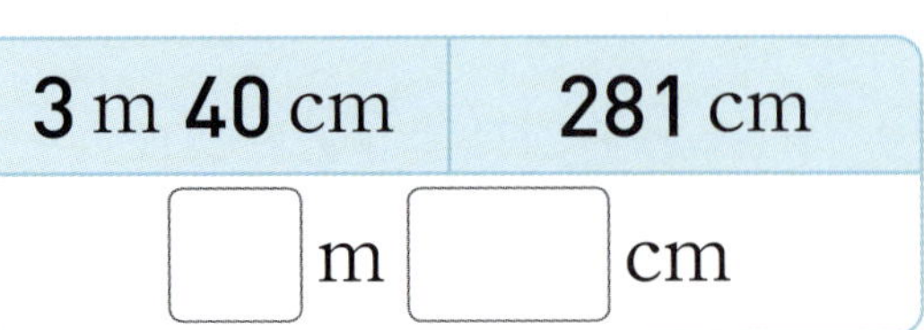

3 m 40 cm	281 cm
☐ m ☐ cm	

12
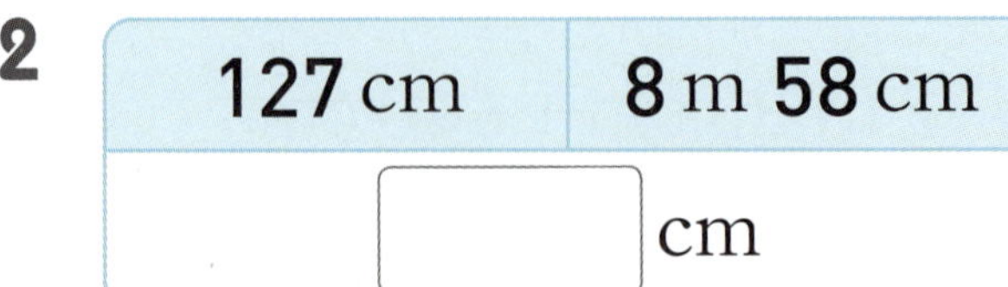

127 cm	8 m 58 cm
☐ cm	

두 길이의 합을 구하세요.

13 110 cm   3 m 24 cm

답 ______ m ______ cm

14 4 m 46 cm   225 cm

답 ______ cm

15 697 cm   1 m 18 cm

답 ______ m ______ cm

16 2 m 30 cm   521 cm

답 ______ cm

17 408 cm   1 m 93 cm

답 ______ m ______ cm

18 5 m 13 cm   364 cm

답 ______ cm

문장 읽고 계산식 세우기

19 329 cm보다 5 m 85 cm 더 긴 길이는 몇 m 몇 cm?

식 329 cm + 5 m 85 cm

= ☐ m ☐ cm

20 463 cm보다 1 m 15 cm 더 긴 길이는 몇 cm?

식 463 cm + 1 m 15 cm

= ☐ cm

21 2 m 50 cm보다 642 cm 더 긴 길이는 몇 m 몇 cm?

식 2 m 50 cm + ☐ cm

= ☐ m ☐ cm

22 3 m 7 cm보다 330 cm 더 긴 길이는 몇 cm?

식 ☐ m ☐ cm + 330 cm

= ☐ cm

받아내림이 없는 길이의 차

		3	m	65	cm
−		1	m	20	cm
		2	m	45	cm

3−1=2   65−20=45

 계산해 보세요.

3
길이의 합과 차

118

①

	7	m	84	cm
−	3	m	60	cm
		m		cm

②

	4	m	58	cm
−	2	m	40	cm
		m		cm

③

	5	m	27	cm
−	3	m	11	cm
		m		cm

④

	8	m	36	cm
−	2	m	24	cm
		m		cm

⑤

	3	m	69	cm
−	1	m	43	cm
		m		cm

⑥

	9	m	56	cm
−	7	m	32	cm
		m		cm

⑦

	4	m	98	cm
−	2	m	80	cm
		m		cm

⑧

	5	m	17	cm
−	1	m	15	cm
		m		cm

제한 시간 3분

맞은 개수 　 / 18개

▶ 정답과 해설 15쪽

⑨

	6	m	75	cm
−	5	m	65	cm
		m		cm

⑩

	4	m	93	cm
−	3	m	70	cm
		m		cm

⑪

	8	m	67	cm
−	2	m	14	cm
		m		cm

⑫

	3	m	82	cm
−	1	m	60	cm
		m		cm

⑬

	7	m	59	cm
−	5	m	43	cm
		m		cm

⑭

	9	m	24	cm
−	6	m	11	cm
		m		cm

⑮

	6	m	73	cm
−	5	m	30	cm
		m		cm

⑯

	8	m	95	cm
−	2	m	53	cm
		m		cm

⑰

	3	m	82	cm
−	2	m	61	cm
		m		cm

⑱

	7	m	66	cm
−	4	m	42	cm
		m		cm

3

길이의 합과 차

5 일차

받아내림이 없는 길이의 차

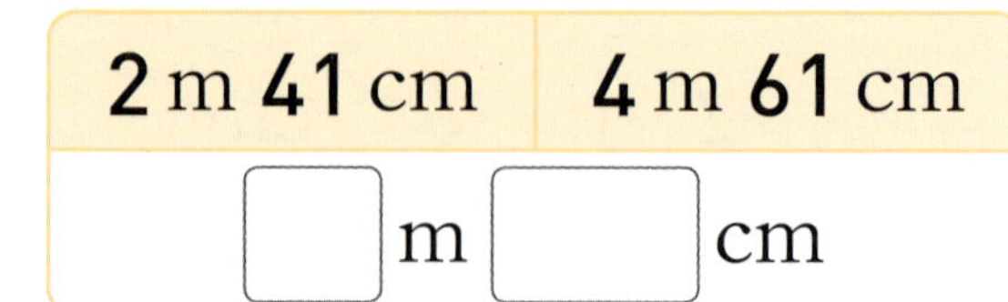

□ 안에 알맞은 수를 써넣으세요.

1 4 m 93 cm − 1 m 80 cm
= ☐ m ☐ cm

2 6 m 84 cm − 3 m 52 cm
= ☐ m ☐ cm

3 9 m 65 cm − 4 m 45 cm
= ☐ m ☐ cm

4 7 m 78 cm − 2 m 64 cm
= ☐ m ☐ cm

5 3 m 25 cm − 1 m 11 cm
= ☐ m ☐ cm

6 9 m 57 cm − 5 m 33 cm
= ☐ m ☐ cm

3 길이의 합과 차

두 길이의 차를 구하세요.

7

3 m 40 cm	2 m 20 cm
☐ m	☐ cm

8

6 m 35 cm	8 m 47 cm
☐ m	☐ cm

9

5 m 42 cm	9 m 55 cm
☐ m	☐ cm

10

7 m 94 cm	1 m 13 cm
☐ m	☐ cm

11

5 m 87 cm	3 m 14 cm
☐ m	☐ cm

12

2 m 41 cm	4 m 61 cm
☐ m	☐ cm

플러스 계산 연습

생활 속 계산

색 테이프의 길이의 차를 구하세요.

13　2 m 96 cm　1 m 30 cm

답 ______ m ______ cm

14　2 m 12 cm　4 m 83 cm

답 ______ m ______ cm

15　1 m 24 cm　4 m 35 cm

답 ______ m ______ cm

16　3 m 58 cm　2 m 15 cm

답 ______ m ______ cm

문장 읽고 계산식 세우기

17　5 m 67 cm보다 1 m 65 cm 더 짧은 길이는 몇 m 몇 cm?

식 5 m 67 cm − 1 m 65 cm

= ☐ m ☐ cm

18　9 m 54 cm보다 3 m 41 cm 더 짧은 길이는 몇 m 몇 cm?

식 9 m 54 cm − 3 m 41 cm

= ☐ m ☐ cm

19　4 m 89 cm보다 2 m 56 cm 더 짧은 길이는 몇 m 몇 cm?

식 4 m 89 cm − ☐ m ☐ cm

= ☐ m ☐ cm

20　7 m 46 cm보다 5 m 30 cm 더 짧은 길이는 몇 m 몇 cm?

식 7 m 46 cm − ☐ m ☐ cm

= ☐ m ☐ cm

받아내림이 있는 길이의 차

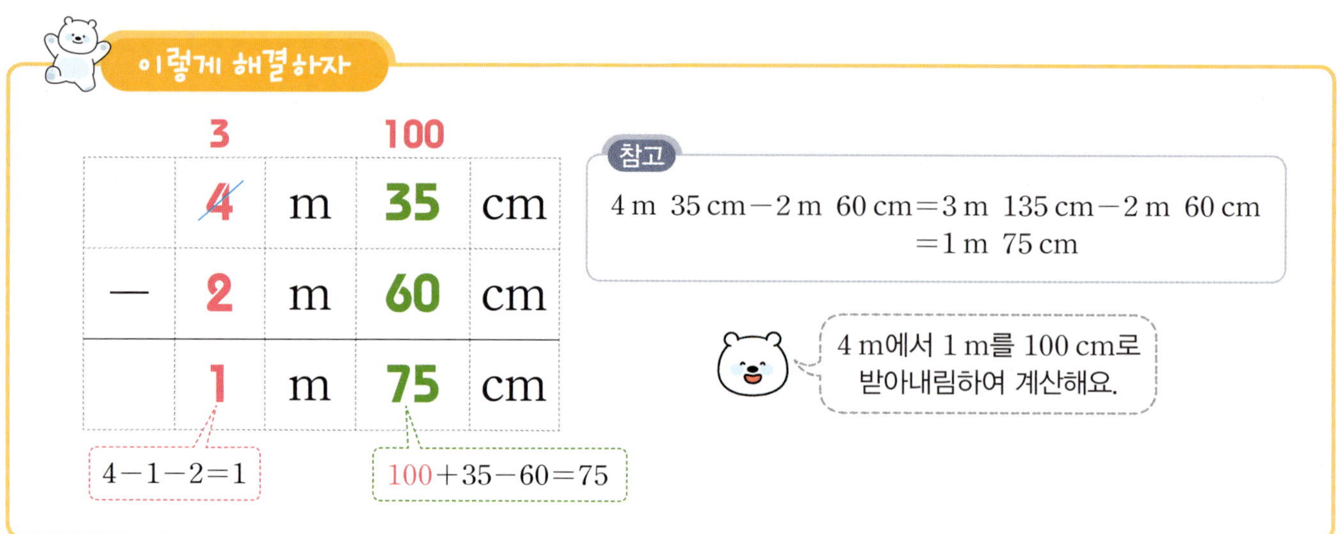

3 길이의 합과 차

계산해 보세요.

①

	3	m	20	cm
—	1	m	50	cm
		m		cm

②

	6	m	70	cm
—	4	m	90	cm
		m		cm

③

	5	m	10	cm
—	2	m	46	cm
		m		cm

④

	7	m	35	cm
—	1	m	60	cm
		m		cm

⑤

	9	m	40	cm
—	3	m	57	cm
		m		cm

⑥

	8	m	18	cm
—	6	m	30	cm
		m		cm

⑦

	7	m	28	cm
—	5	m	41	cm
		m		cm

⑧

	5	m	56	cm
—	2	m	83	cm
		m		cm

⑨

	6	m	64	cm
−	3	m	92	cm
		m		cm

⑩

	4	m	55	cm
−	2	m	71	cm
		m		cm

⑪

	5	m	19	cm
−	1	m	37	cm
		m		cm

⑫

	8	m	75	cm
−	5	m	84	cm
		m		cm

⑬

	8	m	29	cm
−	6	m	53	cm
		m		cm

⑭

	9	m	24	cm
−	5	m	69	cm
		m		cm

⑮ 7 m 50 cm − 1 m 80 cm
= ☐ m ☐ cm

⑯ 5 m 43 cm − 2 m 60 cm
= ☐ m ☐ cm

⑰ 4 m 10 cm − 2 m 76 cm
= ☐ m ☐ cm

⑱ 7 m 47 cm − 3 m 49 cm
= ☐ m ☐ cm

⑲ 9 m 88 cm − 6 m 94 cm
= ☐ m ☐ cm

⑳ 6 m 15 cm − 1 m 43 cm
= ☐ m ☐ cm

3

길이의 합과 차

받아내림이 있는 길이의 차

 ☐ 안에 알맞은 수를 써넣으세요.

1 6 m 39 cm − 4 m 53 cm
= ☐ m ☐ cm

2 4 m 16 cm − 1 m 91 cm
= ☐ m ☐ cm

3 5 m 25 cm − 3 m 45 cm
= ☐ m ☐ cm

4 8 m 37 cm − 2 m 76 cm
= ☐ m ☐ cm

5 7 m 10 cm − 2 m 80 cm
= ☐ m ☐ cm

6 9 m 49 cm − 3 m 62 cm
= ☐ m ☐ cm

 빈 곳에 알맞은 수를 써넣으세요.

7
6 m 20 cm
1 m 90 cm
−
☐ m ☐ cm

8
8 m 54 cm
2 m 68 cm
−
☐ m ☐ cm

9
6 m 19 cm
3 m 72 cm
−
☐ m ☐ cm

10
5 m 80 cm
3 m 89 cm
−
☐ m ☐ cm

▶ 정답과 해설 16쪽

생활 속 계산

🐻 각 어린이가 사용하고 남은 리본의 길이를 구하세요.

11

은우

답 ________ m ________ cm

12

서준

답 ________ m ________ cm

13

유찬

답 ________ m ________ cm

14

서아

답 ________ m ________ cm

문장 읽고 계산식 세우기

15

3 m 39 cm보다 1 m 80 cm 더 짧은 길이는 몇 m 몇 cm?

식 **3 m 39 cm − 1 m 80 cm**

= ☐ m ☐ cm

16

8 m 60 cm보다 4 m 77 cm 더 짧은 길이는 몇 m 몇 cm?

식 **8 m 60 cm − 4 m 77 cm**

= ☐ m ☐ cm

17

9 m 24 cm보다 2 m 51 cm 더 짧은 길이는 몇 m 몇 cm?

식 **9 m 24 cm −** ☐ **m** ☐ **cm**

= ☐ m ☐ cm

18

7 m 15 cm보다 5 m 69 cm 더 짧은 길이는 몇 m 몇 cm?

식 **7 m 15 cm −** ☐ **m** ☐ **cm**

= ☐ m ☐ cm

3 길이의 합과 차

단위가 섞인 길이의 차

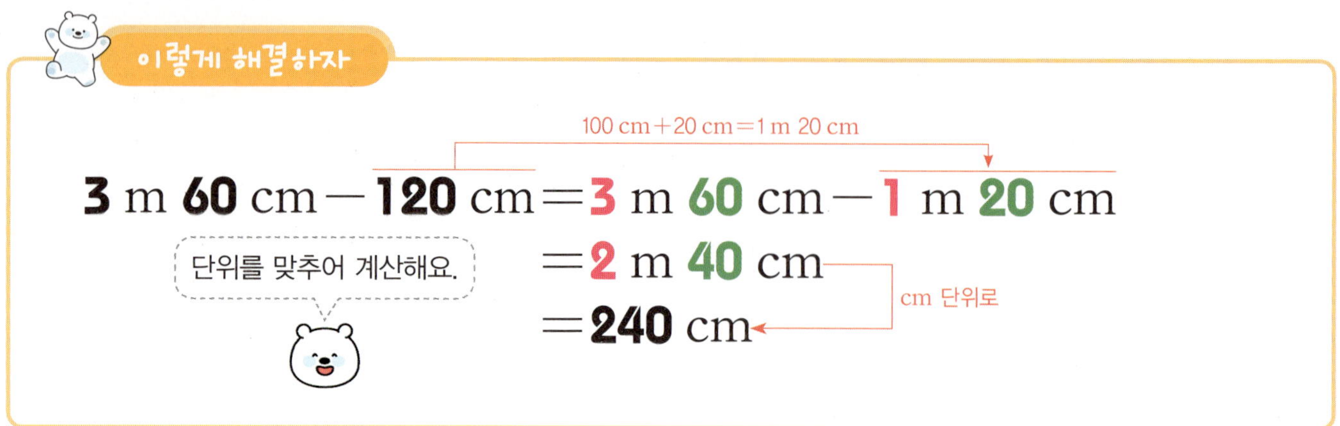

□ 안에 알맞은 수를 써넣으세요.

❶ $3\,\text{m}\ 10\,\text{cm}-100\,\text{cm}$
$=3\,\text{m}\ 10\,\text{cm}-1\,\text{m}$
$=\boxed{}\,\text{m}\ \boxed{}\,\text{cm}$
$=\boxed{}\,\text{cm}$

❷ $580\,\text{cm}-1\,\text{m}$
$=5\,\text{m}\ 80\,\text{cm}-1\,\text{m}$
$=\boxed{}\,\text{m}\ \boxed{}\,\text{cm}$
$=\boxed{}\,\text{cm}$

❸ $6\,\text{m}\ 40\,\text{cm}-400\,\text{cm}$
$=6\,\text{m}\ 40\,\text{cm}-\boxed{}\,\text{m}$
$=\boxed{}\,\text{m}\ \boxed{}\,\text{cm}$
$=\boxed{}\,\text{cm}$

❹ $475\,\text{cm}-2\,\text{m}$
$=\boxed{}\,\text{m}\ 75\,\text{cm}-2\,\text{m}$
$=\boxed{}\,\text{m}\ \boxed{}\,\text{cm}$
$=\boxed{}\,\text{cm}$

❺ $7\,\text{m}\ 70\,\text{cm}-320\,\text{cm}$
$=7\,\text{m}\ 70\,\text{cm}-\boxed{}\,\text{m}\ 20\,\text{cm}$
$=\boxed{}\,\text{m}\ \boxed{}\,\text{cm}$
$=\boxed{}\,\text{cm}$

❻ $675\,\text{cm}-5\,\text{m}\ 60\,\text{cm}$
$=6\,\text{m}\ 75\,\text{cm}-\boxed{}\,\text{m}\ 60\,\text{cm}$
$=\boxed{}\,\text{m}\ \boxed{}\,\text{cm}$
$=\boxed{}\,\text{cm}$

3 길이의 합과 차

⑦ 8 m 39 cm − 221 cm

= 8 m 39 cm − ☐ m 21 cm

= ☐ m ☐ cm

= ☐ cm

⑧ 793 cm − 4 m 50 cm

= ☐ m 93 cm − 4 m 50 cm

= ☐ m ☐ cm

= ☐ cm

⑨ 5 m 64 cm − 343 cm

= 5 m 64 cm − ☐ m ☐ cm

= ☐ m ☐ cm

= ☐ cm

⑩ 389 cm − 1 m 7 cm

= ☐ m ☐ cm − 1 m 7 cm

= ☐ m ☐ cm

= ☐ cm

⑪ 4 m 15 cm − 202 cm

= 4 m 15 cm − ☐ m ☐ cm

= ☐ m ☐ cm

= ☐ cm

⑫ 6 m 3 cm − 319 cm

= 6 m 3 cm − ☐ m ☐ cm

= ☐ m ☐ cm

= ☐ cm

⑬ 9 m 20 cm − 758 cm

= ☐ m ☐ cm

⑭ 5 m 57 cm − 282 cm

= ☐ cm

⑮ 683 cm − 4 m 5 cm

= ☐ m ☐ cm

⑯ 300 cm − 1 m 38 cm

= ☐ cm

⑰ 7 m 79 cm − 181 cm

= ☐ m ☐ cm

⑱ 8 m 64 cm − 335 cm

= ☐ cm

3
길이의 합과 차

단위가 섞인 길이의 차

□ 안에 알맞은 수를 써넣으세요.

1 2 m 90 cm − 150 cm
= □ m □ cm

2 5 m 65 cm − 228 cm
= □ cm

3 633 cm − 3 m 16 cm
= □ m □ cm

4 877 cm − 4 m 40 cm
= □ cm

5 9 m 12 cm − 190 cm
= □ m □ cm

6 7 m 58 cm − 385 cm
= □ cm

두 길이의 차를 구하세요.

7

4 m 70 cm	350 cm
□ m □ cm	

8

2 m 10 cm	580 cm
□ cm	

9

6 m 17 cm	940 cm
□ m □ cm	

10

7 m 55 cm	103 cm
□ cm	

11

864 cm	3 m 25 cm
□ m □ cm	

12

4 m 68 cm	991 cm
□ cm	

 □ 안에 알맞은 수를 써넣으세요.

13 550 cm
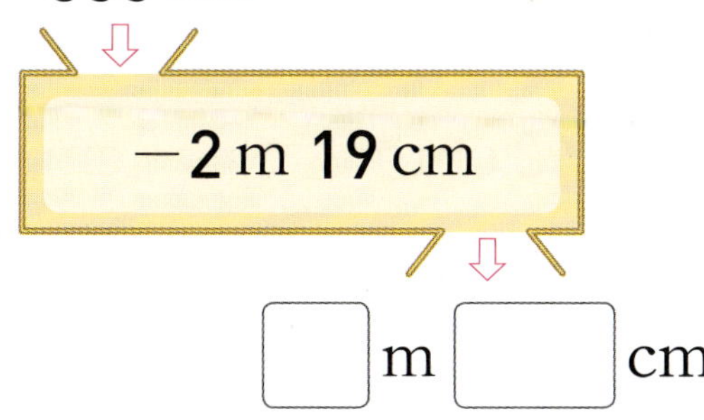
$-2\,m\,19\,cm$
□ m □ cm

14 3 m 20 cm
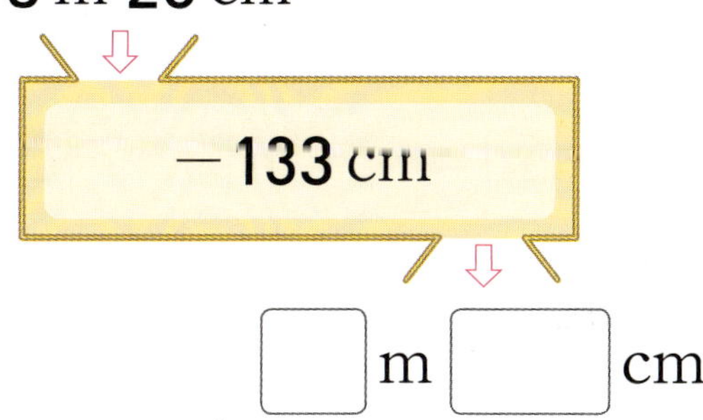
$-133\,cm$
□ m □ cm

15 794 cm
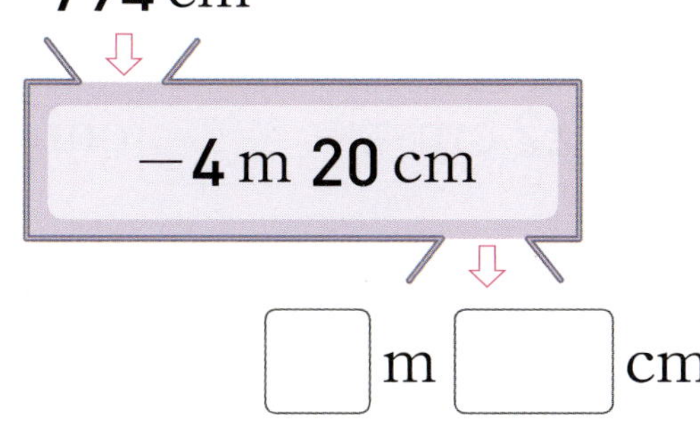
$-4\,m\,20\,cm$
□ m □ cm

16 6 m 73 cm
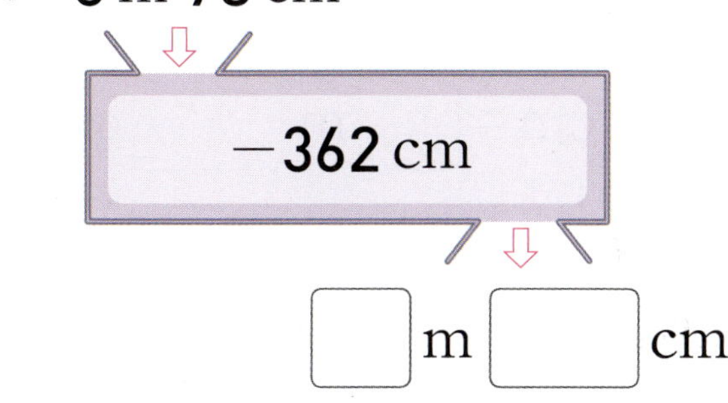
$-362\,cm$
□ m □ cm

문장 읽고 계산식 세우기

17 820 cm보다 1 m 41 cm 더 짧은 길이는 몇 m 몇 cm?

식 820 cm − 1 m 41 cm
= □ m □ cm

18 437 cm보다 2 m 17 cm 더 짧은 길이는 몇 cm?

식 437 cm − 2 m 17 cm
= □ cm

19 5 m 62 cm보다 379 cm 더 짧은 길이는 몇 m 몇 cm?

식 5 m 62 cm − □ cm
= □ m □ cm

20 9 m 8 cm보다 636 cm 더 짧은 길이는 몇 cm?

식 □ m □ cm − 636 cm
= □ cm

3 길이의 합과 차

 **평가** ㅤ# SPEED 연산력 TEST

🐻 ☐ 안에 알맞은 수를 써넣으세요.

❶ 281 cm = ☐ m ☐ cm

❷ 5 m 43 cm = ☐ cm

❸ 927 cm = ☐ m ☐ cm

❹ 6 m 6 cm = ☐ cm

❺ 435 cm = ☐ m ☐ cm

❻ 3 m 22 cm = ☐ cm

🐻 계산해 보세요.

❼

	4	m	44	cm
+	1	m	30	cm
		m		cm

❽

	2	m	23	cm
+	7	m	64	cm
		m		cm

❾

	3	m	96	cm
+	4	m	42	cm
		m		cm

❿

	6	m	36	cm
+	2	m	80	cm
		m		cm

⓫

	5	m	60	cm
+	1	m	78	cm
		m		cm

⓬

	8	m	72	cm
−	3	m	50	cm
		m		cm

3 길이의 합과 차

⑬

	5 m	65 cm
−	1 m	33 cm
	m	cm

⑭

	7 m	14 cm
−	2 m	62 cm
	m	cm

⑮

	9 m	47 cm
−	6 m	98 cm
	m	cm

⑯

	8 m	20 cm
−	5 m	77 cm
	m	cm

⑰ 3 m 15 cm + 264 cm

= ☐ m ☐ cm

⑱ 440 cm + 4 m 6 cm

= ☐ m ☐ cm

⑲ 178 cm + 6 m 64 cm

= ☐ cm

⑳ 7 m 62 cm + 150 cm

= ☐ cm

㉑ 5 m 83 cm − 301 cm

= ☐ m ☐ cm

㉒ 959 cm − 2 m 21 cm

= ☐ m ☐ cm

㉓ 614 cm − 1 m 37 cm

= ☐ cm

㉔ 8 m 33 cm − 519 cm

= ☐ cm

㉕ 7 m 49 cm − 282 cm

= ☐ m ☐ cm

3

길이의 합과 차

🐻 길이의 합과 차를 이용하여 물음에 답하세요.

1 450 cm

= ☐ m ☐ cm

➡ 색 테이프의 길이는 **450** cm입니다.
색 테이프의 길이는 몇 m 몇 cm일까요?

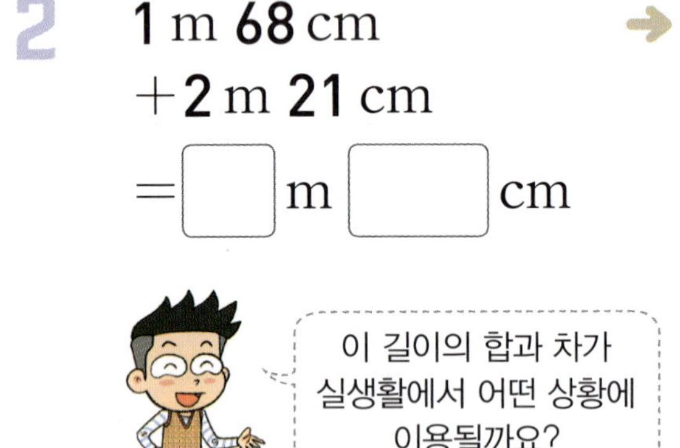

식 _______________

답 _____ m _____ cm

2 1 m 68 cm
+2 m 21 cm

= ☐ m ☐ cm

➡ 아기 기린의 키는 **1** m **68** cm이고, 아빠 기린의 키는 아기 기린의 키보다 **2** m **21** cm만큼 더 큽니다. 아빠 기린의 키는 몇 m 몇 cm일까요?

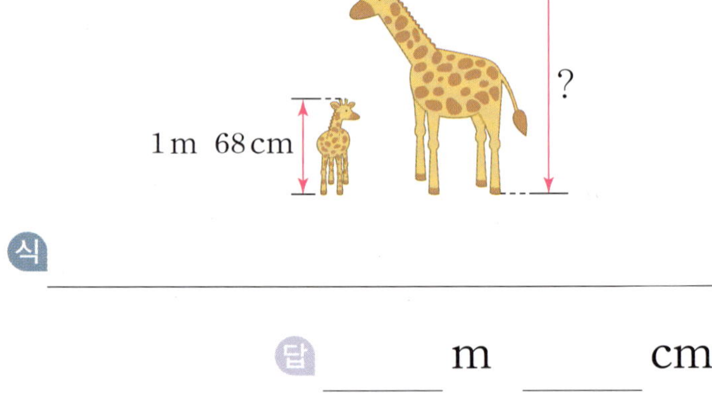

식 _______________

답 _____ m _____ cm

3 7 m 35 cm
−4 m 10 cm

= ☐ m ☐ cm

➡ 노란색 리본의 길이는 **7** m **35** cm이고, 초록색 리본의 길이는 노란색 리본의 길이보다 **4** m **10** cm만큼 더 짧습니다.
초록색 리본의 길이는 몇 m 몇 cm일까요?

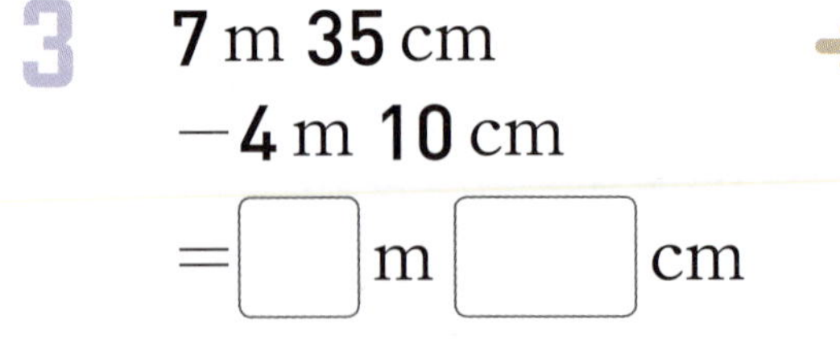

식 _______________

답 _____ m _____ cm

문장을 읽고 알맞은 계산식을 세워 답을 구해 보자!

4 참나무의 높이는 **5 m 73 cm**이고, 단풍나무의 높이는 참나무의 높이보다
1 m 42 cm만큼 더 높습니다. 단풍나무의 높이는 몇 **m** 몇 **cm**일까요?

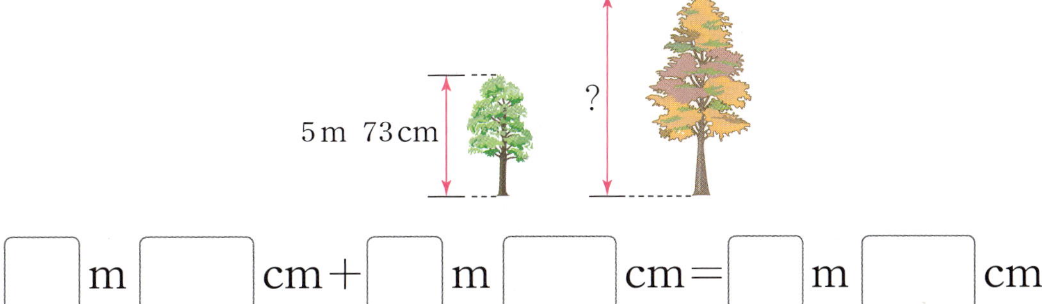

☐ m ☐ cm + ☐ m ☐ cm = ☐ m ☐ cm

5 범고래의 몸길이는 **8 m 16 cm**이고, 백상아리의 몸길이는 범고래의 몸길이보다
1 m 76 cm만큼 더 짧습니다. 백상아리의 몸길이는 몇 **m** 몇 **cm**일까요?

☐ m ☐ cm − ☐ m ☐ cm = ☐ m ☐ cm

6 경아의 줄넘기의 길이는 **1 m 26 cm**이고, 태영이의 줄넘기 길이는 **234 cm**입
니다. 두 줄넘기의 길이의 합은 몇 **cm**일까요?

☐ m ☐ cm + ☐ cm = ☐ cm

7 길이가 **340 cm**인 끈에서 **2 m 7 cm**만큼 잘라 선물을 포장하는 데 사용했습
니다. 남은 끈의 길이는 몇 **m** 몇 **cm**일까요?

☐ cm − ☐ m ☐ cm = ☐ m ☐ cm

창의·융합·코딩·도전하기

누가 가장 2 m 에 가까울까?

창의 1 주연, 원호, 민혁이는 주변에 있는 물건 중에서 3개를 골라 이어서 길이를 길게 만들었습니다.

이름			
만든 길이	1 m 95 cm	2 m 10 cm	2 m 15 cm
2 m 와의 차			

답 ________________

융합 2 석탑은 돌을 이용하여 쌓은 탑입니다.
다음 두 석탑의 높이의 차는 몇 m 몇 cm일까요?

정림사지 오층석탑	금산사 오층석탑
*국보 제9호	*보물 제25호
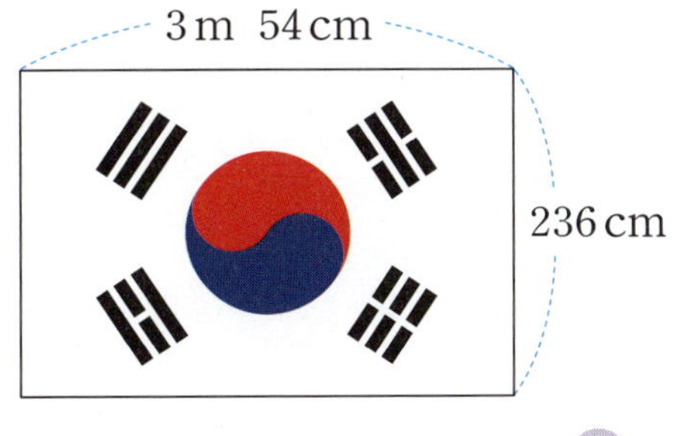	
8 m **33** cm	**7** m **20** cm

* 국보: 나라에서 지정하여 법률로 보호하는 문화재
* 보물: 대대로 물려오는 귀중한 가치가 있는 문화재

답 ________ m ________ cm

융합 3 태극기는 우리나라의 국기로 우리 민족과 나라를 상징합니다.
다음 태극기의 긴 쪽의 길이와 짧은 쪽의 길이의 합은 몇 cm일까요?

답 ________ cm

4 시각과 시간

실생활에서 알아보는 재미있는 수학 이야기

누나, 우리 바나나 먹어도 돼?
먹고 싶어.
지금은 안 돼.

왜?

엄마가 3시 15분에 먹으라고 하셨어.
3시 15분?

지금은 몇 시 몇 분인데?
음…….

시계의 긴바늘이 2를 가리키면 10분을 나타내.
아하!

그래서 몇 시 몇 분이지?
자꾸 나한테 묻지 마! 나도 몰라!

짧은바늘이 3과 4 사이를, 긴바늘이 2를 가리키니까 3시 10분이잖아.
아하!

누나가 더 자세히 알려줄테니 따라와.
네, 누나!

이번에 배울 내용을 알아볼까요?

1일차 ~ 2일차 몇 시 몇 분
3일차 몇 시 몇 분 전
4일차 ~ 5일차 1시간, 걸린 시간 알아보기
6일차 ~ 8일차 하루의 시간, 1주일, 1년

몇 시 몇 분(1) - 5분 단위

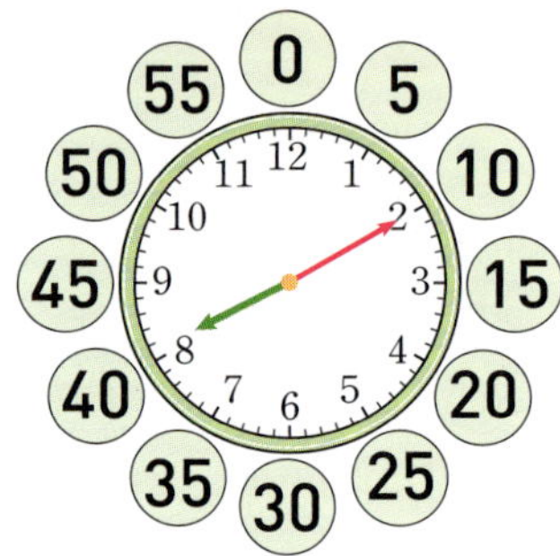

① 짧은바늘: 8과 9 사이 → **8시**

② 긴바늘: 2 → **10분**

➡ 시계가 나타내는 시각 : **8시 10분**

4 시각과 시간

시계를 보고 ☐ 안에 알맞은 수를 써넣으세요.

❶ 
짧은바늘:
4와 ☐ 사이
긴바늘: **1**

➡ **4**시 ☐ 분

❷ 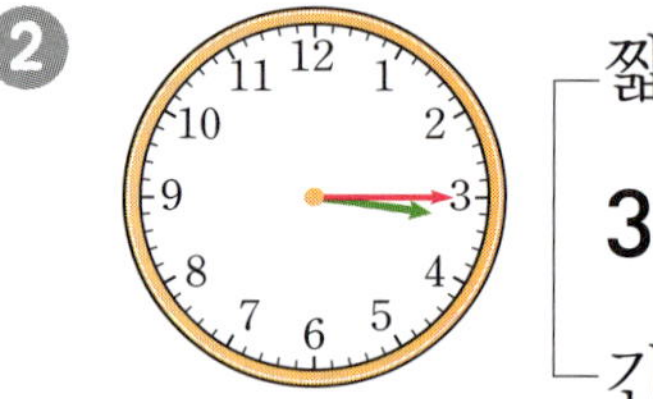
짧은바늘:
3과 ☐ 사이
긴바늘: **3**

➡ **3**시 ☐ 분

138

❸ 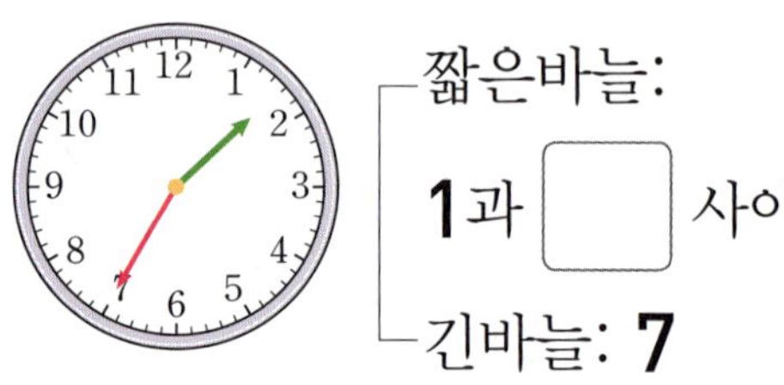
짧은바늘:
1과 ☐ 사이
긴바늘: **7**

➡ **1**시 ☐ 분

❹ 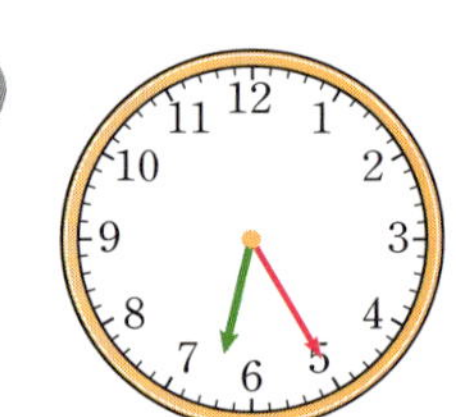
짧은바늘:
6과 ☐ 사이
긴바늘: **5**

➡ **6**시 ☐ 분

❺ 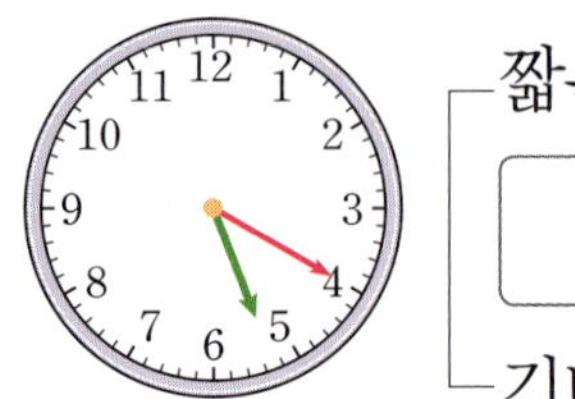
짧은바늘:
☐ 와 **6** 사이
긴바늘: **4**

➡ **5**시 ☐ 분

❻ 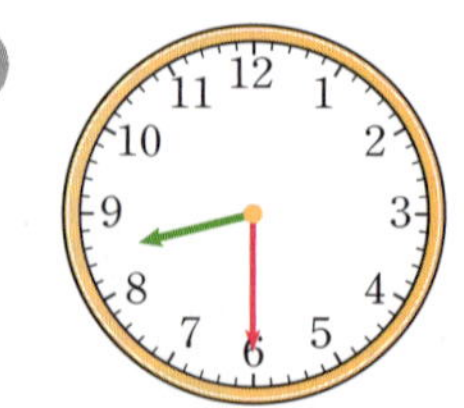
짧은바늘:
☐ 과 **9** 사이
긴바늘: **6**

➡ **8**시 ☐ 분

기초 계산 연습

▶ 정답과 해설 18쪽

❼ 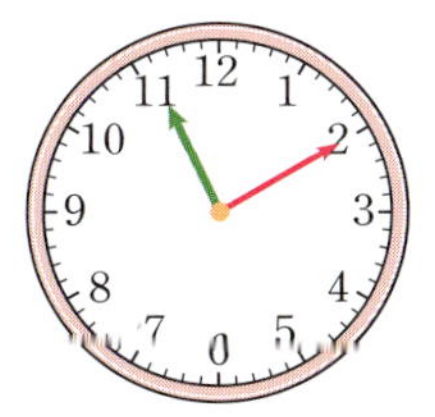

짧은바늘: [　　]과 **12** 사이

긴바늘: **2**

→ **11**시 [　　]분

❽ 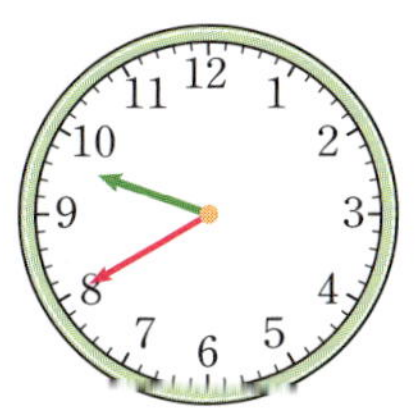

짧은바늘: [　　]와 **10** 사이

긴바늘: **8**

→ **9**시 [　　]분

❾ 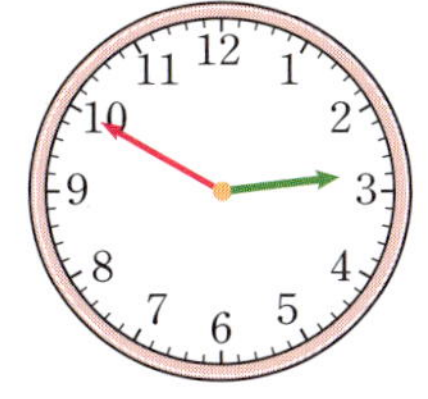

짧은바늘: **2**와 [　　] 사이

긴바늘: [　　]

→ **2**시 [　　]분

❿ 

짧은바늘: **10**과 [　　] 사이

긴바늘: [　　]

→ **10**시 [　　]분

⓫ 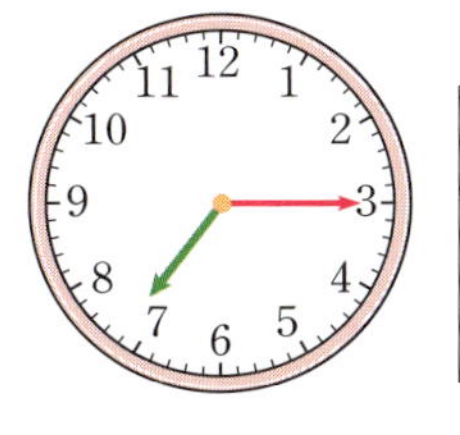

짧은바늘: [　　]과 **8** 사이

긴바늘: [　　]

→ [　　]시 [　　]분

⓬ 

짧은바늘: [　　]와 **1** 사이

긴바늘: [　　]

→ [　　]시 [　　]분

⓭ 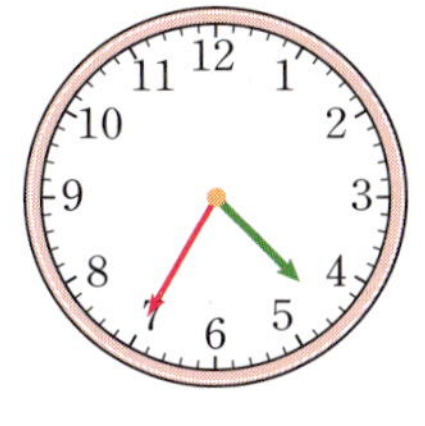

짧은바늘: [　　]와 [　　] 사이

긴바늘: [　　]

→ [　　]시 [　　]분

⓮ 

짧은바늘: [　　]과 [　　] 사이

긴바늘: [　　]

→ [　　]시 [　　]분

4 시각과 시간

몇 시 몇 분 (1) – 5분 단위

 시각을 써 보세요.

1 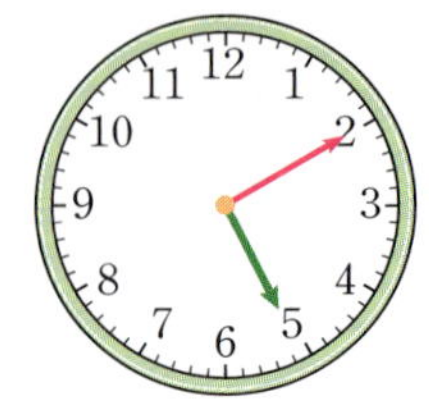 ☐ 시 ☐ 분

2 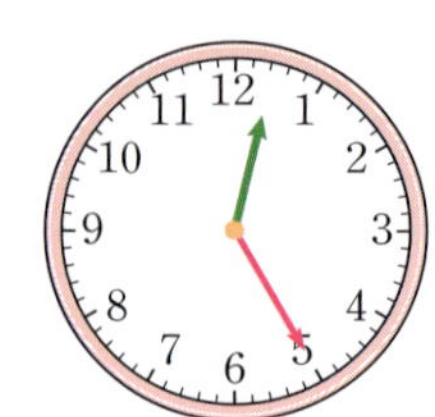 ☐ 시 ☐ 분

3 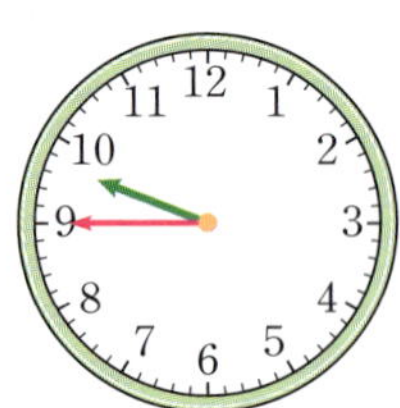 ☐ 시 ☐ 분

4  ☐ 시 ☐ 분

5  ☐ 시 ☐ 분

6 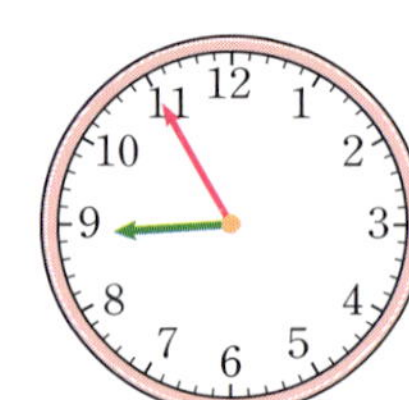 ☐ 시 ☐ 분

같은 시각을 나타내는 것끼리 이어 보세요.

7

6시 55분 •

• 

8시 30분 •

• 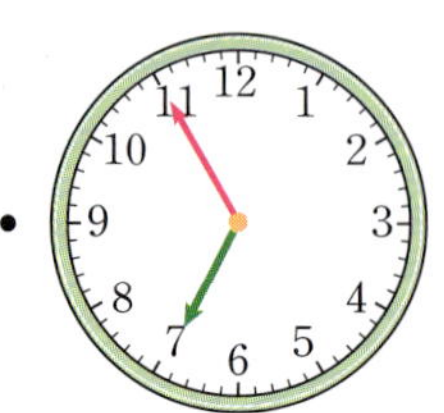

8

1시 20분 •

• 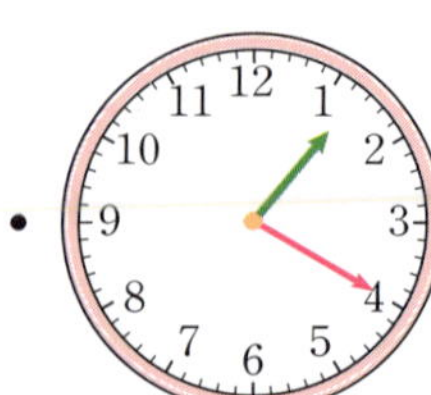

3시 45분 •

• 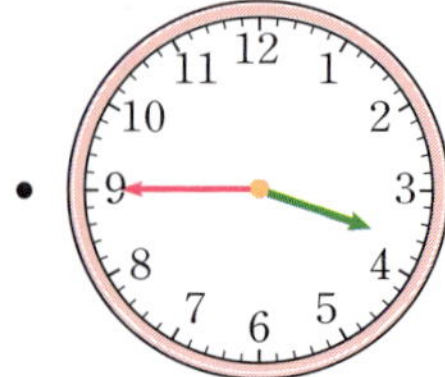

플러스 계산 연습

시각에 맞게 긴바늘을 그려 넣으세요.

9 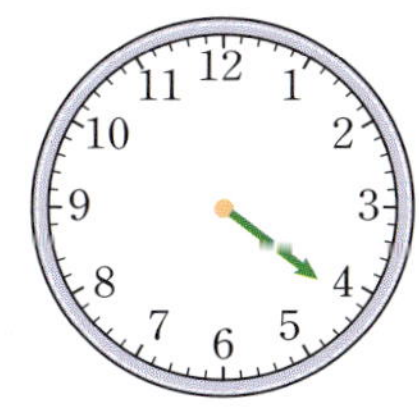　4시 15분

10 　10시 40분

11 　6시 30분

12 　9시 55분

13 　5시 20분

14 　2시 35분

문장 읽고 문제 해결하기

15 짧은바늘이 4와 5 사이를, 긴바늘이 2를 가리키는 시각은?

답　[　]시 [　]분

16 짧은바늘이 7과 8 사이를, 긴바늘이 8을 가리키는 시각은?

답　[　]시 [　]분

17 짧은바늘이 10과 11 사이를, 긴바늘이 1을 가리키는 시각은?

답　[　]시 [　]분

18 짧은바늘이 2와 3 사이를, 긴바늘이 11을 가리키는 시각은?

답　[　]시 [　]분

몇 시 몇 분(2) - 1분 단위

이렇게 해결하자

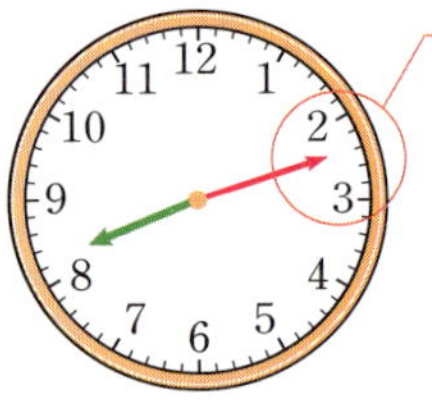

2(10분)에서 작은 눈금 2칸 더 간 곳을 가리키므로 12분이에요.

8시 12분

시계에서 긴바늘이 가리키는 작은 눈금 한 칸은 1분이에요.

시각을 써 보세요.

❶ 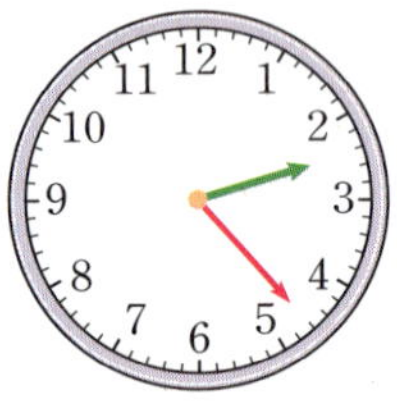

□시 23분

❷ 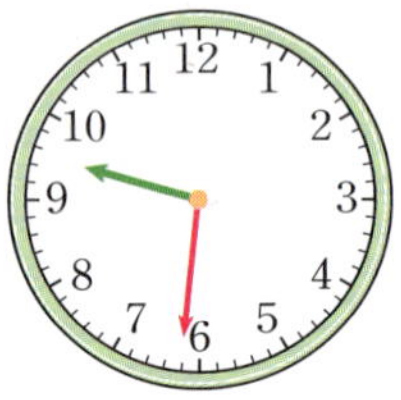

□시 31분

❸ 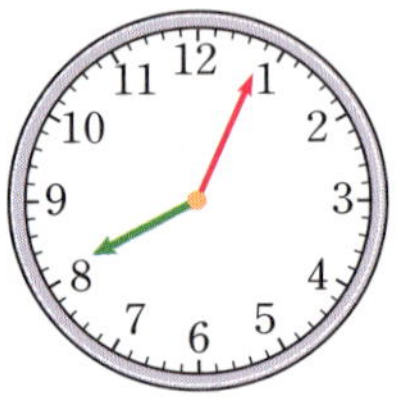

□시 4분

❹ 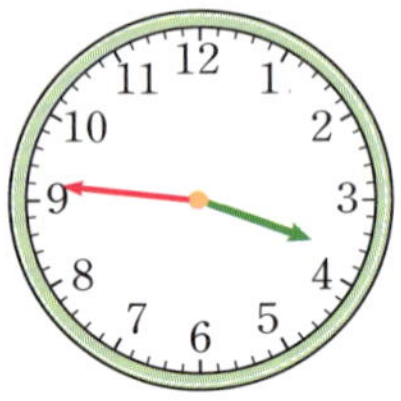

□시 46분

❺ 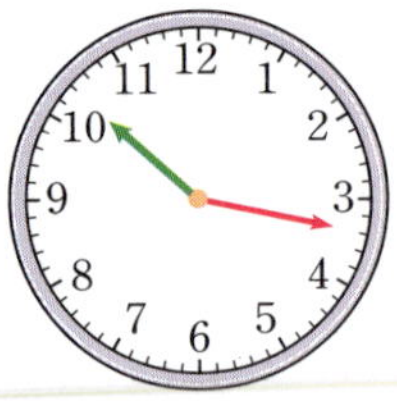

□시 17분

❻ 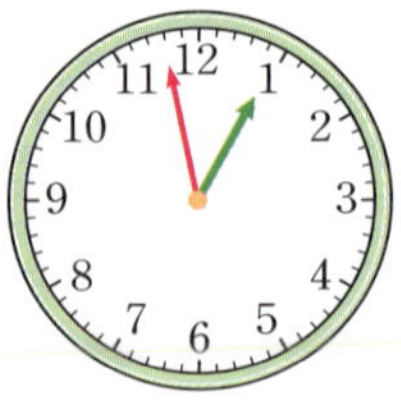

□시 58분

❼ 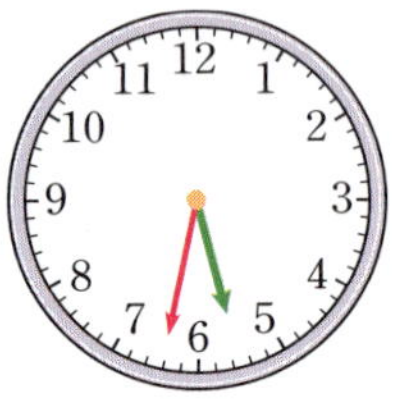

5시 □분

❽ 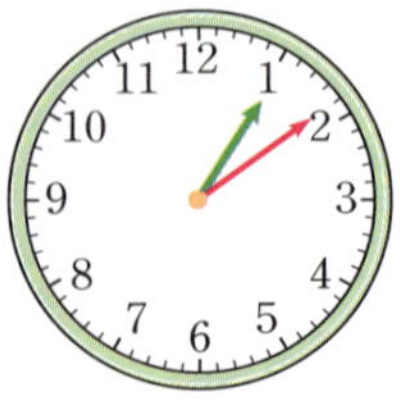

1시 □분

기초 계산 연습

⑨ 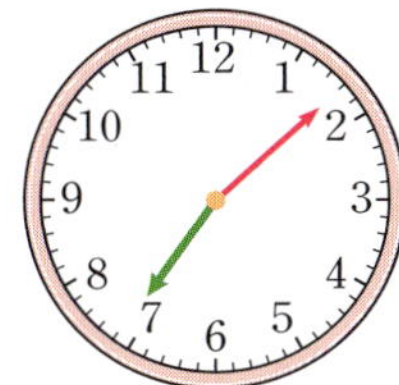　　4시 ☐ 분

⑩ 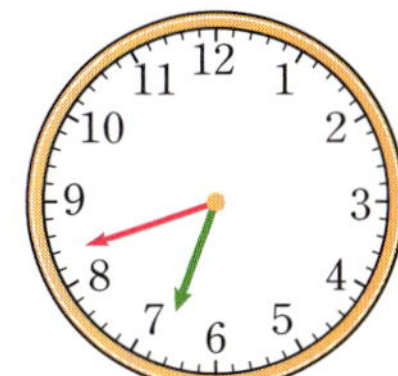　　11시 ☐ 분

⑪ 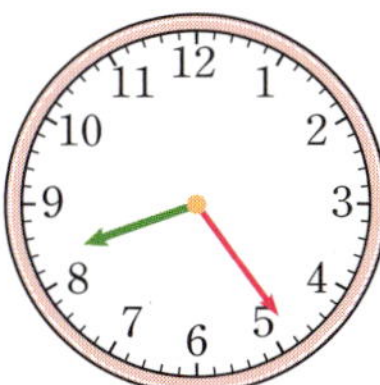　　7시 ☐ 분

⑫ 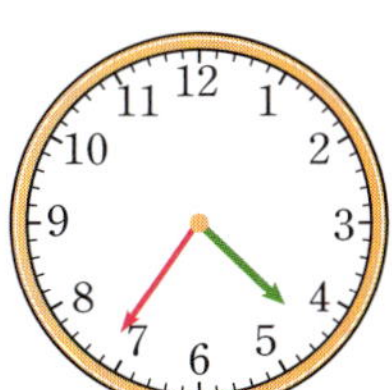　　6시 ☐ 분

⑬ 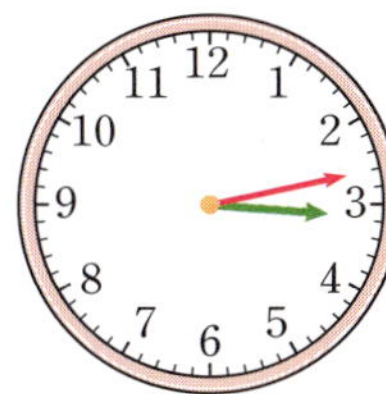　　☐ 시 ☐ 분

⑭ 　　☐ 시 ☐ 분

⑮ 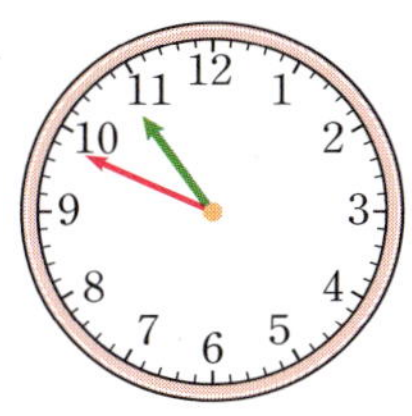　　☐ 시 ☐ 분

⑯ 　　☐ 시 ☐ 분

⑰ 　　☐ 시 ☐ 분

⑱ 　　☐ 시 ☐ 분

몇 시 몇 분(2) - 1분 단위

 시각을 써 보세요.

1  ☐ 시 ☐ 분

2  ☐ 시 ☐ 분

3  ☐ 시 ☐ 분

4 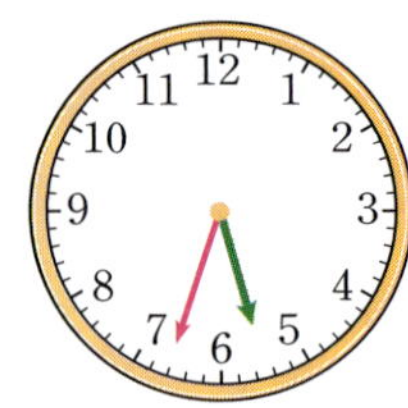 ☐ 시 ☐ 분

시각에 맞게 긴바늘을 그려 넣으세요.

5  4시 16분

6  8시 49분

7  6시 24분

8  2시 3분

9  10시 47분

10  12시 31분

플러스 계산 연습

 시계가 나타내는 시각을 바르게 읽은 것을 찾아 기호를 써 보세요.

11

- ㉠ 1시 22분
- ㉡ 1시 12분
- ㉢ 2시 22분

12

- ㉠ 8시 51분
- ㉡ 8시 41분
- ㉢ 7시 41분

13
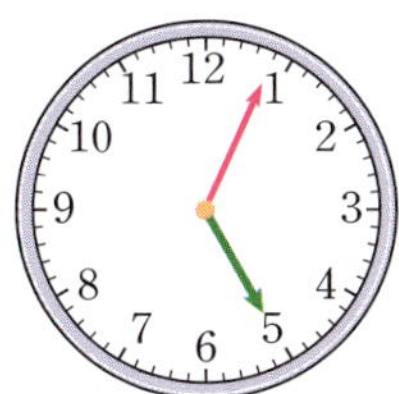

- ㉠ 5시 4분
- ㉡ 4시 1분
- ㉢ 4시 4분

14
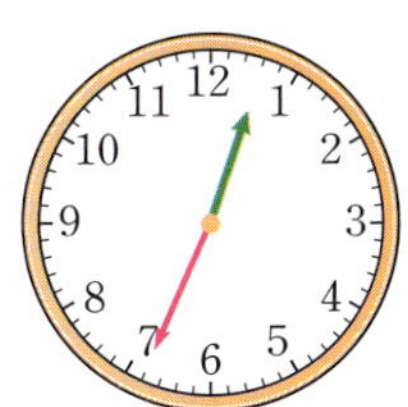

- ㉠ 12시 29분
- ㉡ 11시 39분
- ㉢ 12시 34분

15
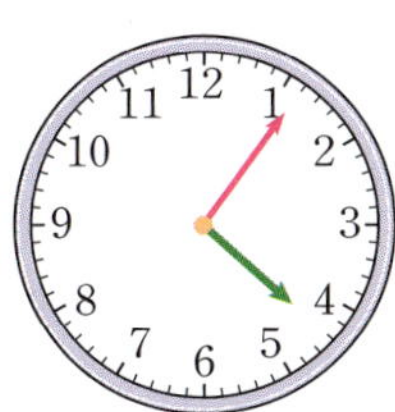

- ㉠ 3시 1분
- ㉡ 3시 6분
- ㉢ 4시 6분

16
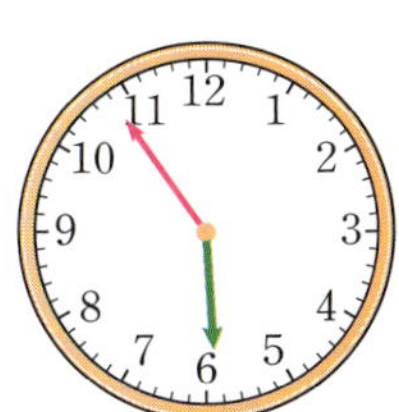

- ㉠ 6시 54분
- ㉡ 5시 54분
- ㉢ 5시 44분

문장 읽고 문제 해결하기

17 짧은바늘이 1과 2 사이를, 긴바늘이 1에서 작은 눈금 4칸 더 간 곳을 가리키는 시각은?

답 ☐ 시 ☐ 분

18 짧은바늘이 11과 12 사이를, 긴바늘이 3에서 작은 눈금 1칸 더 간 곳을 가리키는 시각은?

답 ☐ 시 ☐ 분

19 짧은바늘이 6과 7 사이를, 긴바늘이 9에서 작은 눈금 2칸 더 간 곳을 가리키는 시각은?

답 ☐ 시 ☐ 분

20 짧은바늘이 5와 6 사이를, 긴바늘이 4에서 작은 눈금 3칸 더 간 곳을 가리키는 시각은?

답 ☐ 시 ☐ 분

몇 시 몇 분 전

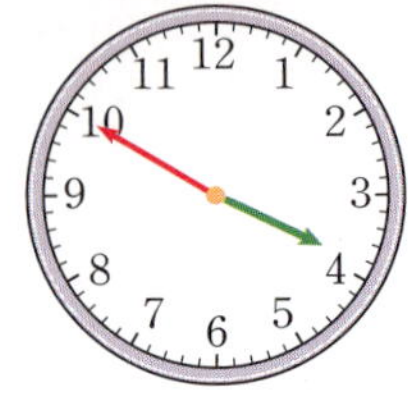

3시 50분을
4시 10분 전이라고도 합니다.

시각을 두 가지 방법으로 읽어 보세요.

① 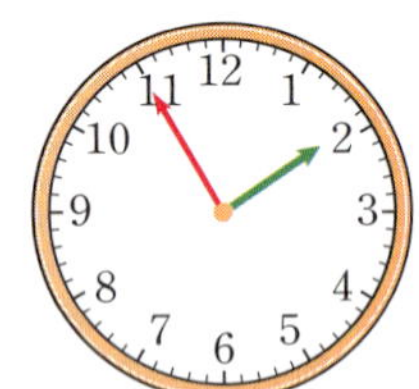

1시 55분
2시 [ ]분 전

② 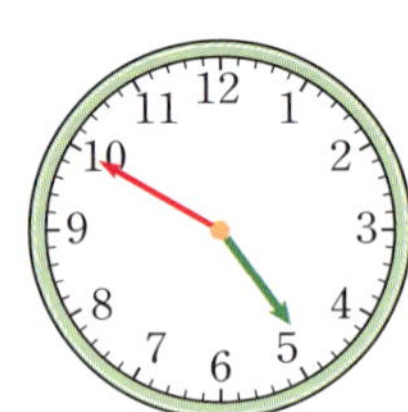

4시 50분
5시 [ ]분 전

③ 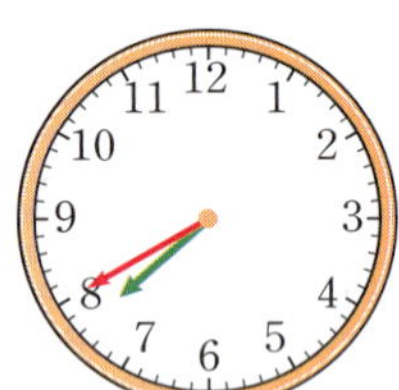

7시 40분
8시 [ ]분 전

④ 

2시 55분
3시 [ ]분 전

⑤ 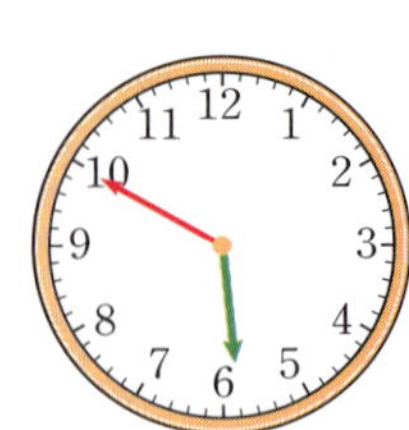

5시 [ ]분
6시 [ ]분 전

⑥ 

8시 [ ]분
9시 [ ]분 전

⑦ 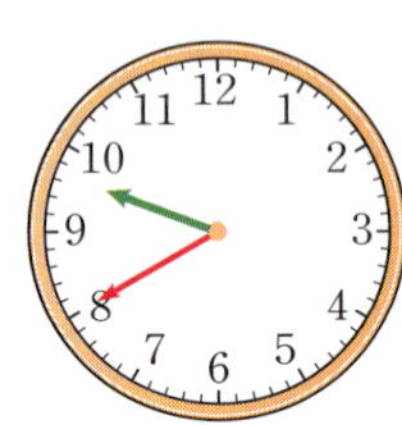

9시 [ ]분
10시 [ ]분 전

⑧ 

10시 [ ]분
11시 [ ]분 전

4 시각과 시간

기초 계산 연습

⑨ 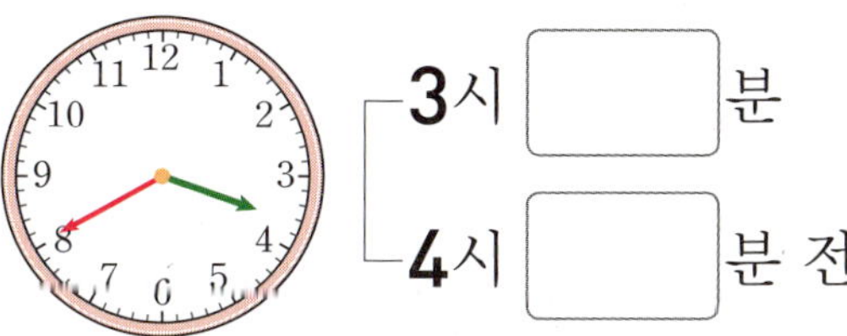

3시 [ ]분
4시 [ ]분 전

⑩ 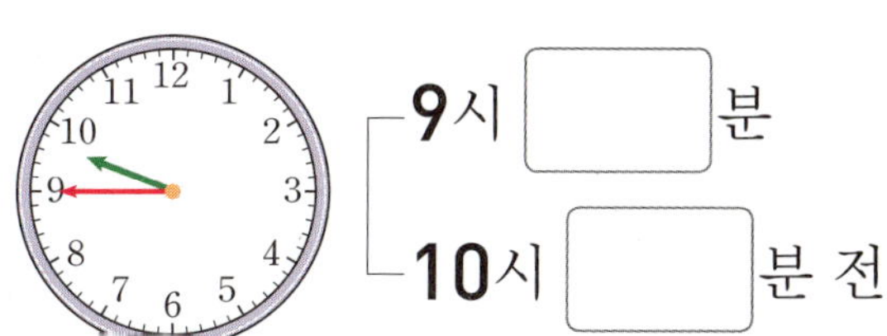

9시 [ ]분
10시 [ ]분 전

⑪ 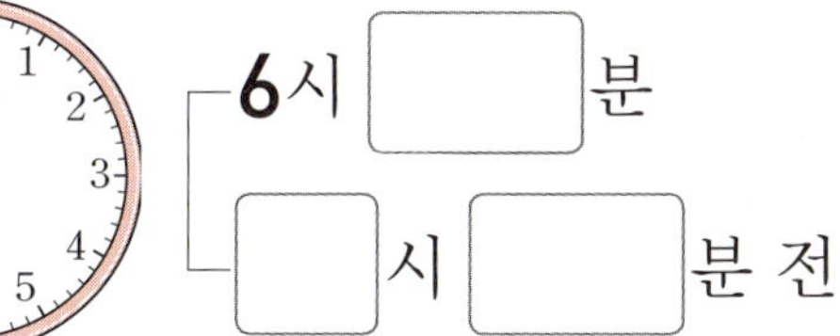

6시 [ ]분
[ ]시 [ ]분 전

⑫ 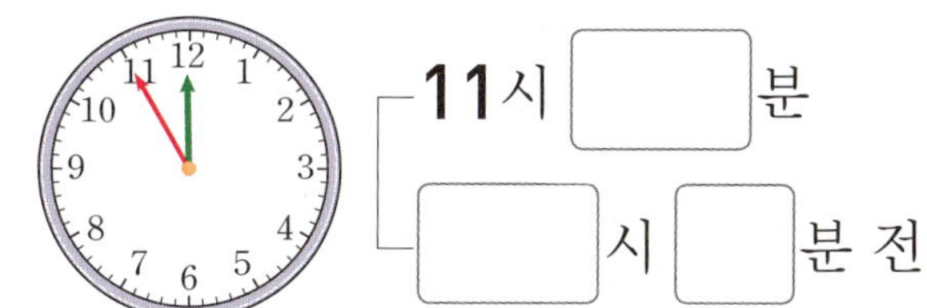

11시 [ ]분
[ ]시 [ ]분 전

⑬ 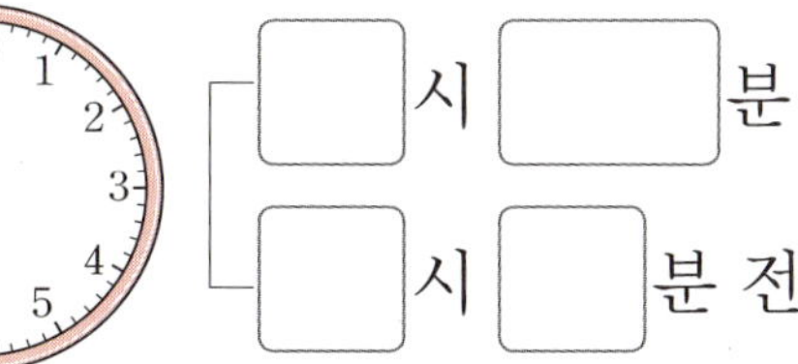

[ ]시 [ ]분
[ ]시 [ ]분 전

⑭ 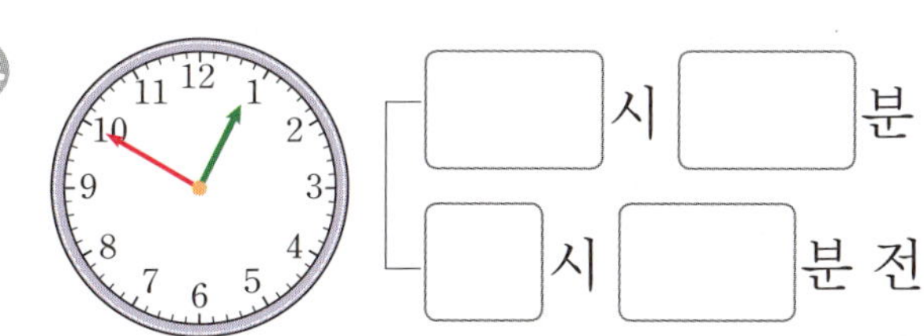

[ ]시 [ ]분
[ ]시 [ ]분 전

⑮ 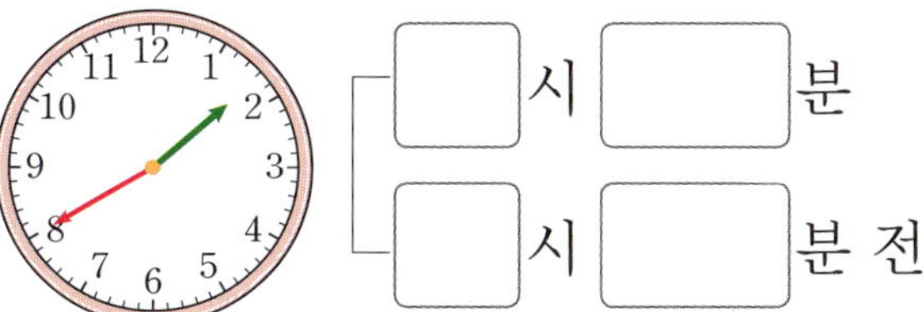

[ ]시 [ ]분
[ ]시 [ ]분 전

⑯ 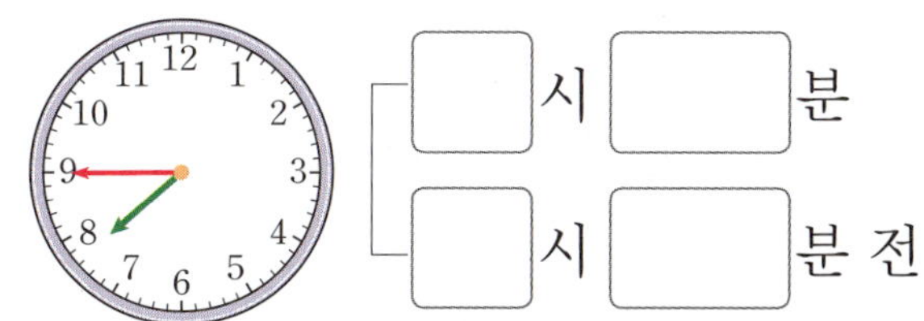

[ ]시 [ ]분
[ ]시 [ ]분 전

⑰ 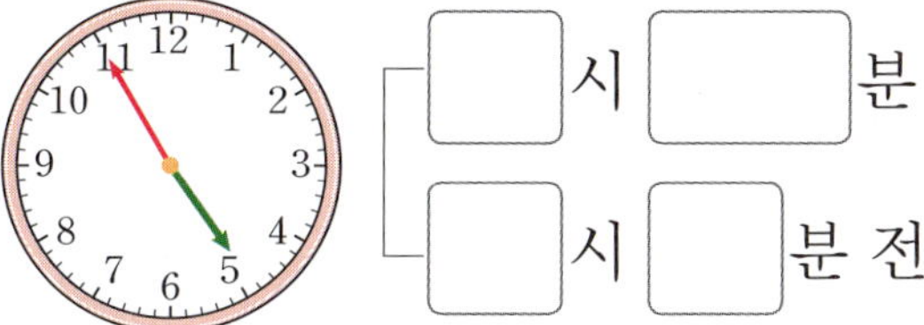

[ ]시 [ ]분
[ ]시 [ ]분 전

⑱ 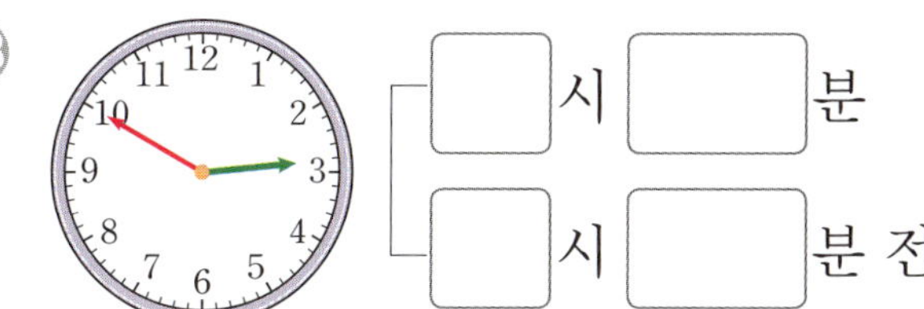

[ ]시 [ ]분
[ ]시 [ ]분 전

몇 시 몇 분 전

 시각을 써 보세요.

1  ☐ 시 ☐ 분 전

2 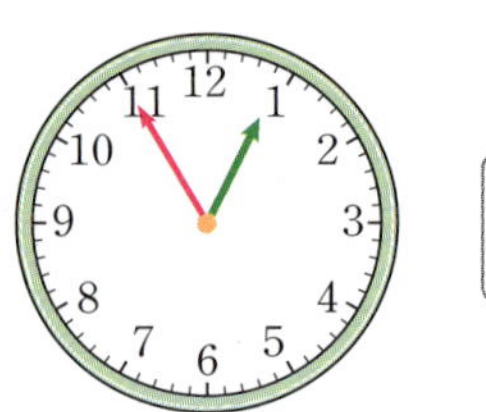 ☐ 시 ☐ 분 전

3 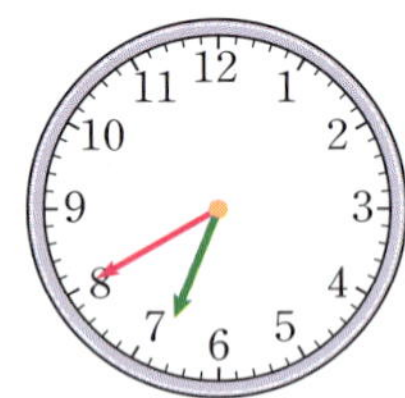 ☐ 시 ☐ 분 전

4  ☐ 시 ☐ 분 전

5 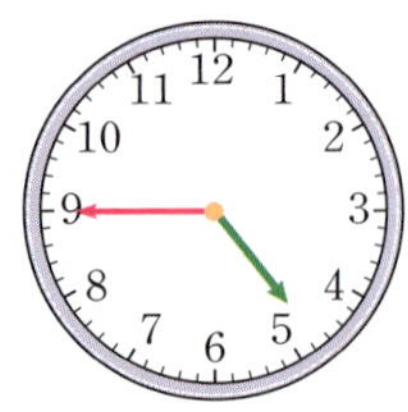 ☐ 시 ☐ 분 전

6  ☐ 시 ☐ 분 전

같은 시각을 나타내는 것끼리 이어 보세요.

7

4시 5분 전 • • 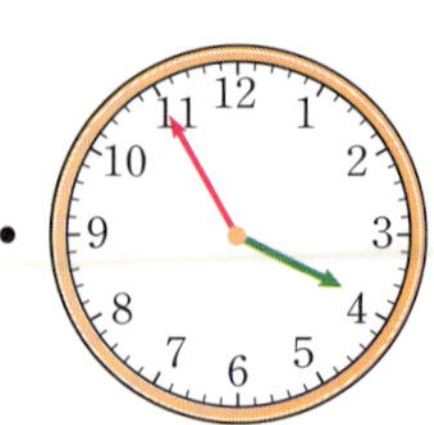

11시 15분 전 • • 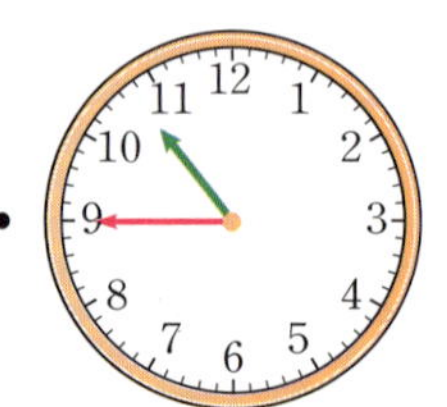

8

12시 10분 전 • • 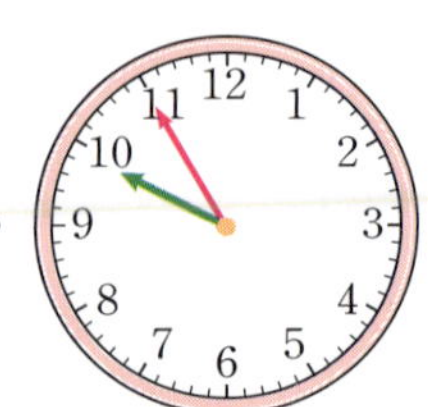

10시 5분 전 • • 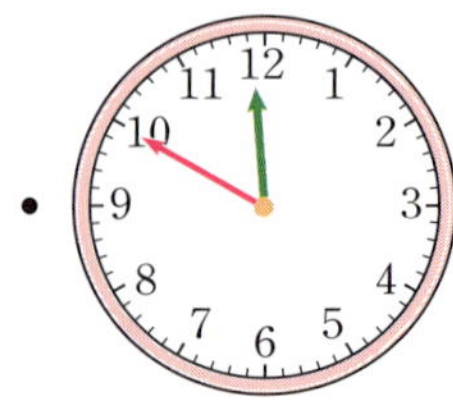

플러스 계산 연습

맞은 개수 　 / 18개

▶ 정답과 해설 20쪽

생활 속 문제

🐻 동물들의 먹이를 주는 시각입니다. 몇 시 몇 분 전으로 나타내 보세요.

9

➡ ☐ 시 ☐ 분 전

10

➡ ☐ 시 ☐ 분 전

11

➡ ☐ 시 ☐ 분 전

12

➡ ☐ 시 ☐ 분 전

13

➡ ☐ 시 ☐ 분 전

14

➡ ☐ 시 ☐ 분 전

문장 읽고 문제 해결하기

15

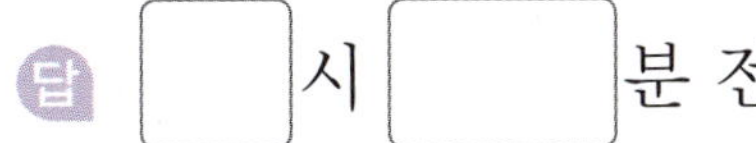
1시 40분은 몇 시 몇 분 전?

답 ☐ 시 ☐ 분 전

16

7시 50분은 몇 시 몇 분 전?

답 ☐ 시 ☐ 분 전

17

6시 5분 전은 몇 시 몇 분?

답 ☐ 시 ☐ 분

18

10시 15분 전은 몇 시 몇 분?

답 ☐ 시 ☐ 분

1시간 알아보기

- 1시간 30분을 몇 분으로 나타내기
  1시간 30분=60분+30분=90분

- 80분을 몇 시간 몇 분으로 나타내기
  80분=60분+20분=1시간 20분

☐ 안에 알맞은 수를 써넣으세요.

① 1시간 10분=60분+10분
  =☐분

② 75분=60분+15분
  =1시간 ☐분

③ 1시간 45분=60분+45분
  =☐분

④ 100분=60분+40분
  =1시간 ☐분

⑤ 1시간 35분=60분+35분
  =☐분

⑥ 65분=60분+5분
  =☐시간 ☐분

⑦ 1시간 50분=☐분+50분
  =☐분

⑧ 115분=☐분+55분
  =☐시간 ☐분

⑨ 1시간 20분=☐분+20분
  =☐분

⑩ 85분=☐분+25분
  =☐시간 ☐분

시각과 시간

기초 계산 연습

⑪ 1시간 57분＝60분＋□분
  ＝□분

⑫ 95분＝60분＋□분
  ＝□시간 □분

⑬ 1시간 22분＝60분＋□분
  ＝□분

⑭ 73분＝60분＋□분
  ＝□시간 □분

⑮ 2시간＝60분＋60분
  ＝□분

⑯ 125분＝120분＋5분
  ＝2시간 □분

⑰ 2시간 10분＝□분＋10분
  ＝□분

⑱ 165분＝□분＋45분
  ＝□시간 □분

⑲ 2시간 6분＝□분＋6분
  ＝□분

⑳ 170분＝□분＋50분
  ＝□시간 □분

㉑ 2시간 20분＝120분＋□분
  ＝□분

㉒ 155분＝120분＋□분
  ＝□시간 □분

㉓ 1시간 48분＝□분

㉔ 135분＝□시간 □분

1시간 알아보기

🐻 ☐ 안에 알맞은 수를 써넣으세요.

1 1시간 36분 = ☐ 분

2 80분 = ☐ 시간 ☐ 분

3 2시간 30분 = ☐ 분

4 175분 = ☐ 시간 ☐ 분

5 1시간 50분 = ☐ 분

6 105분 = ☐ 시간 ☐ 분

🐻 더 긴 시간에 ◯표 하세요.

7

1시간 25분	75분

8

100분	1시간 10분

9

70분	1시간 15분

10

1시간 5분	90분

11

2시간 15분	140분

12

125분	1시간 55분

플러스 계산 연습

생활 속 계산

지아가 주어진 활동을 하는 데 걸리는 시간입니다. ☐ 안에 알맞은 수를 써넣으세요.

13 

95분

→ ☐ 시간 ☐ 분

14 

1시간 40분

→ ☐ 분

15  

65분

→ ☐ 시간 ☐ 분

16 

1시간 55분

→ ☐ 분

17  

110분

→ ☐ 시간 ☐ 분

18 

2시간 5분

→ ☐ 분

문장 읽고 문제 해결하기

19 87분과 같은 시간은 몇 시간 몇 분?

답 ☐ 시간 ☐ 분

20 130분과 같은 시간은 몇 시간 몇 분?

답 ☐ 시간 ☐ 분

21 1시간 20분과 같은 시간은 몇 분?

답 ☐ 분

22 2시간 25분과 같은 시간은 몇 분?

답 ☐ 분

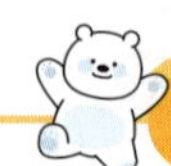

5 일차

걸린 시간 알아보기

이렇게 해결하자

• 시계를 보고 걸린 시간 알아보기

시작한 시각 끝낸 시각

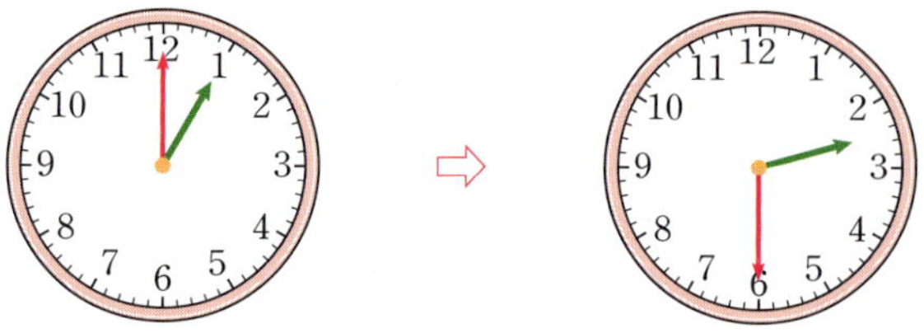

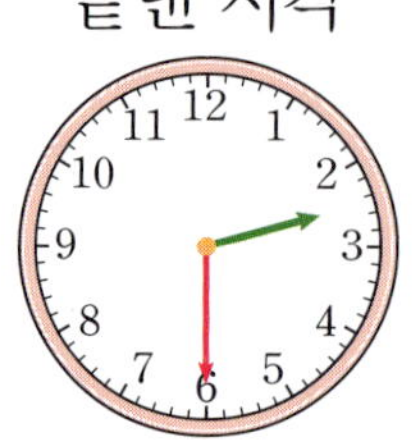

1시 10분 20분 30분 40분 50분 2시 10분 20분 30분 40분 50분 3시

시간 띠에서 1칸은 10분을 나타내고 총 9칸이므로 90분이에요.

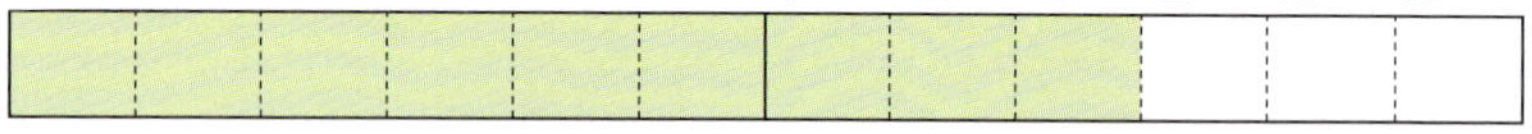

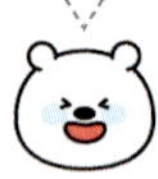

➜ 걸린 시간은 **90분＝1시간 30분**입니다.

시계를 보고 시간이 얼마나 흘렀는지 시간 띠에 나타내고 구하세요.

❶

1시 10분 20분 30분 40분 50분 2시

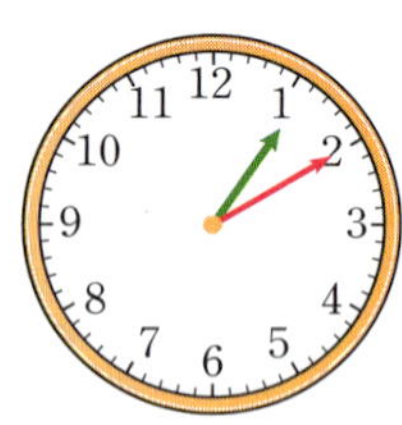

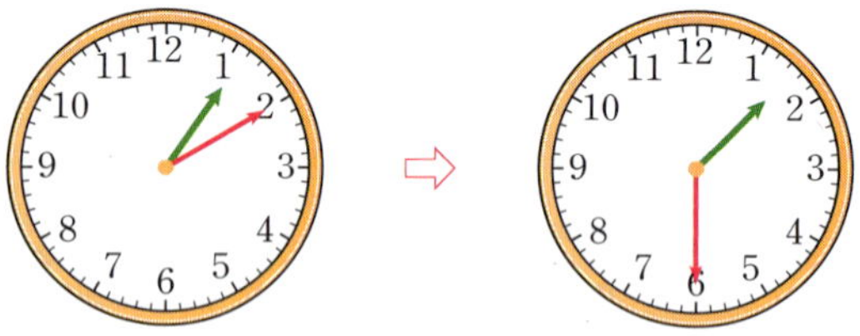

□분

❷

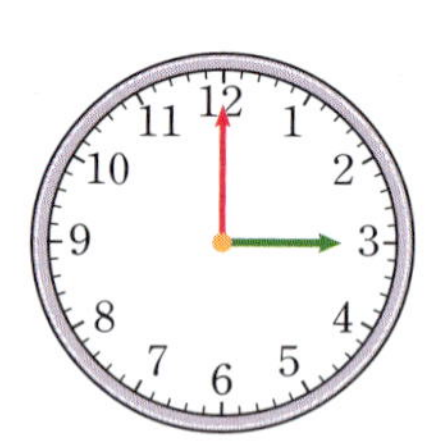

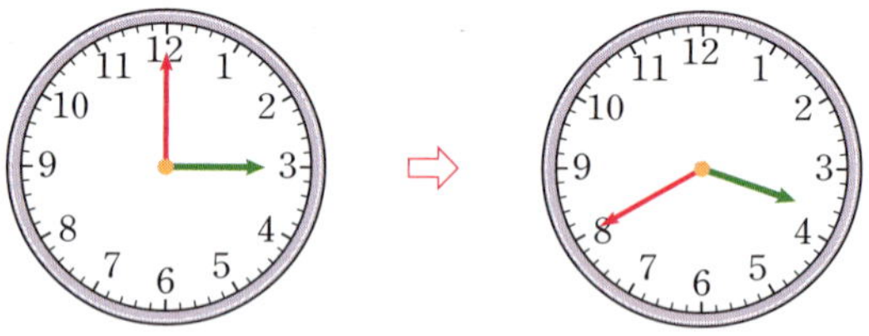

3시 10분 20분 30분 40분 50분 4시

□분

❸

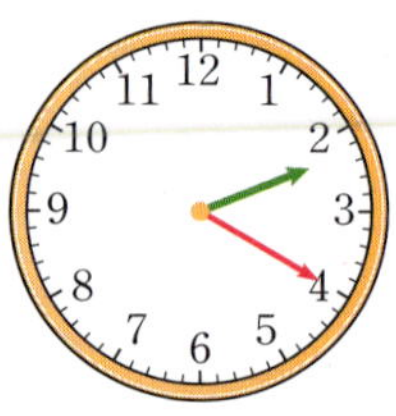

2시 10분 20분 30분 40분 50분 3시

□분

❹

5시 10분 20분 30분 40분 50분 6시

□분

4 시각과 시간

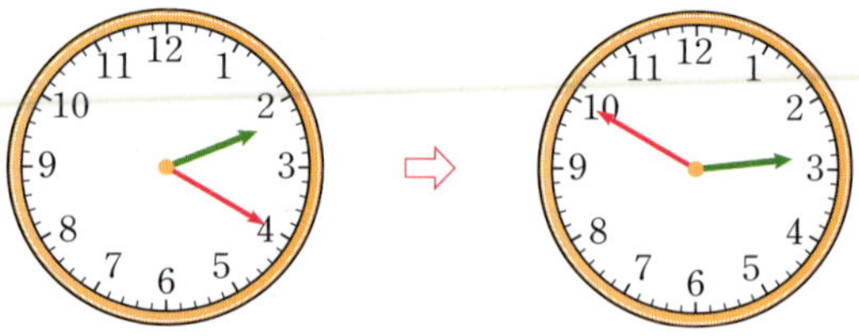

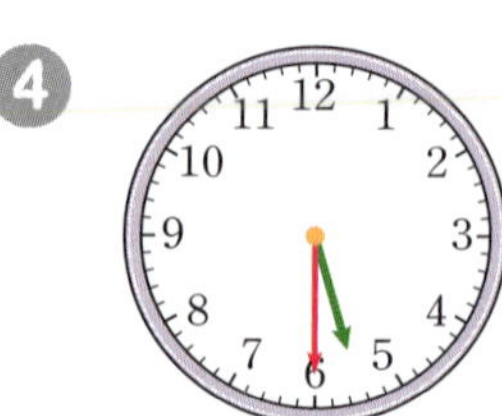

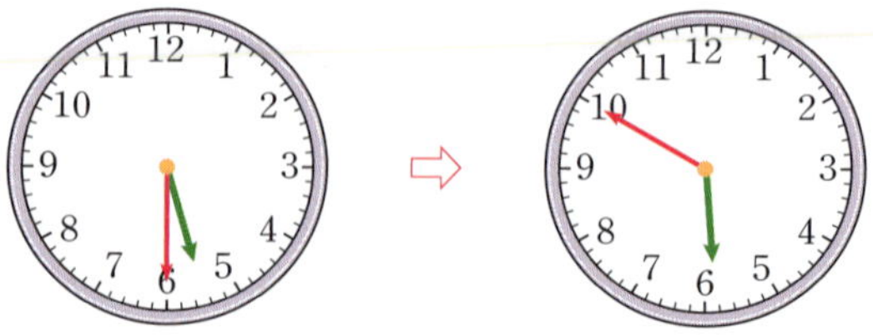

기초 계산 연습

▶ 정답과 해설 21쪽

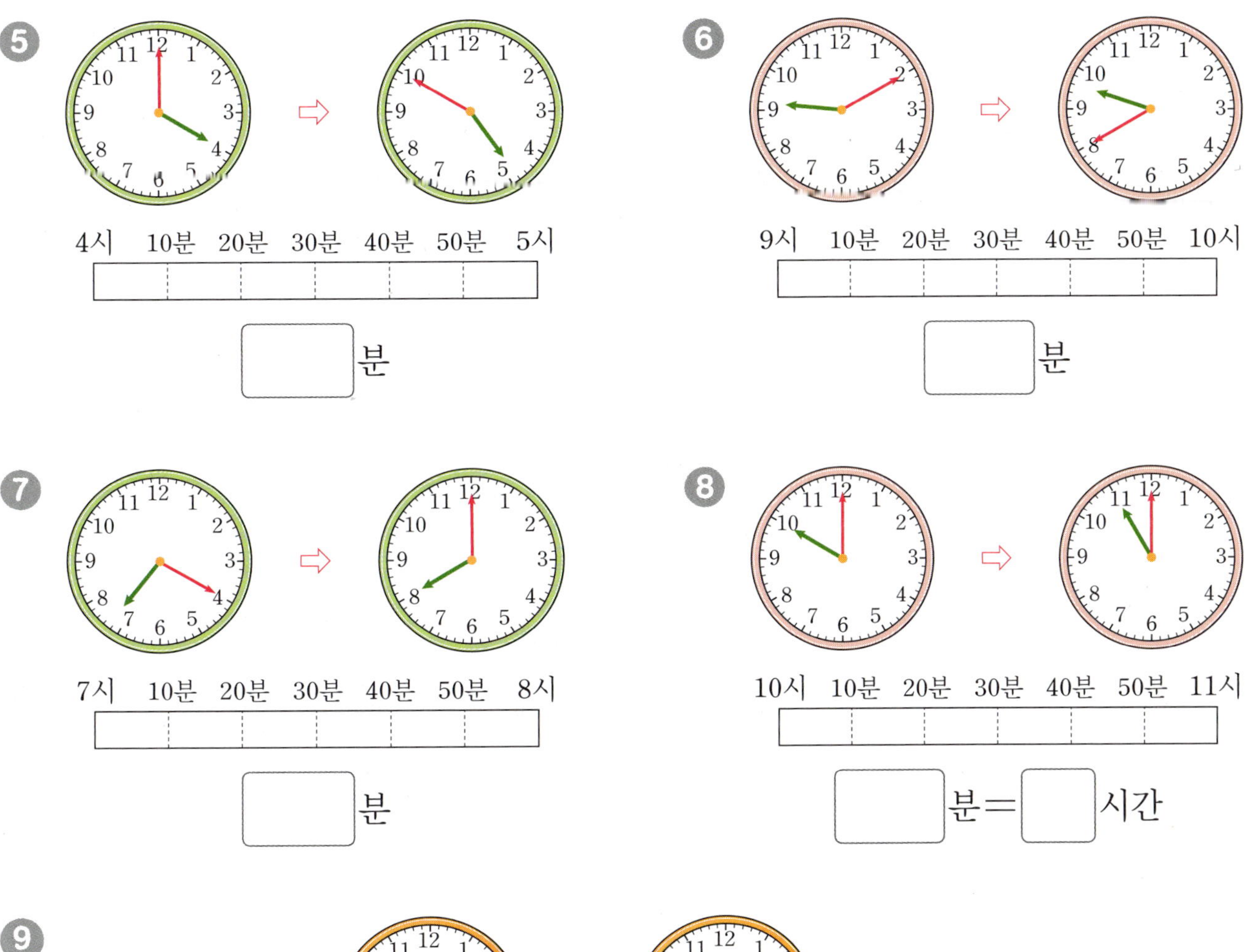

5

4시　10분　20분　30분　40분　50분　5시

☐ 분

6

9시　10분　20분　30분　40분　50분　10시

☐ 분

7

7시　10분　20분　30분　40분　50분　8시

☐ 분

8

10시　10분　20분　30분　40분　50분　11시

☐ 분＝☐ 시간

9

8시　10분　20분　30분　40분　50분　9시　10분　20분　30분　40분　50분　10시

☐ 분＝☐ 시간 ☐ 분

10

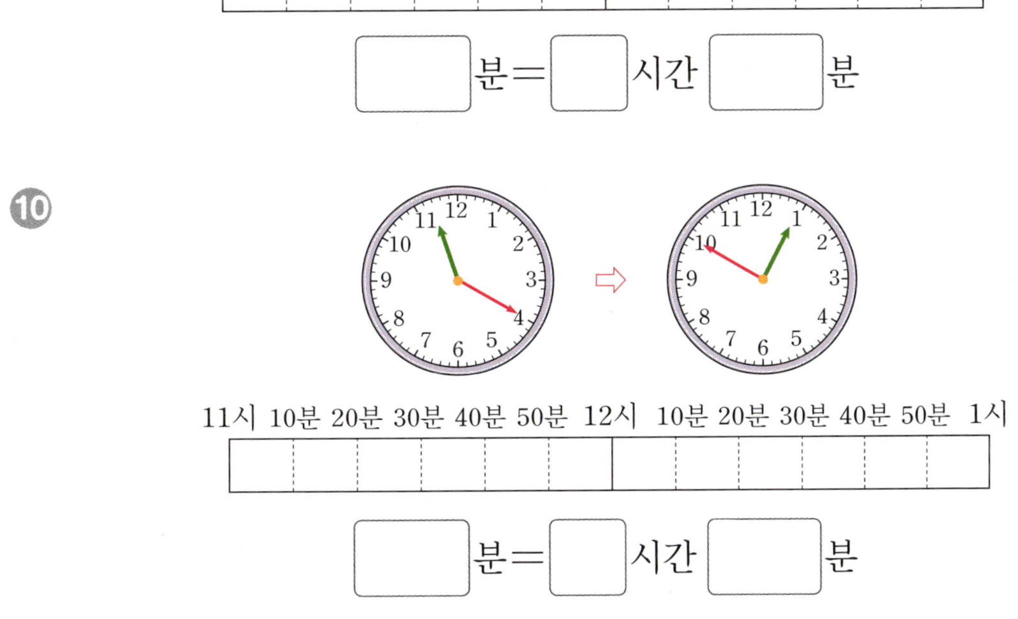

11시　10분　20분　30분　40분　50분　12시　10분　20분　30분　40분　50분　1시

☐ 분＝☐ 시간 ☐ 분

걸린 시간 알아보기

🐻 시계를 보고 시간이 얼마나 흘렀는지 구하세요.

1

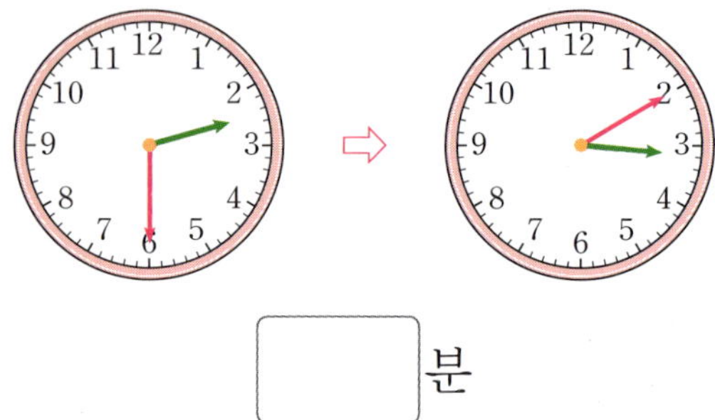

$\boxed{}$ 분

2

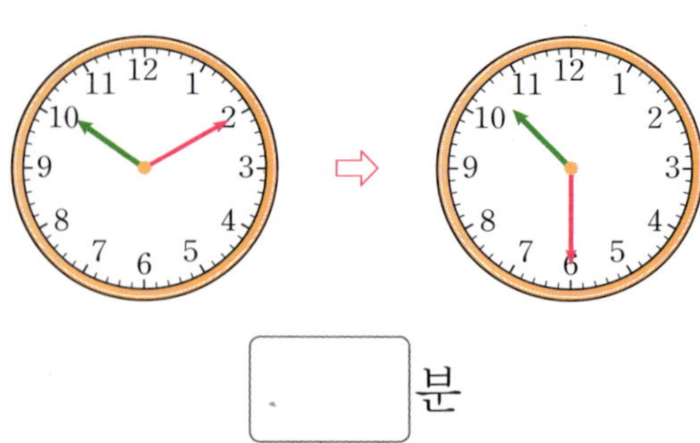

$\boxed{}$ 분

3

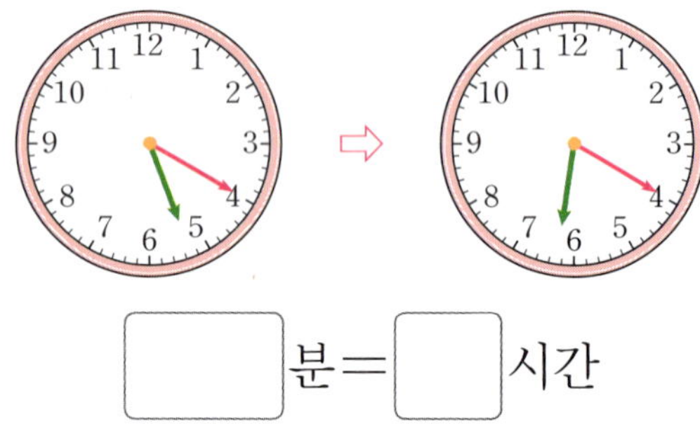

$\boxed{}$ 분 = $\boxed{}$ 시간

4

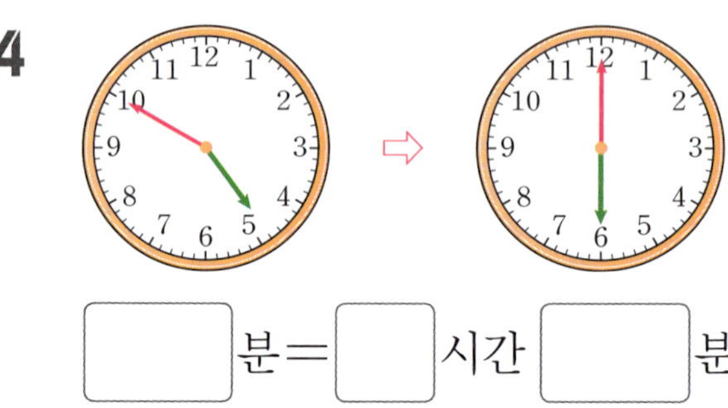

$\boxed{}$ 분 = $\boxed{}$ 시간 $\boxed{}$ 분

🐻 시계가 나타내는 시각에서 주어진 시간 후는 몇 시 몇 분인지 구하세요.

5

$\boxed{}$ 시 $\boxed{}$ 분

6

$\boxed{}$ 시 $\boxed{}$ 분

7

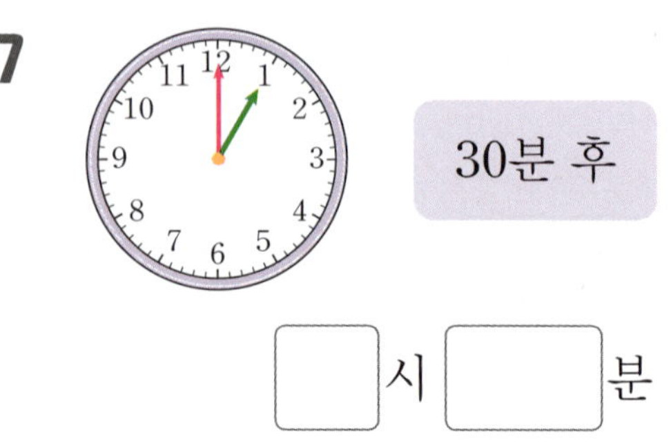

$\boxed{}$ 시 $\boxed{}$ 분

8

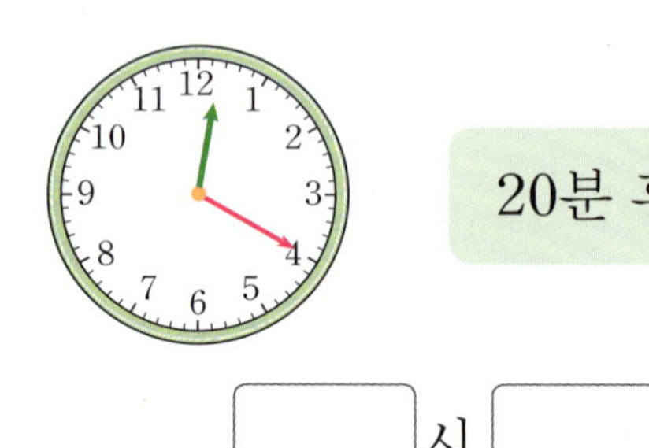

$\boxed{}$ 시 $\boxed{}$ 분

시각과 시간

생활 속 문제

🐻 영화표에 적힌 시각을 보고 영화 상영 시간은 몇 시간 몇 분인지 구하세요.

9

-영 화 표-

겨 울 나 라

시작하는 시각　～　끝나는 시각
1시 **30**분　　　**2**시 **50**분

☐ 시간 ☐ 분

10

-영 화 표-

요 술 램 프

시작하는 시각　～　끝나는 시각
12시　　　**1**시 **10**분

☐ 시간 ☐ 분

11

-영 화 표-

인 어 공 주

시작하는 시각　～　끝나는 시각
10시 **20**분　　　**12**시

☐ 시간 ☐ 분

12

-영 화 표-

신 데 렐 라

시작하는 시각　～　끝나는 시각
4시 **10**분　　　**5**시 **40**분

☐ 시간 ☐ 분

문장 읽고 문제 해결하기

13 시은이가 줄넘기를 6시에 시작하여 6시 20분에 끝냈다면 줄넘기를 한 시간은 몇 분?

답 ☐ 분

14 재호가 청소를 8시 20분에 시작하여 9시에 끝냈다면 청소를 한 시간은 몇 분?

답 ☐ 분

15 민희가 태권도를 7시 30분에 시작하여 8시 50분에 끝냈다면 태권도를 한 시간은 몇 시간 몇 분?

답 ☐ 시간 ☐ 분

16 준수가 등산을 9시 10분에 시작하여 11시에 끝냈다면 등산을 한 시간은 몇 시간 몇 분?

답 ☐ 시간 ☐ 분

4 시각과 시간

하루의 시간

- 1일 6시간을 몇 시간으로 나타내기
  1일 6시간＝24시간＋6시간＝30시간

- 34시간을 며칠 몇 시간으로 나타내기
  34시간＝24시간＋10시간＝1일 10시간

 □ 안에 알맞은 수를 써넣으세요.

1 1일 1시간＝24시간＋1시간
＝ □ 시간

2 27시간＝24시간＋3시간
＝1일 □ 시간

3 1일 7시간＝24시간＋7시간
＝ □ 시간

4 32시간＝24시간＋8시간
＝1일 □ 시간

5 1일 4시간＝24시간＋4시간
＝ □ 시간

6 29시간＝24시간＋5시간
＝ □ 일 □ 시간

7 1일 15시간＝ □ 시간＋15시간
＝ □ 시간

8 43시간＝ □ 시간＋19시간
＝ □ 일 □ 시간

9 1일 20시간＝ □ 시간＋20시간
＝ □ 시간

10 26시간＝ □ 시간＋2시간
＝ □ 일 □ 시간

4
시각과 시간

기초 계산 연습

⑪ 1일 12시간=24시간+□시간

=□시간

⑫ 35시간=24시간+□시간

=□일□시간

⑬ 1일 9시간=24시간+□시간

=□시간

⑭ 41시간=24시간+□시간

=□일□시간

⑮ 2일=24시간+24시간

=□시간

⑯ 50시간=48시간+2시간

=2일□시간

⑰ 2일 3시간=□시간+3시간

=□시간

⑱ 63시간=□시간+15시간

=□일□시간

⑲ 2일 8시간=□시간+8시간

=□시간

⑳ 49시간=□시간+1시간

=□일□시간

㉑ 2일 12시간=48시간+□시간

=□시간

㉒ 54시간=48시간+□시간

=□일□시간

㉓ 1일 13시간=□시간

㉔ 38시간=□일□시간

하루의 시간

□ 안에 알맞은 수를 써넣으세요.

1 1일 2시간 = ☐ 시간

2 27시간 = ☐ 일 ☐ 시간

3 2일 8시간 = ☐ 시간

4 57시간 = ☐ 일 ☐ 시간

5 2일 5시간 = ☐ 시간

6 40시간 = ☐ 일 ☐ 시간

같은 시간을 나타내는 것끼리 이어 보세요.

7

1일 5시간 ·	· 29시간
1일 7시간 ·	· 25시간
1일 1시간 ·	· 31시간

8

2일 3시간 ·	· 47시간
1일 23시간 ·	· 51시간
2일 1시간 ·	· 49시간

9

30시간 ·	· 1일 9시간
33시간 ·	· 1일 8시간
32시간 ·	· 1일 6시간

10

60시간 ·	· 2일 15시간
65시간 ·	· 2일 12시간
63시간 ·	· 2일 17시간

4 시각과 시간

제한 시간 5분

플러스 계산 연습

맞은 개수 / 20개

▶ 정답과 해설 22쪽

생활 속 계산

어느 자동차 공장에서 주어진 자동차 한 대를 만드는 데 걸리는 시간입니다. 자동차 한 대를 만드는 데 며칠 몇 시간이 걸리는지 구하세요.

11 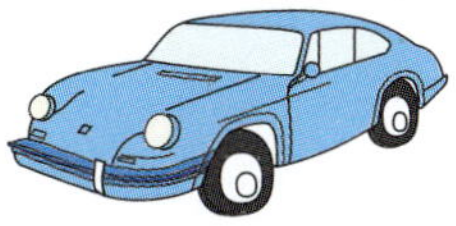

28시간

→ □일 □시간

12 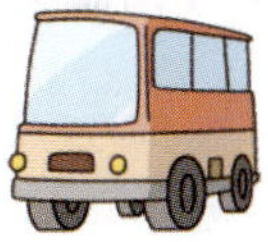

35시간

→ □일 □시간

13 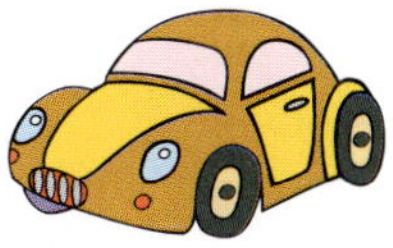

58시간

→ □일 □시간

14 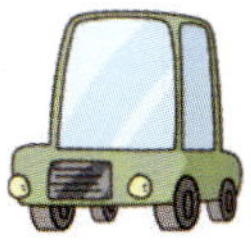

46시간

→ □일 □시간

15 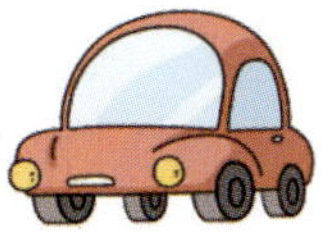

61시간

→ □일 □시간

16 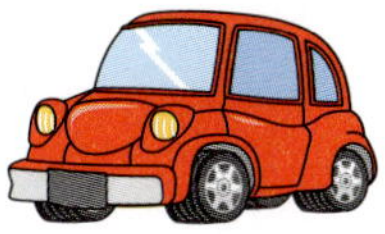

42시간

→ □일 □시간

문장 읽고 문제 해결하기

17 1일 13시간과 같은 시간은 몇 시간?

답 □시간

18 2일 20시간과 같은 시간은 몇 시간?

답 □시간

19 55시간과 같은 시간은 며칠 몇 시간?

답 □일 □시간

20 34시간과 같은 시간은 며칠 몇 시간?

답 □일 □시간

1주일

- 1주일 3일을 며칠로 나타내기
  1주일 3일=7일+3일=10일

- 13일을 몇 주일 며칠로 나타내기
  13일=7일+6일=1주일 6일

□ 안에 알맞은 수를 써넣으세요.

1 1주일 2일=7일+2일
  = □ 일

2 11일=7일+4일
  =1주일 □ 일

3 1주일 5일=7일+5일
  = □ 일

4 8일=7일+1일
  =1주일 □ 일

5 1주일 1일= □ 일+1일
  = □ 일

6 10일= □ 일+3일
  = □ 주일 □ 일

7 1주일 6일= □ 일+6일
  = □ 일

8 9일= □ 일+2일
  = □ 주일 □ 일

9 1주일 4일=7일+ □ 일
  = □ 일

10 12일=7일+ □ 일
  = □ 주일 □ 일

시각과 시간 4

기초 계산 연습

맞은 개수 　 / 24개

▶ 정답과 해설 22쪽

⑪ 2주일＝7일＋7일
　　＝[　]일

⑫ 15일＝14일＋1일
　　＝2주일[　]일

⑬ 2주일 2일＝[　]일＋2일
　　　＝[　]일

⑭ 20일＝[　]일＋6일
　　＝[　]주일[　]일

⑮ 2주일 5일＝[　]일＋5일
　　　＝[　]일

⑯ 18일＝[　]일＋4일
　　＝[　]주일[　]일

⑰ 2주일 3일＝14일＋[　]일
　　　＝[　]일

⑱ 19일＝[　]일＋5일
　　＝[　]주일[　]일

⑲ 3주일 1일＝[　]일＋1일
　　　＝[　]일

⑳ 23일＝[　]일＋2일
　　＝[　]주일[　]일

㉑ 3주일 4일＝21일＋[　]일
　　　＝[　]일

㉒ 24일＝21일＋[　]일
　　＝[　]주일[　]일

㉓ 2주일 6일＝[　]일

㉔ 30일＝[　]주일[　]일

4

시각과 시간

 □ 안에 알맞은 수를 써넣으세요.

1 1주일 3일 = ☐ 일

2 13일 = ☐ 주일 ☐ 일

3 3주일 6일 = ☐ 일

4 40일 = ☐ 주일 ☐ 일

5 5주일 1일 = ☐ 일

6 33일 = ☐ 주일 ☐ 일

4

시각과 시간

 더 긴 기간에 ◯표 하세요.

7

1주일 4일	10일

8

15일	2주일 5일

9

35일	4주일 2일

10

3주일 3일	21일

11

2주일 6일	24일

12

37일	5주일 5일

플러스 계산 연습

생활 속 계산

🐻 각 어린이가 매일 줄넘기한 날수입니다. ☐ 안에 알맞은 수를 써넣으세요.

13

➡ ☐ 주일 ☐ 일

14

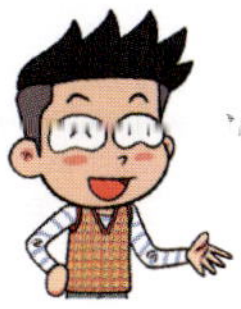

➡ ☐ 일

15
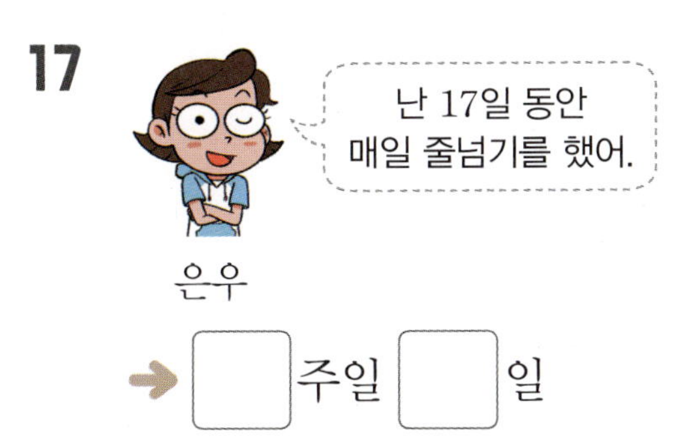

➡ ☐ 주일 ☐ 일

16

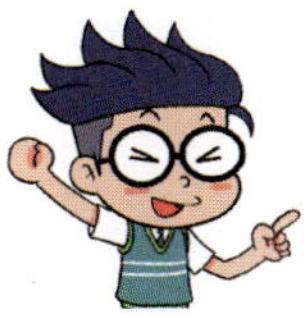

➡ ☐ 일

17

➡ ☐ 주일 ☐ 일

18

➡ ☐ 일

문장 읽고 문제 해결하기

19
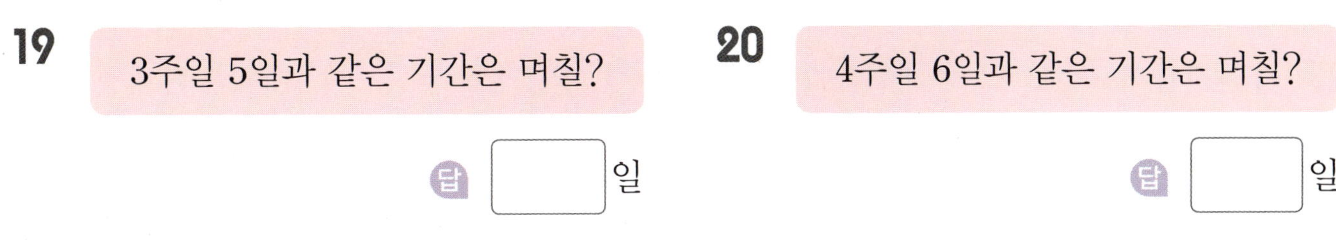
3주일 5일과 같은 기간은 며칠?

답 ☐ 일

20
4주일 6일과 같은 기간은 며칠?

답 ☐ 일

21
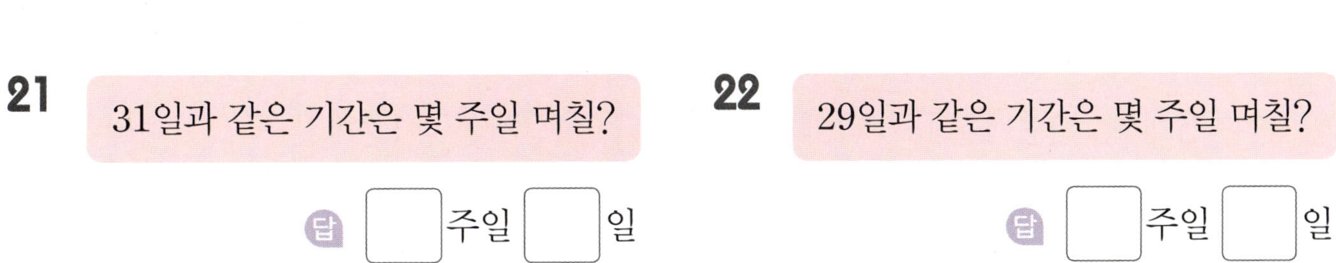
31일과 같은 기간은 몇 주일 며칠?

답 ☐ 주일 ☐ 일

22
29일과 같은 기간은 몇 주일 며칠?

답 ☐ 주일 ☐ 일

1년

- 1년 3개월을 몇 개월로 나타내기
  1년 3개월＝12개월＋3개월＝15개월

- 17개월을 몇 년 몇 개월로 나타내기
  17개월＝12개월＋5개월＝1년 5개월

□ 안에 알맞은 수를 써넣으세요.

① 1년 2개월＝12개월＋2개월
  ＝ □ 개월

② 16개월＝12개월＋4개월
  ＝ □ 년 4개월

③ 1년 8개월＝12개월＋8개월
  ＝ □ 개월

④ 19개월＝12개월＋7개월
  ＝ □ 년 7개월

⑤ 1년 11개월＝ □ 개월＋11개월
  ＝ □ 개월

⑥ 18개월＝ □ 개월＋6개월
  ＝ □ 년 □ 개월

⑦ 1년 10개월＝ □ 개월＋10개월
  ＝ □ 개월

⑧ 20개월＝ □ 개월＋8개월
  ＝ □ 년 □ 개월

⑨ 1년 5개월＝12개월＋ □ 개월
  ＝ □ 개월

⑩ 13개월＝12개월＋ □ 개월
  ＝ □ 년 □ 개월

기초 계산 연습

▶ 정답과 해설 23쪽

⑪ 1년 9개월 = 12개월 + ☐개월
= ☐개월

⑫ 23개월 = 12개월 + ☐개월
= ☐년 ☐개월

⑬ 2년 = 12개월 + 12개월
= ☐개월

⑭ 31개월 = 24개월 + 7개월
= 2년 ☐개월

⑮ 2년 1개월 = ☐개월 + 1개월
= ☐개월

⑯ 28개월 = ☐개월 + 4개월
= ☐년 ☐개월

⑰ 2년 6개월 = ☐개월 + 6개월
= ☐개월

⑱ 27개월 = ☐개월 + 3개월
= ☐년 ☐개월

⑲ 2년 8개월 = 24개월 + ☐개월
= ☐개월

⑳ 34개월 = 24개월 + ☐개월
= ☐년 ☐개월

㉑ 2년 11개월 = 24개월 + ☐개월
= ☐개월

㉒ 29개월 = 24개월 + ☐개월
= ☐년 ☐개월

㉓ 2년 9개월 = ☐개월

㉔ 26개월 = ☐년 ☐개월

4
시각과 시간

1년

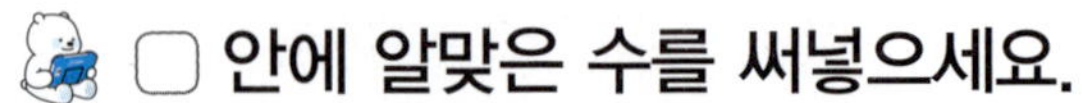 □ 안에 알맞은 수를 써넣으세요.

1 1년 1개월 = ☐ 개월

2 14개월 = ☐ 년 ☐ 개월

3 3년 4개월 = ☐ 개월

4 33개월 = ☐ 년 ☐ 개월

5 4년 5개월 = ☐ 개월

6 46개월 = ☐ 년 ☐ 개월

7 4년 3개월 = ☐ 개월

8 38개월 = ☐ 년 ☐ 개월

4 시각과 시간

○ 안에 >, =, <를 알맞게 써넣으세요.

9 1년 5개월 ◯ 19개월

10 27개월 ◯ 2년 1개월

11 30개월 ◯ 2년 5개월

12 3년 8개월 ◯ 48개월

13 1년 8개월 ◯ 21개월

14 51개월 ◯ 4년 3개월

플러스 계산 연습

생활 속 계산

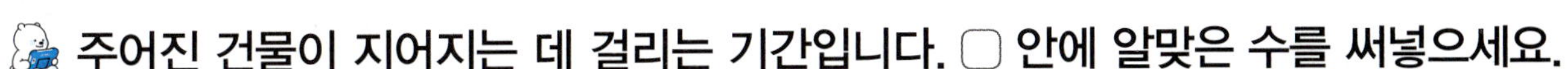

🐻 주어진 건물이 지어지는 데 걸리는 기간입니다. ☐ 안에 알맞은 수를 써넣으세요.

15 가 건물 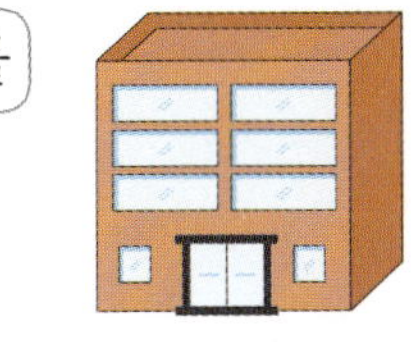 37개월

➡ ☐ 년 ☐ 개월

16 나 건물 3년 7개월

➡ ☐ 개월

17 다 건물 26개월

➡ ☐ 년 ☐ 개월

18 라 건물 2년 4개월

➡ ☐ 개월

19 마 건물  34개월

➡ ☐ 년 ☐ 개월

20 바 건물  4년 1개월

➡ ☐ 개월

4
시각과 시간
169

문장 읽고 문제 해결하기

21 4년 2개월과 같은 기간은 몇 개월?

답 ☐ 개월

22 3년 9개월과 같은 기간은 몇 개월?

답 ☐ 개월

23 15개월과 같은 기간은 몇 년 몇 개월?

답 ☐ 년 ☐ 개월

24 42개월과 같은 기간은 몇 년 몇 개월?

답 ☐ 년 ☐ 개월

시각을 써 보세요.

1 ⬜ 시 ⬜ 분

2 ⬜ 시 ⬜ 분

3 ⬜ 시 ⬜ 분

4 ⬜ 시 ⬜ 분

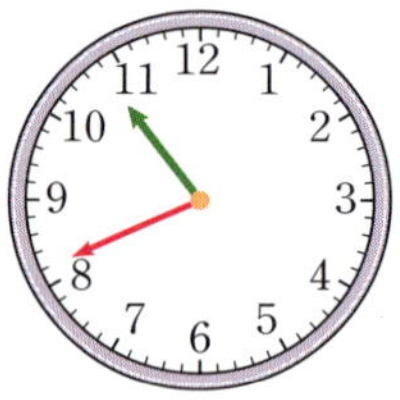

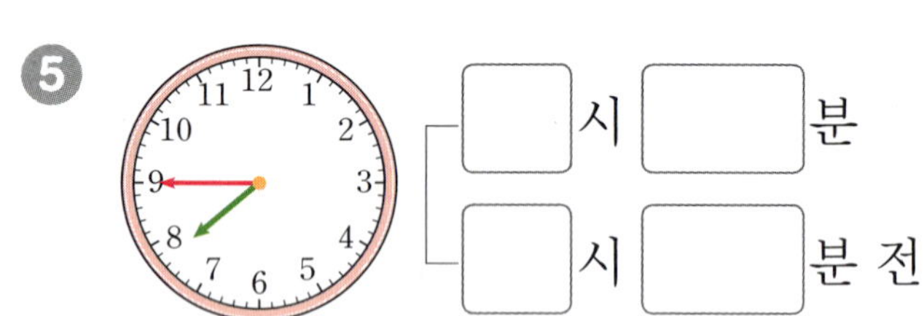
시각을 두 가지 방법으로 읽어 보세요.

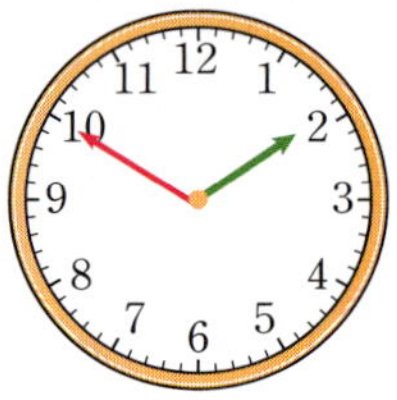

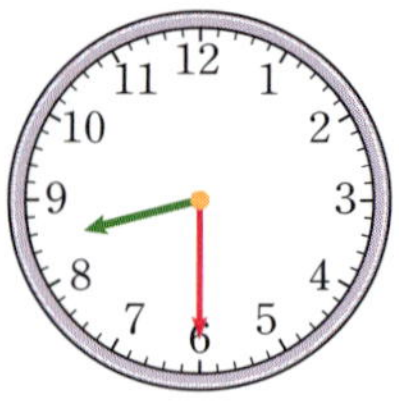

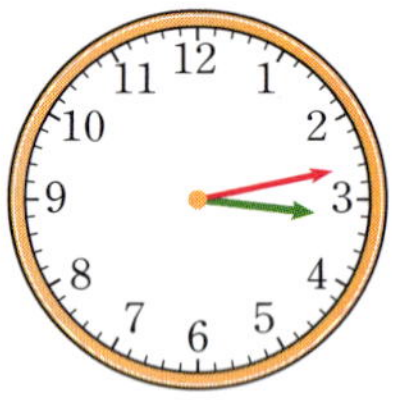

5 ⬜ 시 ⬜ 분 / ⬜ 시 ⬜ 분 전

6 ⬜ 시 ⬜ 분 / ⬜ 시 ⬜ 분 전

7 ⬜ 시 ⬜ 분 / ⬜ 시 ⬜ 분 전

8 ⬜ 시 ⬜ 분 / ⬜ 시 ⬜ 분 전

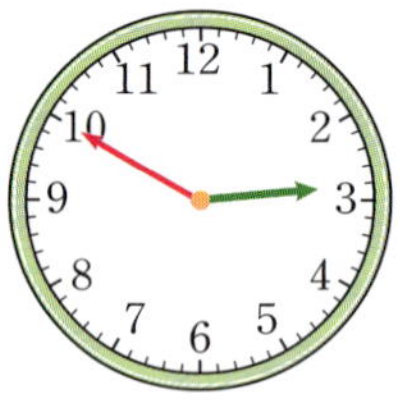

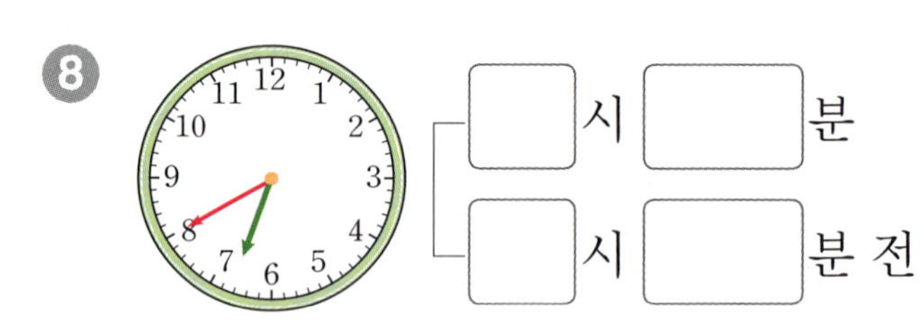
□ 안에 알맞은 수를 써넣으세요.

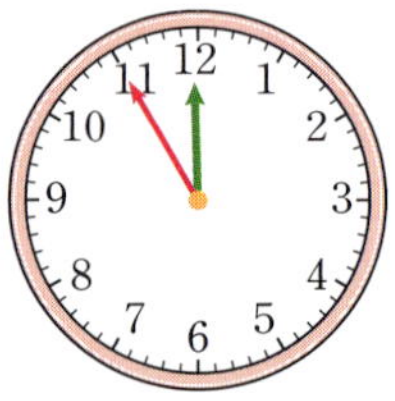

9 1시간 10분 = ⬜ 분

10 95분 = ⬜ 시간 ⬜ 분

11 1시간 24분 = ⬜ 분

12 107분 = ⬜ 시간 ⬜ 분

4 시각과 시간

⑬ **1**일 **9**시간 = ☐ 시간

⑭ **45**시간 = ☐ 일 ☐ 시간

⑮ **2**일 **18**시간 = ☐ 시간

⑯ **34**시간 = ☐ 일 ☐ 시간

⑰ **1**주일 **5**일 = ☐ 일

⑱ **11**일 = ☐ 주일 ☐ 일

⑲ **3**주일 **2**일 = ☐ 일

⑳ **29**일 = ☐ 주일 ☐ 일

㉑ **1**년 **10**개월 = ☐ 개월

㉒ **17**개월 = ☐ 년 ☐ 개월

㉓ **2**년 **3**개월 = ☐ 개월

㉔ **39**개월 = ☐ 년 ☐ 개월

🐻 시계를 보고 시간이 얼마나 흘렀는지 구하세요.

㉕ 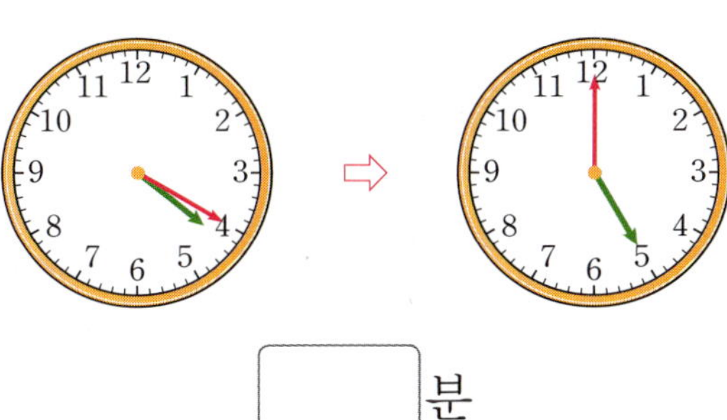

☐ 분

㉖ 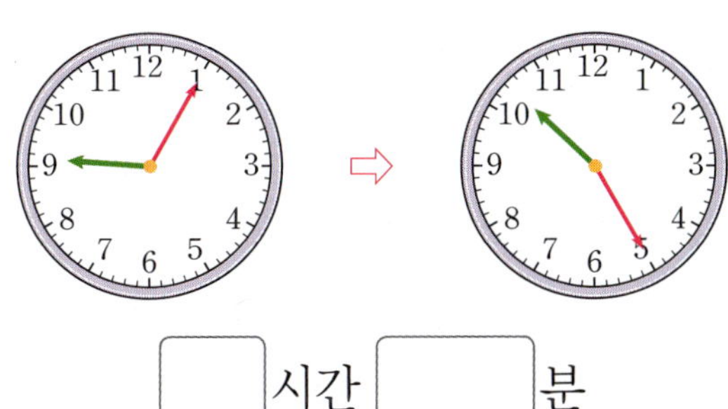

☐ 시간 ☐ 분

제한 시간 안에 정확하게
모두 풀었다면 여러분은 진정한 **계산왕!**

문장제 문제 도전하기

 시각과 시간을 이용하여 물음에 답하세요.

1 1시 55분

= ☐ 시 ☐ 분 전

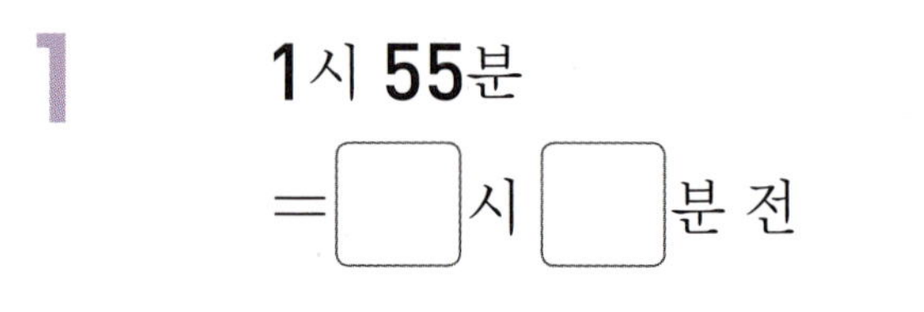

→ 보현이는 **1**시 **55**분에 할머니 댁에 도착했습니다. 보현이가 할머니 댁에 도착한 시각은 몇 시 몇 분 전일까요?

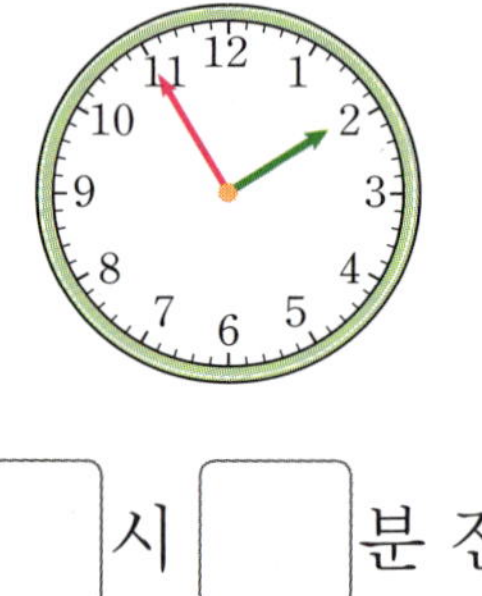

☐ 시 ☐ 분 전

2 70분 = ☐ 시간 ☐ 분 → 은우가 낮잠을 잔 시간입니다.
낮잠을 잔 시간은 몇 시간 몇 분일까요?

은우

☐ 시간 ☐ 분

3 1시간 30분 = ☐ 분 → 예린이는 **1**시간 **30**분 동안 공부를 하였습니다. 공부를 한 시간은 몇 분일까요?

☐ 분

4 우석이가 청소를 하는 데 걸린 시간은 몇 시간 몇 분일까요?

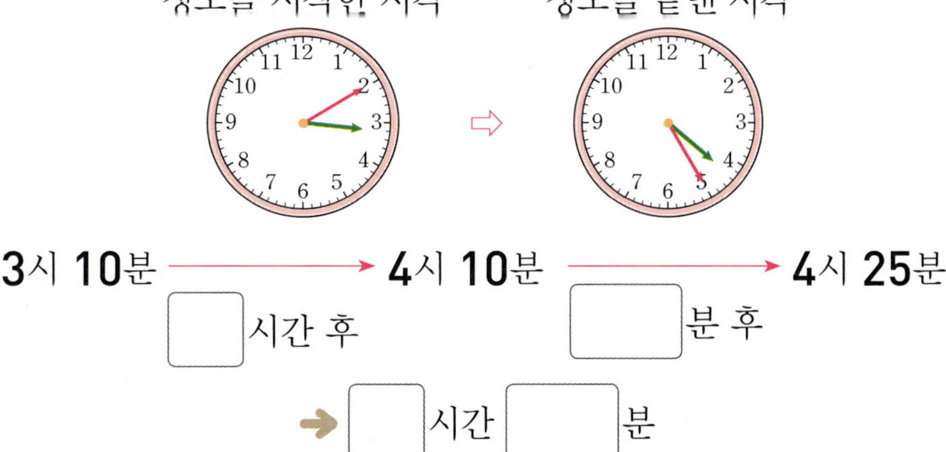

3시 10분 ⟶ 4시 10분 ⟶ 4시 25분

☐ 시간 후   ☐ 분 후

➜ ☐ 시간 ☐ 분

5 고은이는 **27**시간 동안 만화책 한 권을 모두 읽었습니다.
만화책 한 권을 모두 읽는 데 걸린 시간은 며칠 몇 시간일까요?

☐ 시간 = ☐ 일 ☐ 시간

6 민호는 가족들과 **3**주일 **2**일 동안 여행을 다녀왔습니다.
여행을 다녀온 기간은 며칠일까요?

☐ 주일 ☐ 일 = ☐ 일

7 슬기네 집은 지은 지 **31**개월이 되었습니다.
집이 지어진 후 몇 년 몇 개월이 지났을까요?

☐ 개월 = ☐ 년 ☐ 개월

창의·융합·코딩·도전하기

등산을 한 시간은?

융합 1 그림 일기를 보고 등산을 한 시간은 몇 시간 몇 분인지 구하세요.

시작한 시각 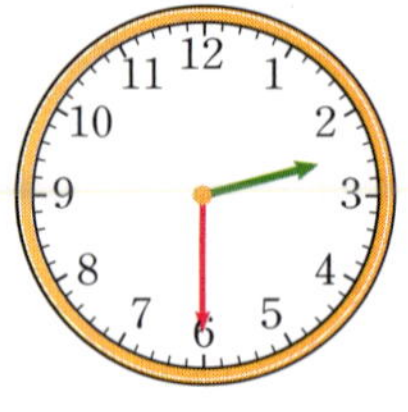 끝낸 시각 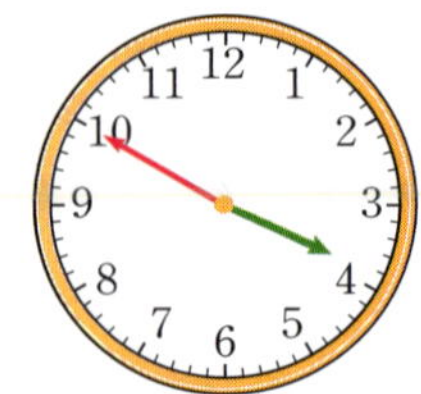

2시	10분	20분	30분	40분	50분	3시	10분	20분	30분	40분	50분	4시

 답 __________ 시간 __________ 분

창의 2 사다리타기를 하여 시계가 같은 시각을 나타내도록 시계의 긴바늘을 그려 넣으세요.

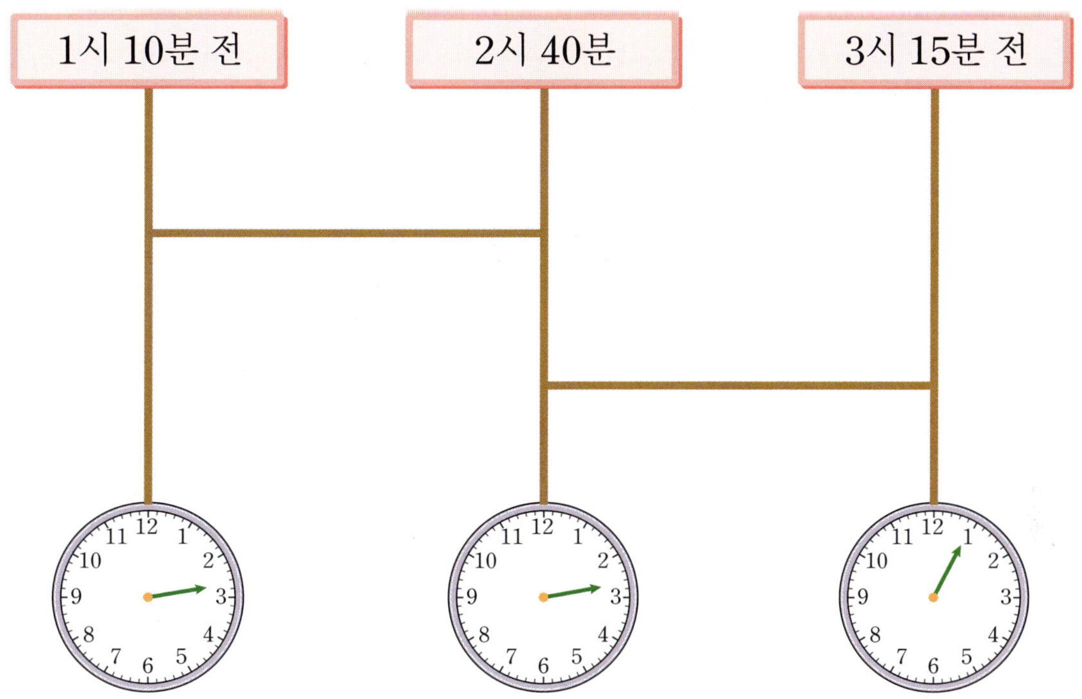

코딩 3 로봇이 한 칸을 이동하는 데 **5**분이 걸립니다.

3시 **30**분에 다음 명령을 실행하였을 때 로봇이 도착한 곳의 번호와 도착한 시각은 몇 시 몇 분인지 구하세요.

①	②	③
④	⑤	⑥
⑦	⑧	⑨

보기

↑ : 위로 한 칸 이동

➡ : 오른쪽으로 한 칸 이동

⬇ : 아래로 한 칸 이동

⬅ : 왼쪽으로 한 칸 이동

 답 _______________ , _______________

#차원이_다른_클라쓰
#강의전문교재
#초등교재

수학교재

●수학리더 시리즈
– 수학리더 [연산]	예비초~6학년/A·B단계
– 수학리더 [개념]	1~6학년/학기별
– 수학리더 [기본]	1~6학년/학기별
– 수학리더 [유형]	1~6학년/학기별
– 수학리더 [기본+응용]	1~6학년/학기별
– 수학리더 [응용·심화]	1~6학년/학기별
– 수학리더 [최상위]	3~6학년/학기별

●독해가 힘이다 시리즈 *문제해결력
– 수학도 독해가 힘이다	1~6학년/학기별
– 초등 문해력 독해가 힘이다 문장제 수학편	1~6학년/단계별

●수학의 힘 시리즈
– 수학의 힘	1~2학년/학기별
– 수학의 힘 알파[실력]	3~6학년/학기별
– 수학의 힘 베타[유형]	3~6학년/학기별

●Go! 매쓰 시리즈
– Go! 매쓰(Start) *교과서 개념	1~6학년/학기별
– Go! 매쓰(Run A/B/C) *교과서+사고력	1~6학년/학기별
– Go! 매쓰(Jump) *유형 사고력	1~6학년/학기별

●계산박사
1~12단계

●수학 더 익힘
1~6학년/학기별

월간교재

●NEW 해법수학
1~6학년

●해법수학 단원평가 마스터
1~6학년/학기별

●월간 무등생평가
1~6학년

전과목교재

●리더 시리즈
– 국어	1~6학년/학기별
– 사회	3~6학년/학기별
– 과학	3~6학년/학기별

기초 계산 연습 14~15쪽

❷ 3861
❹ 9481
❻ 1826
이백삼십일 ❽ 육천사백칠
이백육십 ❿ 사천팔백칠십삼
이백사십구 ⓬ 천육백칠십팔
육십칠 ⓮ 구천팔백오십일
3 ⓰ 6259
7 ⓲ 8072
25 ⓴ 6459

```
0이 4개 →  4000 ┐
0이 7개 →   700 │→ 4786
0이 8개 →    80 │
1이 6개 →     6 ┘

0이 3개 →  3000 ┐
0이 8개 →   800 │→ 3861
0이 6개 →    60 │
1이 1개 →     1 ┘
```

플러스 계산 연습 16~17쪽

24, 오천삼백이십사
88, 육천삼십팔
7, 사천이백십칠
9, 삼천사백육십구
7, 1 ❻ 8, 4, 7, 2
3, 6 ❽ 6, 4, 3, 2
❿ 1470
⓬ 6320
⓮ 7482
⓰ 8527

```
원짜리 지폐 3장 → 3000원 ┐
원짜리 동전 2개 →  200원 ┤→ 3240원
원짜리 동전 4개 →   40원 ┘

원짜리 지폐 1장 → 1000원 ┐
원짜리 동전 4개 →  400원 ┤→ 1470원
원짜리 동전 7개 →   70원 ┘
```

11
```
1000원짜리 지폐 3장 → 3000원 ┐
100원짜리 동전 6개 →  600원 ┤→ 3630원
10원짜리 동전 3개 →   30원 ┘
```

12
```
1000원짜리 지폐 6장 → 6000원 ┐
100원짜리 동전 3개 →  300원 ┤→ 6320원
10원짜리 동전 2개 →   20원 ┘
```

13 1000이 9개이면 9000, 100이 1개이면 100, 10
이 7개이면 70, 1이 6개이면 6이므로 9176입니다.

14 1000이 7개이면 7000, 100이 4개이면 400, 10
이 8개이면 80, 1이 2개이면 2이므로 7482입니다.

15 1000이 4개이면 4000, 100이 6개이면 600, 10
이 2개이면 20, 1이 9개이면 9이므로 4629입니다.

16 1000이 8개이면 8000, 100이 5개이면 500, 10
이 2개이면 20, 1이 7개이면 7이므로 8527입니다.

④ 일차 기초 계산 연습 18~19쪽

❶ 2, 3, 4, 5 ❷ 3, 5, 2, 7
❸ 5, 7, 4, 8 ❹ 5, 3, 1, 4
❺ 4, 1, 5, 9 ❻ 6, 3, 2, 7
❼ 4, 3, 7, 5 ❽ 6, 7, 5, 2
❾ 5000, 30 ❿ 200, 9
⓫ 600, 1 ⓬ 2000, 70
⓭ 400, 6 ⓮ 8000, 30

❶ 2 3 4 5
```
→ 천의 자리 숫자
 → 백의 자리 숫자
  → 십의 자리 숫자
   → 일의 자리 숫자
```

❷ 3 5 2 7
```
→ 천의 자리 숫자
 → 백의 자리 숫자
  → 십의 자리 숫자
   → 일의 자리 숫자
```

❾ 5 2 3 1
```
→ 1000이 5개 ➡ 5000
 → 100이 2개 ➡  200
  → 10이 3개 ➡   30
   → 1이 1개 ➡    1
```

정답과

1 네 자리 수

✳ 개념 ⭕❌ 퀴즈

옳으면 ⭕에, 틀리면 ❌에 ⭕표 하세요.

⭕   ❌

정답은 6쪽에서 확인하세요.

1 일차 기초 계산 연습 6~7쪽

① 1000   ② 100   ③ 1
④ 5   ⑤ 200   ⑥ 400
⑦ 500   ⑧ 700   ⑨ 50
⑩ 10   ⑪ 20   ⑫ 70
⑬ 60   ⑭ 80

1 일차 플러스 계산 연습 8~9쪽

1 100   2 10   3 10
4 100   5 1   6 10
7 1000

8 예

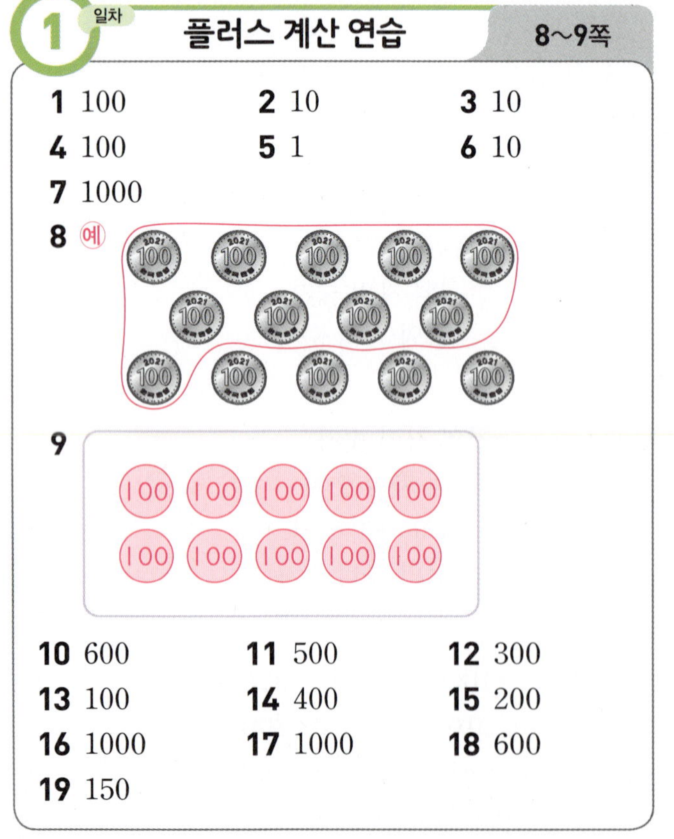

9

10 600   11 500   12 300
13 100   14 400   15 200
16 1000   17 1000   18 600
19 150

1 900보다 100
2 990보다 10만
3 100이 10개이면
4 10이 100개이면
5 999보다 1만큼 더
8 1000은 100이 10개인
  을 10개 묶습니다.
9 1000은 100이 10개인 수
  립니다.
10 1000은 400보다 600만큼 더
  이 더 필요합니다.
19 850보다 150만큼 더 큰 수는 10

2 일차 기초 계산 연습

① 3, 3000   ② 4, 4
③ 5, 5000   ④ 6, 6
⑤ 7, 7000   ⑥ 8, 8
⑦ 팔천   ⑧ 900
⑨ 육천   ⑩ 700
⑪ 사천   ⑫ 500
⑬ 이천   ⑭ 300
⑮ (위부터) 2000, 6000, 삼천,
⑯ (위부터) 4000, 8000, 오천,

2 일차 플러스 계산 연습

1 5000, 오천
3 8000, 팔천
5 3000
7 6000
9 순대
11 김밥
13 떡볶이
15 9000
17 5000

3 일차

① 4786
③ 8347
⑤ 7125
⑦ 팔천
⑨ 오천
⑪ 육천
⑬ 이
⑮ 40
⑰ 9
⑲ 3

4 일차 · 플러스 계산 연습 · 20~21쪽

1 2347에 ◯표		**2** 3124에 ◯표	
3 6487에 ◯표		**4** 6523에 ◯표	
5 1269에 ◯표		**6** 5273에 ◯표	
7 백		**8** 십	
9 일		**10** 천	
11 백		**12** 십	
13 3962		**14** 4356	
15 5648		**16** 6239	
17 9573		**18** 2674	
19 2054		**20** 1345	

17

천의 자리	백의 자리	십의 자리	일의 자리	
9	5	7	3	→ 9573

18

천의 자리	백의 자리	십의 자리	일의 자리	
2	6	7	4	→ 2674

19

천의 자리	백의 자리	십의 자리	일의 자리	
2	0	5	4	→ 2054

20

천의 자리	백의 자리	십의 자리	일의 자리	
1	3	4	5	→ 1345

5 일차 · 기초 계산 연습 · 22~23쪽

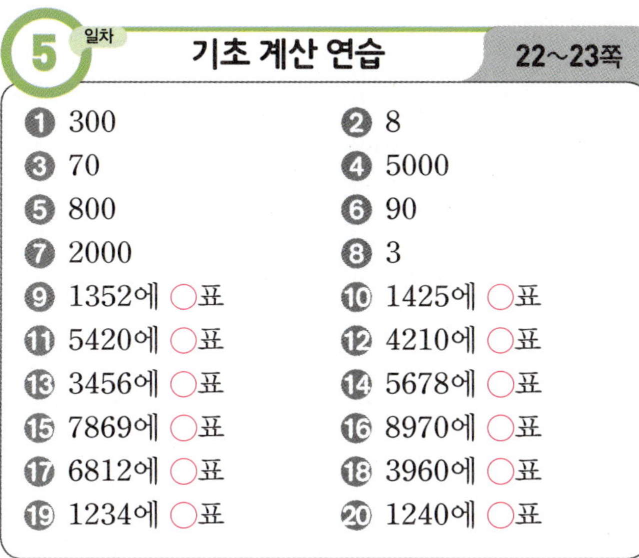

1 300		**2** 8	
3 70		**4** 5000	
5 800		**6** 90	
7 2000		**8** 3	
9 1352에 ◯표		**10** 1425에 ◯표	
11 5420에 ◯표		**12** 4210에 ◯표	
13 3456에 ◯표		**14** 5678에 ◯표	
15 7869에 ◯표		**16** 8970에 ◯표	
17 6812에 ◯표		**18** 3960에 ◯표	
19 1234에 ◯표		**20** 1240에 ◯표	

5 일차 · 플러스 계산 연습 · 24~25쪽

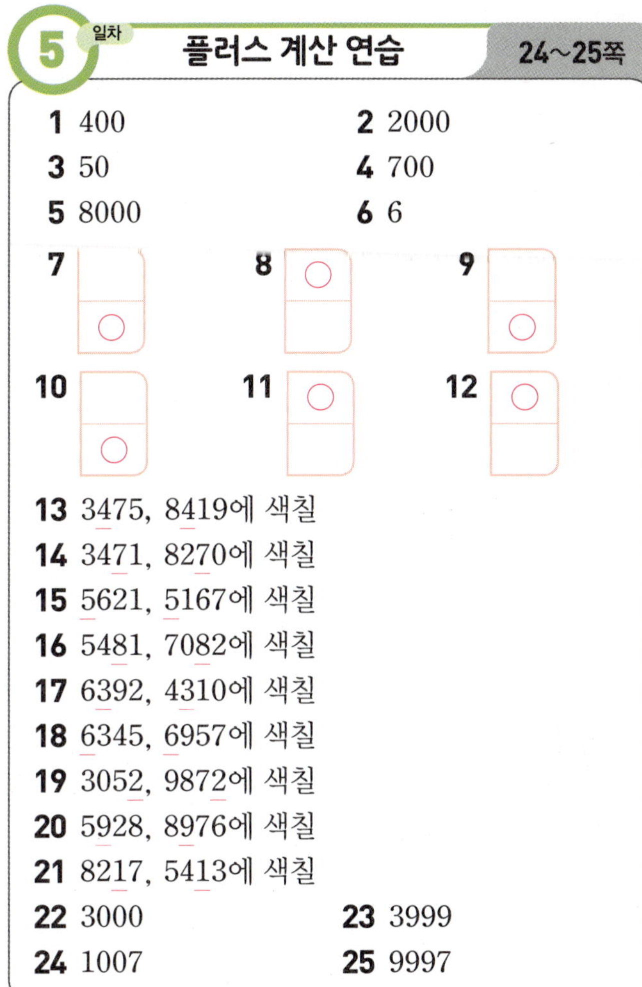

1 400		**2** 2000	
3 50		**4** 700	
5 8000		**6** 6	

7 **8** **9** **10** **11** **12**

13 3475, 8419에 색칠
14 3471, 8270에 색칠
15 5621, 5167에 색칠
16 5481, 7082에 색칠
17 6392, 4310에 색칠
18 6345, 6957에 색칠
19 3052, 9872에 색칠
20 5928, 8976에 색칠
21 8217, 5413에 색칠
22 3000   **23** 3999
24 1007   **25** 9997

1 숫자 4는 백의 자리 숫자이므로 400을 나타냅니다.

2 숫자 2는 천의 자리 숫자이므로 2000을 나타냅니다.

3 숫자 5는 십의 자리 숫자이므로 50을 나타냅니다.

4 숫자 7은 백의 자리 숫자이므로 700을 나타냅니다.

11 9350에서 9는 천의 자리 숫자이므로 9000을 나타냅니다.

22 천의 자리 숫자가 3인 네 자리 수 중 가장 작은 수는 3000입니다.

23 천의 자리 숫자가 3인 네 자리 수 중 가장 큰 수는 나머지 자리 숫자가 모두 9이어야 합니다.

24 일의 자리 숫자가 7인 네 자리 수 중 가장 작은 수는 천의 자리 숫자가 1이어야 하고 나머지 자리 숫자는 0이어야 합니다.

25 일의 자리 숫자가 7인 네 자리 수 중 가장 큰 수는 나머지 자리 숫자가 모두 9이어야 합니다.

6 일차 기초 계산 연습   26~27쪽

❶ 3234, 4234, 5234, 6234
❷ 4045, 5045, 6045, 8045
❸ 4136, 5136, 6136, 7136
❹ 1350, 1550, 1750
❺ 3472, 3672, 3872, 3972
❻ 1000   ❼ 10   ❽ 100
❾ 1000   ❿ 10   ⓫ 1
⓬ 100

❶ 1000씩 뛰어서 세면 천의 자리 수가 1씩 커집니다.

❹ 100씩 뛰어서 세면 백의 자리 수가 1씩 커집니다.

❽ 백의 자리 수가 1씩 커지고 있으므로 100씩 뛰어 센 것입니다.

❾ 천의 자리 수가 1씩 커지고 있으므로 1000씩 뛰어 센 것입니다.

6 일차 플러스 계산 연습   28~29쪽

1 5321, 6321   **2** 1583, 1783
3 8637, 8647   **4** 4175, 4176, 4177
5 5345, 6345, 7345   **6** 3564
7 3062   **8** 6420
9 3660   **10** 2580
11 3690   **12** 8152
13 6391   **14** 5419
15 2887

6 백의 자리 수가 1씩 커지므로 100씩 뛰어 센 것입니다.
→ 3064 − 3164 − 3264 − 3364 − 3464 − 3564
                                          ㉠

7 십의 자리 수가 1씩 커지므로 10씩 뛰어서 센 것입니다.
→ 3012 − 3022 − 3032 − 3042 − 3052 − 3062
                                          ㉠

8 저금통에 돈이 1420원 들어 있습니다.
1420 − 2420 − 3420 − 4420 − 5420 − 6420
       1번   2번   3번   4번   5번
→ 1000원씩 5번 넣으면 모두 6420원이 됩니다.

9 저금통에 돈이 3360원 들어 있습니다.
3360 − 3460 − 3560 − 3660
       1번   2번   3번
→ 100원씩 3번 넣으면 모두 3660원이 됩니다.

10 저금통에 돈이 2520원 들어 있습니다.
2520 − 2530 − 2540 − 2550 − 2560 − 2570 − 2580
       1번   2번   3번   4번   5번   6번
→ 10원씩 6번 넣으면 모두 2580원이 됩니다.

11 저금통에 돈이 3190원 들어 있습니다.
3190 − 3290 − 3390 − 3490 − 3590 − 3690
       1번   2번   3번   4번   5번
→ 100원씩 5번 넣으면 모두 3690원이 됩니다.

12 4152 − 5152 − 6152 − 7152 − 8152
       1번   2번   3번   4번

13 6341 − 6351 − 6361 − 6371 − 6381 − 6391
       1번   2번   3번   4번   5번

14 5413 − 5414 − 5415 − 5416 − 5417 − 5418 − 5419
       1번   2번   3번   4번   5번   6번

15 2487 − 2587 − 2687 − 2787 − 2887
       1번   2번   3번   4번

7 일차 기초 계산 연습   30~31쪽

❶ >   ❷ >   ❸ >
❹ <   ❺ <   ❻ <
❼ >   ❽ <   ❾ <
❿ >   ⓫ <   ⓬ >
⓭ >   ⓮ >
⓯ 8572에 ◯표, 3725에 △표
⓰ 4152에 ◯표, 2087에 △표
⓱ 5841에 ◯표, 2436에 △표
⓲ 7583에 ◯표, 7174에 △표
⓳ 9061에 ◯표, 6040에 △표
⓴ 8417에 ◯표, 7449에 △표

⓯ 3725 < 6249 < 8572

⓰ 2087 < 2237 < 4152

⓱ 2436 < 5648 < 5841

7 일차 | 플러스 계산 연습   32~33쪽

1 5972	**2** 6371	**3** 4502
4 8505	**5** 1265	**6** 7398
7 5329	**8** 6331	**9** 6432
10 7451	**11** 6341	**12** 8763
13 <	**14** <	**15** <
16 <	**17** >	**18** <
19 미술관	**20** 박물관	**21** 동물원
22 식물원		

1 5972 > 5875
$\quad$ 9>8

2 6371 > 6037
$\quad$ 3>0

3 4500 < 4502
$\quad$ 0<2

4 8505 > 8230
$\quad$ 5>2

7 5329>5328>5325

8 6331>6329>6321

9 6432>6424>4625

10 7451>7415>7315

11 6341>6304>6043

12 8763>8312>8259

15 6100<6900

16 1500<2200

17 2100>1500

18 3600<6900

19 2613>2576이므로 미술관 관람객 수가 더 많습니다.

20 1934<3014이므로 박물관 관람객 수가 더 많습니다.

21 3925>3874이므로 동물원의 입장객 수가 더 많습니다.

22 4126<5018이므로 식물원의 입장객 수가 더 많습니다.

평가 | SPEED 연산력 TEST   34~35쪽

1 6890	**2** 4753	
3 1944	**4** 7506	
5 1685	**6** 5036	
7 6794	**8** 9568	
9 1000, 50	**10** 8000, 40	
11 700, 2	**12** 300, 4	
13 700	**14** 3	
15 9000	**16** 50	
17 2658, 2758, 2958		
18 3349, 3449, 3549		
19 2504, 2604, 2704, 2804		
20 <	**21** >	**22** >
23 >	**24** >	**25** <

5
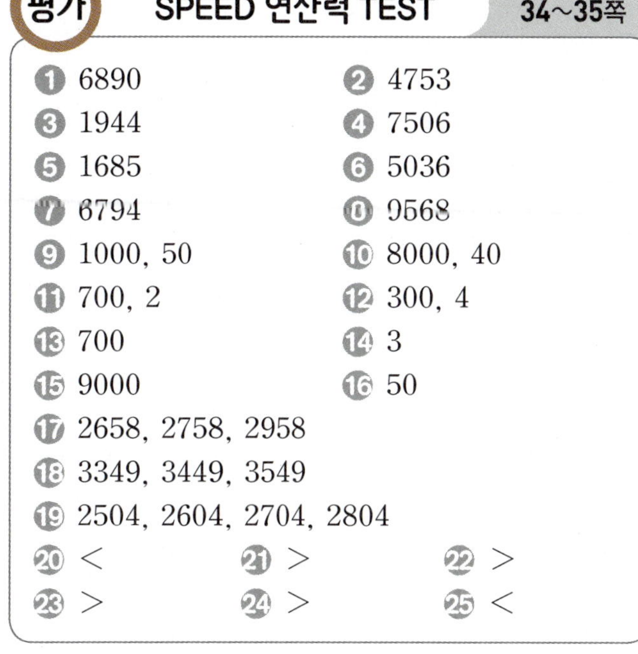

6
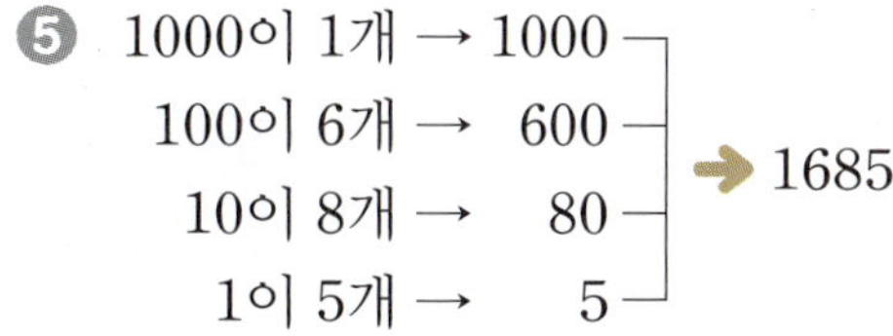

7
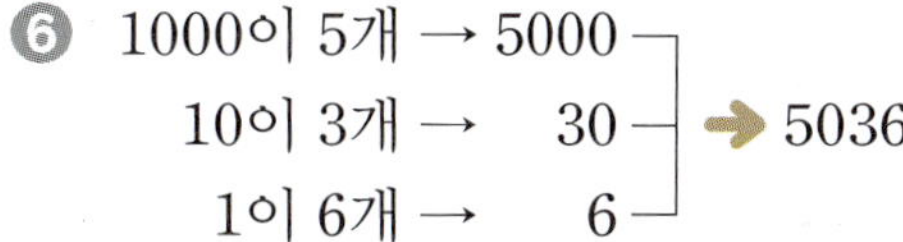

8
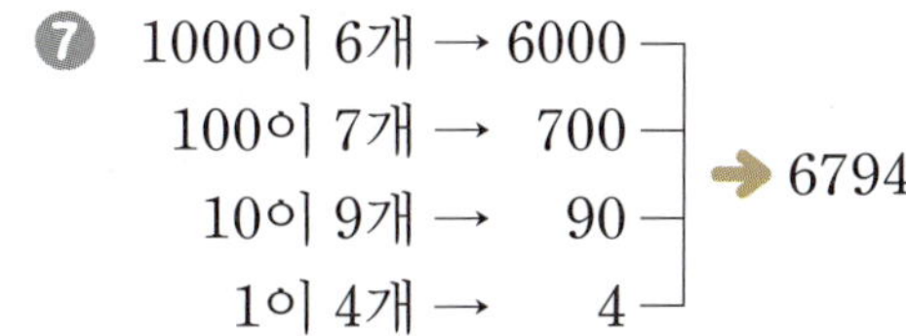

20 3850 < 3896
$\quad$ 5<9

21 8367 > 8360
$\quad$ 7>0

22 7859 > 7693
$\quad$ 8>6

23 8630 > 4286
$\quad$ 8>4

특강 | 문장제 문제 도전하기   36~37쪽

1 4000 ; 4000	**2** 3597 ; 3597	**3** 7542 ; 7542
4 7000	**5** 3650	**6** 1358

정답과 해설

1 1000이 4개이면 4000입니다.

2 1000이 3개 → 3000
100이 5개 → 500
10이 9개 → 90
1이 7개 → 7
→ 3597

3 큰 수부터 차례로 천, 백, 십, 일의 자리에 놓습니다.
→ 가장 큰 네 자리 수: 7542

4 1000이 7개이면 7000입니다.

5 1000원짜리 지폐 3장 → 3000원
100원짜리 동전 6개 → 600원
10원짜리 동전 5개 → 50원
→ 3650원

6 작은 수부터 차례로 천, 백, 십, 일의 자리에 놓습니다.
1<3<5<8 → 가장 작은 네 자리 수: 1358

특강 · 창의·융합·코딩·도전하기 38~39쪽

융합1 8, 8, 7 ; 5, 400, 4 ; 8475
창의2 6500
융합3 8000

융합1 천의 자리: 거미의 다리 수는 8개이므로 천의 자리 숫자는 8입니다. → 8□□□
십의 자리: 3+4=7 → 8□7□
일의 자리: 거울에 비추면 왼쪽과 오른쪽 모양이 바뀌므로 일의 자리 숫자는 5입니다.
→ 8□75
백의 자리: 100이 4개이면 400이므로 백의 자리 숫자는 4입니다. → 8475

창의2 1000원짜리 지폐가 6장, 100원짜리 동전이 5개이므로 6500원입니다.

융합3 100장씩 10묶음이면 1000장이므로 한 상자에 들어 있는 김은 1000장입니다.
→ 1000장씩 8상자이면 8000장입니다.

❋ 개념 ○✗ 퀴즈 정답

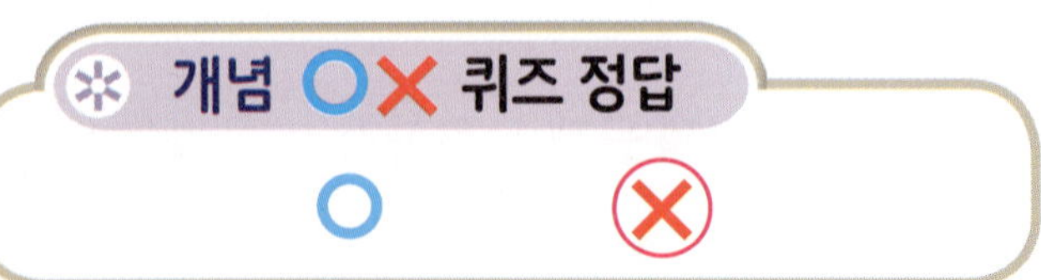

4237에서 3은 30을 나타냅니다.

---

2 곱셈구구

❋ 개념 ○✗ 퀴즈

바르게 계산했으면 ○에, 틀리면 ✗에 ○표 하세요.

정답은 12쪽에서 확인하세요.

1 일차 · 기초 계산 연습 42~43쪽

❶ 2
❷ 4
❸ 6
❹ 4, 8
❺ 5, 10
❻ 6, 12
❼ 7, 14
❽ 8, 16
❾ 9, 18
❿ 2, 4, 6
⓫ 12, 14, 16
⓬ 4, 5, 6
⓭ 7, 8, 9
⓮ 8
⓯ 10
⓰ 14
⓱ 16
⓲ 12
⓳ 18

❿~⓭ 2단 곱셈구구에서 곱하는 수가 1씩 커지면 곱은 2씩 커집니다.

⓮~⓳ 2단 곱셈구구를 이용하여 곱을 구합니다.

1 일차 · 플러스 계산 연습 44~45쪽

1 8
2 14
3 6
4 10
5 12
6 18
7 4
8 16
9 6
10 2
11 5
12 2
13 4
14 6
15 12
16 10
17 16
18 4
19 14
20 2, 4, 8
21 2, 6, 12
22 2, 7, 14
23 2, 9, 18

14 2명씩 3대 → 2×3=6(명)

15 2명씩 6대 → 2×6=12(명)

16 2명씩 5대 ➡ $2 \times 5 = 10$(명)

17 2명씩 8대 ➡ $2 \times 8 = 16$(명)

18 2명씩 2대 ➡ $2 \times 2 = 4$(명)

19 2명씩 7대 ➡ $2 \times 7 = 14$(명)

20 2개씩 4봉지 ➡ $2 \times 4 = 8$(개)

23 2개씩 9봉지 ➡ $2 \times 9 = 18$(개)

2일차 기초 계산 연습   46~47쪽

❶ 3   ❷ 6   ❸ 3, 9
❹ 4, 12   ❺ 5, 15   ❻ 6, 18
❼ 7, 21   ❽ 8, 24   ❾ 9, 27
❿ 6, 9, 12   ⓫ 18, 21, 24   ⓬ 4, 5, 6
⓭ 7, 8, 9

❿~⓭ 3단 곱셈구구에서 곱하는 수가 1씩 커지면 곱은 3씩 커집니다.

2일차 플러스 계산 연습   48~49쪽

1 6   **2** 9   **3** 15
4 24   **5** 18   **6** 27
7 3   **8** 3   **9** 5
10 3   **11** 7   **12** 3
13 8   **14** 4, 12   **15** 5, 15
16 8, 24   **17** 6, 18   **18** 7, 21
19 3, 9   **20** 3, 2, 6   **21** 3, 3, 9
22 3, 9, 27   **23** 3, 7, 21

14 3개씩 4묶음 ➡ $3 \times 4 = 12$(마리)

15 3개씩 5묶음 ➡ $3 \times 5 = 15$(마리)

20 3개씩 2줄 ➡ $3 \times 2 = 6$(개)

22 3개씩 9줄 ➡ $3 \times 9 = 27$(개)

23 3개씩 7줄 ➡ $3 \times 7 = 21$(개)

3일차 기초 계산 연습   50~51쪽

❶ 4   ❷ 8   ❸ 12
❹ 4, 16   ❺ 5, 20   ❻ 6, 24
❼ 7, 28   ❽ 8, 32   ❾ 9, 36
❿ 8, 12, 16   ⓫ 20, 24, 28   ⓬ 1, 2, 3
⓭ 7, 8, 9

❿~⓭ 4단 곱셈구구에서 곱하는 수가 1씩 커지면 곱은 4씩 커집니다.

3일차 플러스 계산 연습   52~53쪽

1 20   **2** 28   **3** 8
4 16   **5** 32   **6** 36
7 12   **8** 24   **9** 3
10 4   **11** 5   **12** 4
13 8   **14** 12   **15** 20
16 28   **17** 36   **18** 20
19 32   **20** 4, 2, 8   **21** 4, 4, 16
22 4, 6, 24   **23** 4, 8, 32

14 4개씩 3접시 ➡ $4 \times 3 = 12$(개)

15 4개씩 5접시 ➡ $4 \times 5 = 20$(개)

16 4개씩 7접시 ➡ $4 \times 7 = 28$(개)

17 4개씩 9접시 ➡ $4 \times 9 = 36$(개)

19 4개씩 8접시 ➡ $4 \times 8 = 32$(개)

20 4개씩 2묶음 ➡ $4 \times 2 = 8$(개)

21 4개씩 4묶음 ➡ $4 \times 4 = 16$(개)

22 4개씩 6묶음 ➡ $4 \times 6 = 24$(개)

4일차 기초 계산 연습   54~55쪽

❶ 5   ❷ 10   ❸ 15
❹ 4, 20   ❺ 5, 25   ❻ 6, 30
❼ 7, 35   ❽ 8, 40   ❾ 9, 45
❿ 5, 10, 15   ⓫ 35, 40, 45   ⓬ 3, 4, 5
⓭ 6, 7, 8   ⓮ 30   ⓯ 20
⓰ 10   ⓱ 35   ⓲ 45
⓳ 15

④ 일차 플러스 계산 연습 56~57쪽

1 45	**2** 30	**3** 20
4 35	**5** 15	**6** 40
7 1	**8** 5	**9** 3
10 5	**11** 5	**12** 5
13 7	**14** 30	**15** 35
16 10	**17** 20	**18** 15
19 40	**20** 5, 5, 25	**21** 5, 3, 15
22 5, 9, 45	**23** 5, 8, 40	

14 5개씩 6봉지 ➡ $5 \times 6 = 30$(개)

15 5개씩 7봉지 ➡ $5 \times 7 = 35$(개)

16 5개씩 2봉지 ➡ $5 \times 2 = 10$(개)

17 5개씩 4봉지 ➡ $5 \times 4 = 20$(개)

18 5개씩 3봉지 ➡ $5 \times 3 = 15$(개)

19 5개씩 8봉지 ➡ $5 \times 8 = 40$(개)

20 5마리씩 5개 ➡ $5 \times 5 = 25$(마리)

22 5마리씩 9개 ➡ $5 \times 9 = 45$(마리)

⑨

×	3	4	5	6
2	6	8	10	12
3	9	12	15	18
4	12	16	20	24
5	15	20	25	30

⑩

×	5	6	7	8
2	10	12	14	16
3	15	18	21	24
4	20	24	28	32
5	25	30	35	40

⑪

×	6	7	8	9
2	12	14	16	18
3	18	21	24	27
4	24	28	32	36
5	30	35	40	45

⑫

×	4	5	6	7
2	8	10	12	14
3	12	15	18	21
4	16	20	24	28
5	20	25	30	35

8

⑤ 일차 기초 계산 연습 58~59쪽

❶ 4, 6, 8, 10, 12 　**❷** 6, 9, 12, 15, 18

❸ 15, 18, 21, 24, 27 　**❹** 12, 16, 20, 24, 28

❺ 20, 24, 28, 32, 36 　**❻** 5, 10, 15, 20, 25

❼

×	1	2	3	4
2	2	4	6	8
3	3	6	9	12
4	4	8	12	16
5	5	10	15	20

❽

×	2	3	4	5
2	4	6	8	10
3	6	9	12	15
4	8	12	16	20
5	10	15	20	25

⑤ 일차 플러스 계산 연습 60~61쪽

1 2	**2** 5	**3** 3
4 3	**5** 2	**6** 2
7 5	**8** 4	**9** 3
10 2	**11** 3	**12** 6
13 7	**14** 9	**15** 8
16 2	**17** 9	**18** 3
19 6	**20** 9	**21** 6
22 12	**23** 2, 8	**24** 4, 20
25 3, 9	**26** 7, 14	**27** 4, 5, 20
28 4, 6, 24	**29** 2, 8, 16	**30** 2, 9, 18

27 4개씩 5묶음 ➡ $4 \times 5 = 20$(개)

28 4개씩 6묶음 ➡ $4 \times 6 = 24$(개)

29 2개씩 8묶음 ➡ $2 \times 8 = 16$(개)

해법 전략

수학리더 연산 2B

- 혼자서도 이해할 수 있는 친절한 문제 풀이
- OX퀴즈로 계산 원리 다시 알아보기

천재교육

해법전략 포인트 3가지

▶ 혼자서도 이해할 수 있는 친절한 문제 풀이

▶ 참고, 주의 등 자세한 풀이 제시

▶ OX퀴즈로 계산 원리 다시 알아보기

1 네 자리 수

개념 ○✕ 퀴즈

옳으면 ○에, 틀리면 ✕에 ○표 하세요.

4237에서 3은 300을 나타냅니다.

○   ✕

정답은 6쪽에서 확인하세요.

---

1 일차 기초 계산 연습 6~7쪽

① 1000　② 100　③ 1
④ 5　⑤ 200　⑥ 400
⑦ 500　⑧ 700　⑨ 50
⑩ 10　⑪ 20　⑫ 70
⑬ 60　⑭ 80

---

1 일차 플러스 계산 연습 8~9쪽

1 100　**2** 10　**3** 10
4 100　**5** 1　**6** 10
7 1000
8 (예)

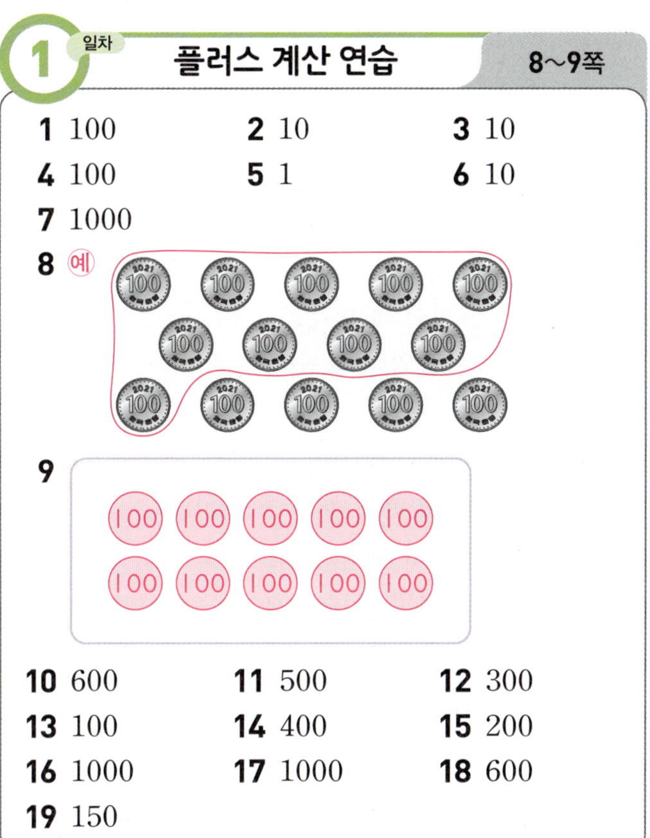

9

10 600　**11** 500　**12** 300
13 100　**14** 400　**15** 200
16 1000　**17** 1000　**18** 600
19 150

---

1 900보다 100만큼 더 큰 수는 1000입니다.

2 990보다 10만큼 더 큰 수는 1000입니다.

3 100이 10개이면 1000입니다.

4 10이 100개이면 1000입니다.

5 999보다 1만큼 더 큰 수는 1000입니다.

8 1000은 100이 10개인 수이므로 100원짜리 동전을 10개 묶습니다.

9 1000은 100이 10개인 수이므로 ⑩을 10개 그립니다.

10 1000은 400보다 600만큼 더 큰 수이므로 600원이 더 필요합니다.

19 850보다 150만큼 더 큰 수는 1000입니다.

---

2 일차 기초 계산 연습 10~11쪽

① 3, 3000　② 4, 4000
③ 5, 5000　④ 6, 6000
⑤ 7, 7000　⑥ 8, 8000
⑦ 팔천　⑧ 9000
⑨ 육천　⑩ 7000
⑪ 사천　⑫ 5000
⑬ 이천　⑭ 3000
⑮ (위부터) 2000, 6000, 삼천, 칠천
⑯ (위부터) 4000, 8000, 오천, 구천

---

2 일차 플러스 계산 연습 12~13쪽

1 5000, 오천　**2** 7000, 칠천
3 8000, 팔천　**4** 9000, 구천
5 3000　**6** 4000
7 6000　**8** 5000
9 순대　**10** 만두
11 김밥　**12** 라면
13 떡볶이　**14** 7000
15 9000　**16** 2000
17 5000

③ 일차 기초 계산 연습 (14~15쪽)

❶ 4786 ❷ 3861
❸ 8347 ❹ 9481
❺ 7125 ❻ 1826
❼ 팔천이백삼십일 ❽ 육천사백칠
❾ 오천이백육십 ❿ 사천팔백칠십삼
⓫ 육천이백사십구 ⓬ 천육백칠십팔
⓭ 이천육십칠 ⓮ 구천팔백오십일
⓯ 4003 ⓰ 6259
⓱ 9317 ⓲ 8072
⓳ 3525 ⓴ 6459

❶ 1000이 4개 → 4000
　 100이 7개 → 700
　 10이 8개 → 80　→ 4786
　 1이 6개 → 6

❷ 1000이 3개 → 3000
　 100이 8개 → 800
　 10이 6개 → 60　→ 3861
　 1이 1개 → 1

③ 일차 플러스 계산 연습 (16~17쪽)

1 5324, 오천삼백이십사
2 6038, 육천삼십팔
3 4217, 사천이백십칠
4 3469, 삼천사백육십구
5 5, 8, 7, 1　　**6** 8, 4, 7, 2
7 4, 8, 3, 6　　**8** 6, 4, 3, 2
9 3240　　**10** 1470
11 3630　　**12** 6320
13 9176　　**14** 7482
15 4629　　**16** 8527

9 1000원짜리 지폐 3장 → 3000원
　 100원짜리 동전 2개 → 200원　→ 3240원
　 10원짜리 동전 4개 → 40원

10 1000원짜리 지폐 1장 → 1000원
　 100원짜리 동전 4개 → 400원　→ 1470원
　 10원짜리 동전 7개 → 70원

11 1000원짜리 지폐 3장 → 3000원
　 100원짜리 동전 6개 → 600원　→ 3630원
　 10원짜리 동전 3개 → 30원

12 1000원짜리 지폐 6장 → 6000원
　 100원짜리 동전 3개 → 300원　→ 6320원
　 10원짜리 동전 2개 → 20원

13 1000이 9개이면 9000, 100이 1개이면 100, 10이 7개이면 70, 1이 6개이면 6이므로 9176입니다.

14 1000이 7개이면 7000, 100이 4개이면 400, 10이 8개이면 80, 1이 2개이면 2이므로 7482입니다.

15 1000이 4개이면 4000, 100이 6개이면 600, 10이 2개이면 20, 1이 9개이면 9이므로 4629입니다.

16 1000이 8개이면 8000, 100이 5개이면 500, 10이 2개이면 20, 1이 7개이면 7이므로 8527입니다.

④ 일차 기초 계산 연습 (18~19쪽)

❶ 2, 3, 4, 5 ❷ 3, 5, 2, 7
❸ 5, 7, 4, 8 ❹ 5, 3, 1, 4
❺ 4, 1, 5, 9 ❻ 6, 3, 2, 7
❼ 4, 3, 7, 5 ❽ 6, 7, 5, 2
❾ 5000, 30 ❿ 200, 9
⓫ 600, 1 ⓬ 2000, 70
⓭ 400, 6 ⓮ 8000, 30

❶ 2 3 4 5
　천의 자리 숫자
　백의 자리 숫자
　십의 자리 숫자
　일의 자리 숫자

❷ 3 5 2 7
　천의 자리 숫자
　백의 자리 숫자
　십의 자리 숫자
　일의 자리 숫자

❾ 5 2 3 1
　1000이 5개 → 5000
　100이 2개 → 200
　10이 3개 → 30
　1이 1개 → 1

16 2명씩 5대 ➡ $2 \times 5 = 10$(명)

17 2명씩 8대 ➡ $2 \times 8 = 16$(명)

18 2명씩 2대 ➡ $2 \times 2 = 4$(명)

19 2명씩 7대 ➡ $2 \times 7 = 14$(명)

20 2개씩 4봉지 ➡ $2 \times 4 = 8$(개)

23 2개씩 9봉지 ➡ $2 \times 9 = 18$(개)

2일차　기초 계산 연습　46~47쪽

❶ 3	❷ 6	❸ 3, 9
❹ 4, 12	❺ 5, 15	❻ 6, 18
❼ 7, 21	❽ 8, 24	❾ 9, 27
❿ 6, 9, 12	⓫ 18, 21, 24	⓬ 4, 5, 6
⓭ 7, 8, 9		

❿~⓭　3단 곱셈구구에서 곱하는 수가 1씩 커지면 곱은 3씩 커집니다.

2일차　플러스 계산 연습　48~49쪽

1 6	**2** 9	**3** 15
4 24	**5** 18	**6** 27
7 3	**8** 3	**9** 5
10 3	**11** 7	**12** 3
13 8	**14** 4, 12	**15** 5, 15
16 8, 24	**17** 6, 18	**18** 7, 21
19 3, 9	**20** 3, 2, 6	**21** 3, 3, 9
22 3, 9, 27	**23** 3, 7, 21	

14 3개씩 4묶음 ➡ $3 \times 4 = 12$(마리)

15 3개씩 5묶음 ➡ $3 \times 5 = 15$(마리)

20 3개씩 2줄 ➡ $3 \times 2 = 6$(개)

22 3개씩 9줄 ➡ $3 \times 9 = 27$(개)

23 3개씩 7줄 ➡ $3 \times 7 = 21$(개)

3일차　기초 계산 연습　50~51쪽

❶ 4	❷ 8	❸ 12
❹ 4, 16	❺ 5, 20	❻ 6, 24
❼ 7, 28	❽ 8, 32	❾ 9, 36
❿ 8, 12, 16	⓫ 20, 24, 28	⓬ 1, 2, 3
⓭ 7, 8, 9		

❿~⓭　4단 곱셈구구에서 곱하는 수가 1씩 커지면 곱은 4씩 커집니다.

3일차　플러스 계산 연습　52~53쪽

1 20	**2** 28	**3** 8
4 16	**5** 32	**6** 36
7 12	**8** 24	**9** 3
10 4	**11** 5	**12** 4
13 8	**14** 12	**15** 20
16 28	**17** 36	**18** 20
19 32	**20** 4, 2, 8	**21** 4, 4, 16
22 4, 6, 24	**23** 4, 8, 32	

14 4개씩 3접시 ➡ $4 \times 3 = 12$(개)

15 4개씩 5접시 ➡ $4 \times 5 = 20$(개)

16 4개씩 7접시 ➡ $4 \times 7 = 28$(개)

17 4개씩 9접시 ➡ $4 \times 9 = 36$(개)

19 4개씩 8접시 ➡ $4 \times 8 = 32$(개)

20 4개씩 2묶음 ➡ $4 \times 2 = 8$(개)

21 4개씩 4묶음 ➡ $4 \times 4 = 16$(개)

22 4개씩 6묶음 ➡ $4 \times 6 = 24$(개)

4일차　기초 계산 연습　54~55쪽

❶ 5	❷ 10	❸ 15
❹ 4, 20	❺ 5, 25	❻ 6, 30
❼ 7, 35	❽ 8, 40	❾ 9, 45
❿ 5, 10, 15	⓫ 35, 40, 45	⓬ 3, 4, 5
⓭ 6, 7, 8	⓮ 30	⓯ 20
⓰ 10	⓱ 35	⓲ 45
⓳ 15		

④ 일차 플러스 계산 연습 56~57쪽

1 45	**2** 30	**3** 20
4 35	**5** 15	**6** 40
7 1	**8** 5	**9** 3
10 5	**11** 5	**12** 5
13 7	**14** 30	**15** 35
16 10	**17** 20	**18** 15
19 40	**20** 5, 5, 25	**21** 5, 3, 15
22 5, 9, 45	**23** 5, 8, 40	

14 5개씩 6봉지 ➡ $5 \times 6 = 30$(개)

15 5개씩 7봉지 ➡ $5 \times 7 = 35$(개)

16 5개씩 2봉지 ➡ $5 \times 2 = 10$(개)

17 5개씩 4봉지 ➡ $5 \times 4 = 20$(개)

18 5개씩 3봉지 ➡ $5 \times 3 = 15$(개)

19 5개씩 8봉지 ➡ $5 \times 8 = 40$(개)

20 5마리씩 5개 ➡ $5 \times 5 = 25$(마리)

22 5마리씩 9개 ➡ $5 \times 9 = 45$(마리)

⑨

×	3	4	5	6
2	6	8	10	12
3	9	12	15	18
4	12	16	20	24
5	15	20	25	30

⑩

×	5	6	7	8
2	10	12	14	16
3	15	18	21	24
4	20	24	28	32
5	25	30	35	40

⑪

×	6	7	8	9
2	12	14	16	18
3	18	21	24	27
4	24	28	32	36
5	30	35	40	45

⑫

×	4	5	6	7
2	8	10	12	14
3	12	15	18	21
4	16	20	24	28
5	20	25	30	35

⑤ 일차 기초 계산 연습 58~59쪽

❶ 4, 6, 8, 10, 12 ❷ 6, 9, 12, 15, 18
❸ 15, 18, 21, 24, 27 ❹ 12, 16, 20, 24, 28
❺ 20, 24, 28, 32, 36 ❻ 5, 10, 15, 20, 25

❼

×	1	2	3	4
2	2	4	6	8
3	3	6	9	12
4	4	8	12	16
5	5	10	15	20

❽

×	2	3	4	5
2	4	6	8	10
3	6	9	12	15
4	8	12	16	20
5	10	15	20	25

⑤ 일차 플러스 계산 연습 60~61쪽

1 2	**2** 5	**3** 3
4 3	**5** 2	**6** 2
7 5	**8** 4	**9** 3
10 2	**11** 3	**12** 6
13 7	**14** 9	**15** 8
16 2	**17** 9	**18** 3
19 6	**20** 9	**21** 6
22 12	**23** 2, 8	**24** 4, 20
25 3, 9	**26** 7, 14	**27** 4, 5, 20
28 4, 6, 24	**29** 2, 8, 16	**30** 2, 9, 18

27 4개씩 5묶음 ➡ $4 \times 5 = 20$(개)

28 4개씩 6묶음 ➡ $4 \times 6 = 24$(개)

29 2개씩 8묶음 ➡ $2 \times 8 = 16$(개)

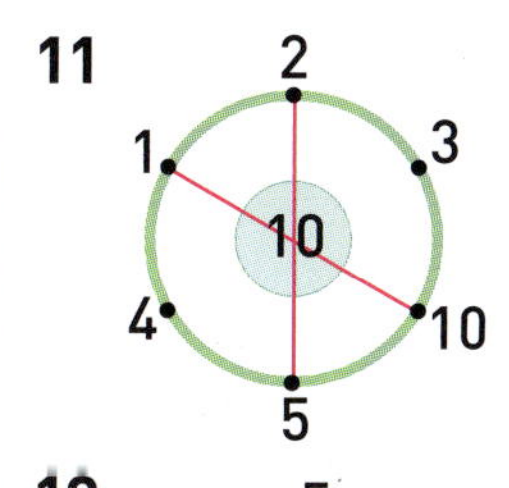

11

12

13

14 3, 4

15 4, 4

16 6, 3, 8

17 3, 9, 2

18 1, 3, 3

19 4, 6, 6

---

❶ 3	❷ 0	❸ 7	❹ 4
❺ 0	❻ 0	❼ 5	❽ 0
❾ 0	❿ 6	⓫ 0	⓬ 0
⓭ 8	⓮ 6	⓯ 9	⓰ 7
⓱ 3	⓲ 8	⓳ 0	⓴ 0
㉑ 2	㉒ 0	㉓ 0	㉔ 0
㉕ 1	㉖ 0	㉗ 0	㉘ 2
㉙ 5	㉚ 0	㉛ 4	㉜ 0
㉝ 9			

⓭　$1 \times (어떤 수) = (어떤 수)$

⓰　$(어떤 수) \times 1 = (어떤 수)$

⓳　$0 \times (어떤 수) = 0$

㉒　$(어떤 수) \times 0 = 0$

---

1 1, 2, 3, 4, 5 　　**2** 0, 0, 0, 0

3 (1) 0　(2) 7　(3) 0　(4) 6　(5) 0　(6) 9

4 (　　)(　○　)　　**5** (　　)(　○　)

6 9 　　**7** 0

8 2 　　**9** 0

10 5, 5 　　**11** 0, 8, 0

12 6, 1, 6 　　**13** 7, 0, 0

14 1, 8, 8 　　**15** 4, 4

16 7, 1, 7 　　**17** 2, 0

18 0, 9, 0

10　$1 \times (어떤 수) = (어떤 수)$

❶ 6, 12, 18, 24, 30 　　❷ 30, 36, 42, 48, 54

❸ 7, 14, 21, 28, 35 　　❹ 35, 42, 49, 56, 63

❺ 8, 16, 24, 32, 40 　　❻ 40, 48, 56, 64, 72

❼ 9, 18, 27, 36, 45 　　❽ 45, 54, 63, 72, 81

❾

×	1	2	3	4
6	6	12	18	24
7	7	14	21	28
8	8	16	24	32
9	9	18	27	36

❿

×	2	3	4	5
6	12	18	24	30
7	14	21	28	35
8	16	24	32	40
9	18	27	36	45

⓫

×	3	4	5	6
6	18	24	30	36
7	21	28	35	42
8	24	32	40	48
9	27	36	45	54

⓬

×	5	6	7	8
6	30	36	42	48
7	35	42	49	56
8	40	48	56	64
9	45	54	63	72

⓭

×	6	7	8	9
6	36	42	48	54
7	42	49	56	63
8	48	56	64	72
9	54	63	72	81

⓮

×	4	5	6	7
6	24	30	36	42
7	28	35	42	49
8	32	40	48	56
9	36	45	54	63

11

❶ 6단 곱셈구구에서는 곱이 6씩 커집니다.

❸ 7단 곱셈구구에서는 곱이 7씩 커집니다.

❺ 8단 곱셈구구에서는 곱이 8씩 커집니다.

❼ 9단 곱셈구구에서는 곱이 9씩 커집니다.

정답과 해설

12일차 플러스 계산 연습 (90~91쪽)

1 7	**2** 9	**3** 8
4 7	**5** 7	**6** 6
7 8	**8** 9	**9** 3
10 9	**11** 4	**12** 2
13 7	**14** 7	**15** 9
16 7	**17** 5	**18** 54 ; 56
19 48 ; 63	**20** 56 ; 56	**21** 49 ; 48
22 56 ; 63	**23** 72 ; 81	**24** 8, 56
25 8, 48		

평가 SPEED 연산력 TEST (92~93쪽)

❶ 24	❷ 45	❸ 35
❹ 72	❺ 14	❻ 48
❼ 42	❽ 54	❾ 64
❿ 49	⑪ 56	⑫ 18
⑬ 2	⑭ 3	⑮ 9
⑯ 3	⑰ 6	⑱ 5
⑲ 4	⑳ 2	㉑ 4
㉒ 1	㉓ 7	㉔ 5

㉕ (위부터) 12, 18, 30, 42

㉖ (위부터) 5, 40, 35, 0

㉗ (위부터) 63, 56, 49, 42

㉘ (위부터) 32, 24, 48, 56

㉙ (위부터) 21, 28, 0, 56

㉚ (위부터) 18, 72, 81, 27

㉛ (위부터) 6, 48, 24, 54

㉜ (위부터) 20, 25, 30, 45

㉝ (위부터) 8, 24, 32, 48

특강 문장제 문제 도전하기 (94~97쪽)

1 12 ; 3, 4, 12	**2** 18 ; 6, 3, 18
3 35 ; 7, 5, 35	**4** 3, 7, 21
5 7, 9, 63	**6** 9, 6, 54
7 40 ; 8, 5, 40	**8** 6 ; 1, 6, 6
9 0 ; 0, 5, 0	**10** 45
11 9	**12** 0

1 3개씩 4묶음 ➡ 3×4＝12(개)

2 6개씩 3송이 ➡ 6×3＝18(개)

3 (한 묶음의 공책 수)×(묶음 수)＝7×5＝35(권)

4 바퀴 3개씩 7대 ➡ 3×7＝21(개)

5 (한 묶음의 볼펜 수)×(묶음 수)
＝7×9＝63(자루)

6 (한 봉지의 사탕 수)×(봉지 수)
＝9×6＝54(개)

7 (한 상자에 들어 있는 사과 수)×(상자 수)
＝8×5＝40(개)

특강 창의·융합·코딩·도전하기 (98~99쪽)

창의**1** 18, 45, 54에 색칠 ; 교, 문, 앞에 ◯표 ;
교문 앞

창의**2** 민재

코딩**3**  6, 18, 18 ; 18

창의**1** 9×2＝18(교), 9×5＝45(문), 9×6＝54(앞)
➡ 선생님과 3시에 만날 장소는 교문 앞입니다.

창의**2** 지안: 5를 7번 더해서 구해야 합니다.
건우: 5씩 7묶음이므로 5×6에 5를 더해서 구
해야 합니다.

✳ 개념 ◯✕ 퀴즈 정답

3 길이의 합과 차

✳ 개념 ⭕❌ 퀴즈

옳으면 ⭕에 틀리면 ❌에 ◠표 하세요.

⭕   ❌

정답은 18쪽에서 확인하세요.

① 일차 기초 계산 연습 · 102~103쪽

❶ 3, 5 ❷ 200, 800 ❸ 4, 7
❹ 600, 900 ❺ 1, 30 ❻ 570
❼ 4, 10 ❽ 320 ❾ 2, 87
❿ 764 ⓫ 400, 4, 52 ⓬ 600, 695
⓭ 800, 8, 50 ⓮ 900, 940 ⓯ 600, 6, 80
⓰ 500, 515 ⓱ 79, 3, 79 ⓲ 23, 823
⓳ 1, 44 ⓴ 246 ㉑ 7, 37
㉒ 198

① 일차 플러스 계산 연습 · 104~105쪽

1 125 **2** 6, 70 **3** 593
4 3, 58 **5** 982 **6** 2, 31
7 **8** **9**

10 **11** 1, 53 **12** 2, 74
      13 5, 28 **14** 3, 19

15 4, 96 **16** 2, 26 **17** 650
18 381 **19** 904 **20** 743

1 1 m 25 cm＝100 cm＋25 cm＝125 cm

2 670 cm＝600 cm＋70 cm＝6 m 70 cm

7
- 540 cm＝500 cm＋40 cm＝5 m 40 cm
- 544 cm＝500 cm＋44 cm＝5 m 44 cm
- 524 cm＝500 cm＋24 cm＝5 m 24 cm

8
- 7 m 36 cm＝700 cm＋36 cm＝736 cm
- 8 m 36 cm＝800 cm＋36 cm＝836 cm
- 7 m 66 cm＝700 cm＋66 cm＝766 cm

11 153 cm＝100 cm＋53 cm＝1 m 53 cm

12 274 cm＝200 cm＋74 cm＝2 m 74 cm

19 9 m 4 cm＝900 cm＋4 cm＝904 cm

② 일차 기초 계산 연습 · 106~107쪽

❶ 4, 60 ❷ 7, 98 ❸ 6, 45
❹ 7, 53 ❺ 9, 78 ❻ 9, 96
❼ 3, 59 ❽ 8, 53 ❾ 8, 48
❿ 6, 76 ⓫ 9, 89 ⓬ 9, 72
⓭ 7, 68 ⓮ 8, 77 ⓯ 9, 48
⓰ 7, 95 ⓱ 9, 97 ⓲ 3, 79

② 일차 플러스 계산 연습 · 108~109쪽

1 6, 98 **2** 7, 79 **3** 5, 58
4 8, 32 **5** 6, 88 **6** 9, 87
7 3, 50 **8** 5, 89 **9** 7, 77
10 9, 39 **11** 9, 87 **12** 4, 84
13 3, 35 **14** 2, 96 **15** 4, 68
16 3, 59 **17** 6, 69 **18** 8, 52
19 6, 70 ; 7, 87 **20** 4, 53 ; 8, 74

7
```
    2 m  10 cm
 +  1 m  40 cm
    3 m  50 cm
```
8
```
    3 m  53 cm
 +  2 m  36 cm
    5 m  89 cm
```

13
```
    2 m   3 cm
 +  1 m  32 cm
    3 m  35 cm
```
14
```
    1 m  50 cm
 +  1 m  46 cm
    2 m  96 cm
```

19
```
    1 m  17 cm
 +  6 m  70 cm
    7 m  87 cm
```
20
```
    4 m  21 cm
 +  4 m  53 cm
    8 m  74 cm
```

③ 일차 기초 계산 연습 — 110~111쪽

❶ 4, 10	❷ 6, 30	❸ 8, 17
❹ 9, 22	❺ 7, 13	❻ 8, 29
❼ 8, 5	❽ 7, 15	❾ 7, 68
❿ 9, 19	⓫ 8, 27	⓬ 5, 38
⓭ 7, 19	⓮ 8, 75	⓯ 8, 3
⓰ 7, 13	⓱ 8, 29	⓲ 9, 48
⓳ 7, 57	⓴ 7, 20	

⓯
$$\begin{array}{r} 1 \\ 4\ m\ \ 20\ cm \\ +\ 3\ m\ \ 83\ cm \\ \hline 8\ m\ \ \ \ 3\ cm \end{array}$$

⓴
$$\begin{array}{r} 1 \\ 4\ m\ \ 47\ cm \\ +\ 2\ m\ \ 73\ cm \\ \hline 7\ m\ \ 20\ cm \end{array}$$

③ 일차 플러스 계산 연습 — 112~113쪽

1 5, 44	**2** 8, 29	**3** 8, 18
4 3, 84	**5** 9, 7	**6** 8, 56
7 7, 10	**8** 6, 27	**9** 8, 43
10 9, 59	**11** 4, 39	**12** 9, 48
13 6, 45	**14** 7, 67	**15** 6, 39
16 5, 17	**17** 8, 1	**18** 7, 29
19 6, 71 ; 9, 35	**20** 4, 95 ; 9, 32	

1
$$\begin{array}{r} 1 \\ 1\ m\ \ 74\ cm \\ +\ 3\ m\ \ 70\ cm \\ \hline 5\ m\ \ 44\ cm \end{array}$$

2
$$\begin{array}{r} 1 \\ 2\ m\ \ 47\ cm \\ +\ 5\ m\ \ 82\ cm \\ \hline 8\ m\ \ 29\ cm \end{array}$$

5
$$\begin{array}{r} 1 \\ 2\ m\ \ 12\ cm \\ +\ 6\ m\ \ 95\ cm \\ \hline 9\ m\ \ \ \ 7\ cm \end{array}$$

6
$$\begin{array}{r} 1 \\ 4\ m\ \ 69\ cm \\ +\ 3\ m\ \ 87\ cm \\ \hline 8\ m\ \ 56\ cm \end{array}$$

13 3 m 54 cm + 2 m 91 cm = 6 m 45 cm

14 2 m 91 cm + 4 m 76 cm = 7 m 67 cm

15 4 m 76 cm + 1 m 63 cm = 6 m 39 cm

16 3 m 54 cm + 1 m 63 cm = 5 m 17 cm

17
$$\begin{array}{r} 1 \\ 3\ m\ \ 19\ cm \\ +\ 4\ m\ \ 82\ cm \\ \hline 8\ m\ \ \ \ 1\ cm \end{array}$$

20
$$\begin{array}{r} 1 \\ 4\ m\ \ 37\ cm \\ +\ 4\ m\ \ 95\ cm \\ \hline 9\ m\ \ 32\ cm \end{array}$$

④ 일차 기초 계산 연습 — 114~115쪽

❶ 3, 30, 330	❷ 8, 70, 870
❸ 3, 7, 50, 750	❹ 4, 6, 60, 660
❺ 1, 9, 70, 970	❻ 2, 7, 90, 790
❼ 4, 9, 39, 939	❽ 2, 9, 86, 986
❾ 2, 36, 8, 58, 858	❿ 5, 2, 6, 10, 610
⓫ 5, 64, 9, 96, 996	⓬ 1, 10, 3, 15, 315
⓭ 9, 49	⓮ 888
⓯ 4, 48	⓰ 839
⓱ 8, 73	⓲ 908

⓭ 8 m 47 cm + 102 cm
= 8 m 47 cm + 1 m 2 cm
= 9 m 49 cm

⓯ 195 cm + 2 m 53 cm
= 1 m 95 cm + 2 m 53 cm
= 4 m 48 cm

⓰ 494 cm + 3 m 45 cm
= 4 m 94 cm + 3 m 45 cm
= 8 m 39 cm = 839 cm

⓲ 1 m 81 cm + 727 cm
= 1 m 81 cm + 7 m 27 cm
= 9 m 8 cm = 908 cm

④ 일차 플러스 계산 연습 — 116~117쪽

1 6, 72	**2** 938	**3** 8, 89
4 872	**5** 7, 15	**6** 956
7 5, 60	**8** 697	**9** 9, 80
10 891	**11** 6, 21	**12** 985
13 4, 34	**14** 671	**15** 8, 15
16 751	**17** 6, 1	**18** 877
19 9, 14	**20** 578	
21 642, 8, 92	**22** 3, 7, 637	

5 3 m 20 cm + 395 cm
= 3 m 20 cm + 3 m 95 cm
= 7 m 15 cm

8　195 cm＋5 m 2 cm
　　＝1 m 95 cm＋5 m 2 cm
　　＝6 m 97 cm＝697 cm

10　628 cm＋2 m 63 cm
　　＝6 m 28 cm＋2 m 63 cm
　　＝8 m 91 cm＝891 cm

11　3 m 40 cm＋281 cm
　　＝3 m 40 cm＋2 m 81 cm
　　＝6 m 21 cm

12　127 cm＋8 m 58 cm
　　＝1 m 27 cm＋8 m 58 cm
　　＝9 m 85 cm＝985 cm

14　4 m 46 cm＋225 cm
　　＝4 m 46 cm＋2 m 25 cm
　　＝6 m 71 cm＝671 cm

15　697 cm＋1 m 18 cm
　　＝6 m 97 cm＋1 m 18 cm
　　＝8 m 15 cm

16　2 m 30 cm＋521 cm
　　＝2 m 30 cm＋5 m 21 cm
　　＝7 m 51 cm＝751 cm

17　408 cm＋1 m 93 cm
　　＝4 m 8 cm＋1 m 93 cm
　　＝6 m 1 cm

18　5 m 13 cm＋364 cm
　　＝5 m 13 cm＋3 m 64 cm
　　＝8 m 77 cm＝877 cm

19　329 cm＝3 m 29 cm ➡

```
        1
    3 m  29 cm
  + 5 m  85 cm
    9 m  14 cm
```

20　463 cm＝4 m 63 cm

```
    4 m  63 cm
  + 1 m  15 cm
    5 m  78 cm  ➡ 578 cm
```

21　642 cm＝6 m 42 cm ➡

```
    2 m  50 cm
  + 6 m  42 cm
    8 m  92 cm
```

22　330 cm＝3 m 30 cm

```
    3 m   7 cm
  + 3 m  30 cm
    6 m  37 cm  ➡ 637 cm
```


❶ 4, 24	❷ 2, 18	❸ 2, 16
❹ 6, 12	❺ 2, 26	❻ 2, 24
❼ 2, 18	❽ 4, 2	❾ 1, 10
❿ 1, 23	⓫ 6, 53	⓬ 2, 22
⓭ 2, 16	⓮ 3, 13	⓯ 1, 43
⓰ 6, 42	⓱ 1, 21	⓲ 3, 24

1 3, 13	**2** 3, 32	**3** 5, 20
4 5, 14	**5** 2, 14	**6** 4, 24
7 1, 20	**8** 2, 12	**9** 4, 13
10 6, 81	**11** 2, 73	**12** 2, 20
13 1, 66	**14** 2, 71	**15** 3, 11
16 1, 43	**17** 4, 2	**18** 6, 13
19 2, 56 ; 2, 33	**20** 5, 30 ; 2, 16	

8　6 m 35 cm＜8 m 47 cm ➡

```
    8 m  47 cm
  - 6 m  35 cm
    2 m  12 cm
```

9　5 m 42 cm＜9 m 55 cm ➡

```
    9 m  55 cm
  - 5 m  42 cm
    4 m  13 cm
```

12　2 m 41 cm＜4 m 61 cm ➡

```
    4 m  61 cm
  - 2 m  41 cm
    2 m  20 cm
```

14　2 m 12 cm＜4 m 83 cm ➡

```
    4 m  83 cm
  - 2 m  12 cm
    2 m  71 cm
```

15　1 m 24 cm＜4 m 35 cm ➡

```
    4 m  35 cm
  - 1 m  24 cm
    3 m  11 cm
```

19
```
    4 m  89 cm
  - 2 m  56 cm
    2 m  33 cm
```

20
```
    7 m  46 cm
  - 5 m  30 cm
    2 m  16 cm
```

6 일차 기초 계산 연습 122~123쪽

❶ 1, 70	❷ 1, 80	❸ 2, 64
❹ 5, 75	❺ 5, 83	❻ 1, 88
❼ 1, 87	❽ 2, 73	❾ 2, 72
❿ 1, 84	⓫ 3, 82	⓬ 2, 91
⓭ 1, 76	⓮ 3, 55	⓯ 5, 70
⓰ 2, 83	⓱ 1, 34	⓲ 3, 98
⓳ 2, 94	⓴ 4, 72	

⓱
$$\begin{array}{r} \overset{3}{\cancel{4}}\,\text{m}\ \ \overset{100}{10}\,\text{cm} \\ -\ 2\,\text{m}\ \ 76\,\text{cm} \\ \hline 1\,\text{m}\ \ 34\,\text{cm} \end{array}$$

⓲
$$\begin{array}{r} \overset{6}{\cancel{7}}\,\text{m}\ \ \overset{100}{47}\,\text{cm} \\ -\ 3\,\text{m}\ \ 49\,\text{cm} \\ \hline 3\,\text{m}\ \ 98\,\text{cm} \end{array}$$

6 일차 플러스 계산 연습 124~125쪽

1 1, 86	**2** 2, 25	**3** 1, 80
4 5, 61	**5** 4, 30	**6** 5, 87
7 4, 30	**8** 5, 86	**9** 2, 47
10 1, 91	**11** 1, 84	**12** 2, 85
13 1, 78	**14** 2, 67	**15** 1, 59
16 3, 83	**17** 2, 51 ; 6, 73	
18 5, 69 ; 1, 46		

1
$$\begin{array}{r} \overset{5}{\cancel{6}}\,\text{m}\ \ \overset{100}{39}\,\text{cm} \\ -\ 4\,\text{m}\ \ 53\,\text{cm} \\ \hline 1\,\text{m}\ \ 86\,\text{cm} \end{array}$$

2
$$\begin{array}{r} \overset{3}{\cancel{4}}\,\text{m}\ \ \overset{100}{16}\,\text{cm} \\ -\ 1\,\text{m}\ \ 91\,\text{cm} \\ \hline 2\,\text{m}\ \ 25\,\text{cm} \end{array}$$

8
$$\begin{array}{r} \overset{7}{\cancel{8}}\,\text{m}\ \ \overset{100}{54}\,\text{cm} \\ -\ 2\,\text{m}\ \ 68\,\text{cm} \\ \hline 5\,\text{m}\ \ 86\,\text{cm} \end{array}$$

10
$$\begin{array}{r} \overset{4}{\cancel{5}}\,\text{m}\ \ \overset{100}{80}\,\text{cm} \\ -\ 3\,\text{m}\ \ 89\,\text{cm} \\ \hline 1\,\text{m}\ \ 91\,\text{cm} \end{array}$$

11 3 m 30 cm − 1 m 46 cm = 1 m 84 cm

12 5 m 67 cm − 2 m 82 cm = 2 m 85 cm

13 5 m 13 cm − 3 m 35 cm = 1 m 78 cm

14 4 m 58 cm − 1 m 91 cm = 2 m 67 cm

17
$$\begin{array}{r} \overset{8}{\cancel{9}}\,\text{m}\ \ \overset{100}{24}\,\text{cm} \\ -\ 2\,\text{m}\ \ 51\,\text{cm} \\ \hline 6\,\text{m}\ \ 73\,\text{cm} \end{array}$$

18
$$\begin{array}{r} \overset{6}{\cancel{7}}\,\text{m}\ \ \overset{100}{15}\,\text{cm} \\ -\ 5\,\text{m}\ \ 69\,\text{cm} \\ \hline 1\,\text{m}\ \ 46\,\text{cm} \end{array}$$

7 일차 기초 계산 연습 126~127쪽

❶ 2, 10, 210	❷ 4, 80, 480
❸ 4, 2, 40, 240	❹ 4, 2, 75, 275
❺ 3, 4, 50, 450	❻ 5, 1, 15, 115
❼ 2, 6, 18, 618	❽ 7, 3, 43, 343
❾ 3, 43, 2, 21, 221	❿ 3, 89, 2, 82, 282
⓫ 2, 2, 2, 13, 213	⓬ 3, 19, 2, 84, 284
⓭ 1, 62	⓮ 275
⓯ 2, 78	⓰ 162
⓱ 5, 98	⓲ 529

⓭ 9 m 20 cm − 758 cm
= 9 m 20 cm − 7 m 58 cm
= 1 m 62 cm

⓮ 5 m 57 cm − 282 cm
= 5 m 57 cm − 2 m 82 cm
= 2 m 75 cm = 275 cm

⓰ 300 cm − 1 m 38 cm
= 3 m − 1 m 38 cm
= 1 m 62 cm = 162 cm

⓱ 7 m 79 cm − 181 cm
= 7 m 79 cm − 1 m 81 cm
= 5 m 98 cm

7 일차 플러스 계산 연습 128~129쪽

1 1, 40	**2** 337	**3** 3, 17
4 437	**5** 7, 22	**6** 373
7 1, 20	**8** 370	**9** 3, 23
10 652	**11** 5, 39	**12** 523
13 3, 31	**14** 1, 87	**15** 3, 74
16 3, 11	**17** 6, 79	**18** 220
19 379 ; 1, 83	**20** 9, 8 ; 272	

5 9 m 12 cm − 190 cm
= 9 m 12 cm − 1 m 90 cm
= 7 m 22 cm

6 7 m 58 cm − 385 cm
= 7 m 58 cm − 3 m 85 cm
= 3 m 73 cm = 373 cm

9 940 cm−6 m 17 cm
$\quad$ =9 m 40 cm−6 m 17 cm
$\quad$ =3 m 23 cm

10 7 m 55 cm−103 cm
$\quad$ =7 m 55 cm−1 m 3 cm
$\quad$ =6 m 52 cm=652 cm

12 991 cm−4 m 68 cm
$\quad$ =9 m 91 cm−4 m 68 cm
$\quad$ =5 m 23 cm=523 cm

14 3 m 20 cm−133 cm
$\quad$ =3 m 20 cm−1 m 33 cm
$\quad$ =1 m 87 cm

17 820 cm=8 m 20 cm ➡

$$\begin{array}{r} {\scriptstyle 7}{\scriptstyle 100} \\ 8\ \text{m}\ 20\ \text{cm} \\ -\ 1\ \text{m}\ 41\ \text{cm} \\ \hline 6\ \text{m}\ 79\ \text{cm} \end{array}$$

18 437 cm=4 m 37 cm

$$\begin{array}{r} 4\ \text{m}\ 37\ \text{cm} \\ -\ 2\ \text{m}\ 17\ \text{cm} \\ \hline 2\ \text{m}\ 20\ \text{cm} \end{array}$$ ➡ 220 cm

19 379 cm=3 m 79 cm ➡

$$\begin{array}{r} {\scriptstyle 4}{\scriptstyle 100} \\ 5\ \text{m}\ 62\ \text{cm} \\ -\ 3\ \text{m}\ 79\ \text{cm} \\ \hline 1\ \text{m}\ 83\ \text{cm} \end{array}$$

20 636 cm=6 m 36 cm

$$\begin{array}{r} {\scriptstyle 8}{\scriptstyle 100} \\ 9\ \text{m}\ 8\ \text{cm} \\ -\ 6\ \text{m}\ 36\ \text{cm} \\ \hline 2\ \text{m}\ 72\ \text{cm} \end{array}$$ ➡ 272 cm

④ 6 m 6 cm=600 cm+6 cm=606 cm

⑤ 435 cm=400 cm+35 cm=4 m 35 cm

⑰ 3 m 15 cm+264 cm
$\quad$ =3 m 15 cm+2 m 64 cm
$\quad$ =5 m 79 cm

⑱ 440 cm+4 m 6 cm
$\quad$ =4 m 40 cm+4 m 6 cm
$\quad$ =8 m 46 cm

⑲ 178 cm+6 m 64 cm
$\quad$ =1 m 78 cm+6 m 64 cm
$\quad$ =8 m 42 cm=842 cm

⑳ 7 m 62 cm+150 cm
$\quad$ =7 m 62 cm+1 m 50 cm
$\quad$ =9 m 12 cm=912 cm

㉑ 5 m 83 cm−301 cm
$\quad$ =5 m 83 cm−3 m 1 cm
$\quad$ =2 m 82 cm

㉓ 614 cm−1 m 37 cm
$\quad$ =6 m 14 cm−1 m 37 cm
$\quad$ =4 m 77 cm=477 cm

㉔ 8 m 33 cm−519 cm
$\quad$ =8 m 33 cm−5 m 19 cm
$\quad$ =3 m 14 cm=314 cm

㉕ 7 m 49 cm−282 cm
$\quad$ =7 m 49 cm−2 m 82 cm
$\quad$ =4 m 67 cm

평가　SPEED 연산력 TEST　130~131쪽

❶ 2, 81	❷ 543	❸ 9, 27
❹ 606	❺ 4, 35	❻ 322
❼ 5, 74	❽ 9, 87	❾ 8, 38
❿ 9, 16	⑪ 7, 38	⑫ 5, 22
⑬ 4, 32	⑭ 4, 52	⑮ 2, 49
⑯ 2, 43	⑰ 5, 79	⑱ 8, 46
⑲ 842	⑳ 912	㉑ 2, 82
㉒ 7, 38	㉓ 477	㉔ 314
㉕ 4, 67		

특강　문장제 문제 도전하기　132~133쪽

1 4, 50 ; 450 cm=400 cm+50 cm
$\quad$ =4 m 50 cm ; 4, 50

2 3, 89 ; 1 m 68 cm+2 m 21 cm
$\quad$ =3 m 89 cm ; 3, 89

3 3, 25 ; 7 m 35 cm−4 m 10 cm
$\quad$ =3 m 25 cm ; 3, 25

4 5, 73, 1, 42, 7, 15

5 8, 16, 1, 76, 6, 40

6 1, 26, 234, 360

7 340, 2, 7, 1, 33

4
 1
　5 m　73 cm
＋1 m　42 cm
　7 m　15 cm

5
 7　100
　8 m　16 cm
－1 m　76 cm
　6 m　40 cm

6 1 m 26 cm＋234 cm
　＝1 m 26 cm＋2 m 34 cm
　＝3 m 60 cm＝360 cm

7 340 cm－2 m 7 cm
　＝3 m 40 cm－2 m 7 cm
　＝1 m 33 cm

특강 **창의·융합·코딩·도전하기** 134~135쪽

창의**1** (위부터) 원호, 민혁, 주연 ; 5 cm, 10 cm, 15 cm ; 원호
융합**2** 1, 13
융합**3** 590

창의**1** 1 m 95 cm＜2 m 10 cm＜2 m 15 cm
원호가 만든 길이는 가장 짧은 1 m 95 cm이고 나머지 두 길이 중 더 긴 길이가 주연이가 만든 2 m 15 cm입니다.
➜ 2 m에 가장 가까운 길이를 만든 사람은 원호입니다.

융합**2**
　8 m　33 cm
－7 m　20 cm
　1 m　13 cm

융합**3** 3 m 54 cm＋236 cm
　＝3 m 54 cm＋2 m 36 cm
　＝5 m 90 cm＝590 cm

✳ 개념 ⭕❌ 퀴즈 정답

⭕　❌

정답과 해설

---

4 시각과 시간

✳ 개념 ⭕❌ 퀴즈

옳으면 ⭕에, 틀리면 ❌에 ⭕표 하세요.

⭕　❌

정답은 24쪽에서 확인하세요.

1 일차 **기초 계산 연습** 138~139쪽

❶ 5 ; 5	❷ 4 ; 15
❸ 2 ; 35	❹ 7 ; 25
❺ 5 ; 20	❻ 8 ; 30
❼ 11 ; 10	❽ 9 ; 40
❾ 3, 10 ; 50	❿ 11, 9 ; 45
⓫ 7, 3 ; 7, 15	⓬ 12, 11 ; 12, 55
⓭ 4, 5, 7 ; 4, 35	⓮ 1, 2, 5 ; 1, 25

1 일차 **플러스 계산 연습** 140~141쪽

1 5, 10	**2** 12, 25	**3** 9, 45
4 3, 30	**5** 1, 15	**6** 8, 55
7	**8**	**9** 
10 	**11** 	**12** 
13 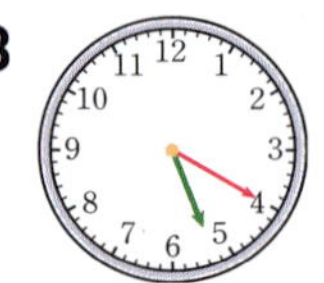	**14** 	**15** 4, 10
16 7, 40	**17** 10, 5	**18** 2, 55

7 ・6시 55분: 짧은바늘은 6과 7 사이를 가리키고 긴바늘은 11을 가리킵니다.
・8시 30분: 짧은바늘은 8과 9 사이를 가리키고 긴바늘은 6을 가리킵니다.

8 ・1시 20분: 짧은바늘은 1과 2 사이를 가리키고 긴바늘은 4를 가리킵니다.
・3시 45분: 짧은바늘은 3과 4 사이를 가리키고 긴바늘은 9를 가리킵니다.

15 ➡ 4시 10분

16 ➡ 7시 40분

17 ➡ 10시 5분

18 ➡ 2시 55분

1 3, 21　　**2** 2, 42　　**3** 7, 18
4 5, 33　　**5**　　**6**
7　　**8**　　**9**
10　　**11** ㉠　　**12** ㉡
13 ㉠　　**14** ㉢
15 ㉢　　**16** ㉡　　**17** 1, 9
18 11, 16　　**19** 6, 47　　**20** 5, 23

11 짧은바늘은 1과 2 사이를 가리키고 긴바늘은 4에서 작은 눈금 2칸 더 간 곳을 가리키므로 1시 22분입니다.

12 짧은바늘은 8과 9 사이를 가리키고 긴바늘은 8에서 작은 눈금 1칸 더 간 곳을 가리키므로 8시 41분입니다.

13 짧은바늘은 5와 6 사이를 가리키고 긴바늘은 12에서 작은 눈금 4칸 더 간 곳을 가리키므로 5시 4분입니다.

14 짧은바늘은 12와 1 사이를 가리키고 긴바늘은 6에서 작은 눈금 4칸 더 간 곳을 가리키므로 12시 34분입니다.

15 짧은바늘은 4와 5 사이를 가리키고 긴바늘은 1에서 작은 눈금 1칸 더 간 곳을 가리키므로 4시 6분입니다.

16 짧은바늘은 5와 6 사이를 가리키고 긴바늘은 10에서 작은 눈금 4칸 더 간 곳을 가리키므로 5시 54분입니다.

17  ➡ 1시 9분

18  ➡ 11시 16분

❶ 2　　❷ 9　　❸ 8
❹ 3　　❺ 10　　❻ 12
❼ 32　　❽ 9　　❾ 11
❿ 53　　⓫ 8　　⓬ 42
⓭ 8, 24　　⓮ 4, 36　　⓯ 3, 13
⓰ 5, 28　　⓱ 10, 49　　⓲ 1, 57

⓯ 짧은바늘은 3과 4 사이를 가리키고 긴바늘은 2에서 작은 눈금 3칸 더 간 곳을 가리키므로 3시 13분입니다.

⓰ 짧은바늘은 5와 6 사이를 가리키고 긴바늘은 5에서 작은 눈금 3칸 더 간 곳을 가리키므로 5시 28분입니다.

⓱ 짧은바늘은 10과 11 사이를 가리키고 긴바늘은 9에서 작은 눈금 4칸 더 간 곳을 가리키므로 10시 49분입니다.

⓲ 짧은바늘은 1과 2 사이를 가리키고 긴바늘은 11에서 작은 눈금 2칸 더 간 곳을 가리키므로 1시 57분입니다.

19 
➡ 6시 47분

20
➡ 5시 23분

---

③ 일차 기초 계산 연습 146~147쪽

❶ 5
❷ 10
❸ 20
❹ 5
❺ 50 ; 10
❻ 45 ; 15
❼ 40 ; 20
❽ 50 ; 10
❾ 40 ; 20
❿ 45 ; 15
⓫ 50 ; 7, 10
⓬ 55 ; 12, 5
⓭ 8, 55 ; 9, 5
⓮ 12, 50 ; 1, 10
⓯ 1, 40 ; 2, 20
⓰ 7, 45 ; 8, 15
⓱ 4, 55 ; 5, 5
⓲ 2, 50 ; 3, 10

⓭ 8시 55분은 9시가 되려면 5분이 더 지나야 하므로 9시 5분 전입니다.

⓮ 12시 50분은 1시가 되려면 10분이 더 지나야 하므로 1시 10분 전입니다.

⓯ 1시 40분은 2시가 되려면 20분이 더 지나야 하므로 2시 20분 전입니다.

⓰ 7시 45분은 8시가 되려면 15분이 더 지나야 하므로 8시 15분 전입니다.

⓱ 4시 55분은 5시가 되려면 5분이 더 지나야 하므로 5시 5분 전입니다.

⓲ 2시 50분은 3시가 되려면 10분이 더 지나야 하므로 3시 10분 전입니다.

---

③ 일차 플러스 계산 연습 148~149쪽

1 3, 20
2 1, 5
3 7, 20
4 9, 10
5 5, 15
6 2, 10
7 ·——·
8 ✕
9 6, 10
10 5, 20
11 7, 15
12 8, 5
13 4, 10
14 3, 15
15 2, 20
16 8, 10
17 5, 55
18 9, 45

7
· 4시 5분 전은 3시 55분이므로 짧은바늘은 3과 4 사이를 가리키고 긴바늘은 11을 가리킵니다.
· 11시 15분 전은 10시 45분이므로 짧은바늘은 10과 11 사이를 가리키고 긴바늘은 9를 가리킵니다.

8
· 12시 10분 전은 11시 50분이므로 짧은바늘은 11과 12 사이를 가리키고 긴바늘은 10을 가리킵니다.
· 10시 5분 전은 9시 55분이므로 짧은바늘은 9와 10 사이를 가리키고 긴바늘은 11을 가리킵니다.

---

④ 일차 기초 계산 연습 150~151쪽

❶ 70
❷ 15
❸ 105
❹ 40
❺ 95
❻ 1, 5
❼ 60, 110
❽ 60, 1, 55
❾ 60, 80
❿ 60, 1, 25
⓫ 57, 117
⓬ 35, 1, 35
⓭ 22, 82
⓮ 13, 1, 13
⓯ 120
⓰ 5
⓱ 120, 130
⓲ 120, 2, 45
⓳ 120, 126
⓴ 120, 2, 50
㉑ 20, 140
㉒ 35, 2, 35
㉓ 108
㉔ 2, 15

㉓ 1시간 48분＝60분＋48분＝108분

㉔ 135분＝120분＋15분＝2시간 15분

---

④ 일차 플러스 계산 연습 152~153쪽

1 96
2 1, 20
3 150
4 2, 55
5 110
6 1, 45
7 ⬜
8 ⬜
9 ⬜
10 ⬜
11 ⬜
12 ⬜
13 1, 35
14 100
15 1, 5
16 115
17 1, 50
18 125
19 1, 27
20 2, 10
21 80
22 145

7 1시간 25분=60분+25분=85분
➡ 85분>75분

8 100분=60분+40분=1시간 40분
➡ 1시간 40분>1시간 10분

9 70분=60분+10분=1시간 10분
➡ 1시간 10분<1시간 15분

10 1시간 5분=60분+5분=65분
➡ 65분<90분

11 2시간 15분=120분+15분=135분
➡ 135분<140분

12 125분=120분+5분=2시간 5분
➡ 2시간 5분>1시간 55분

19 87분=60분+27분=1시간 27분

22 2시간 25분=120분+25분=145분

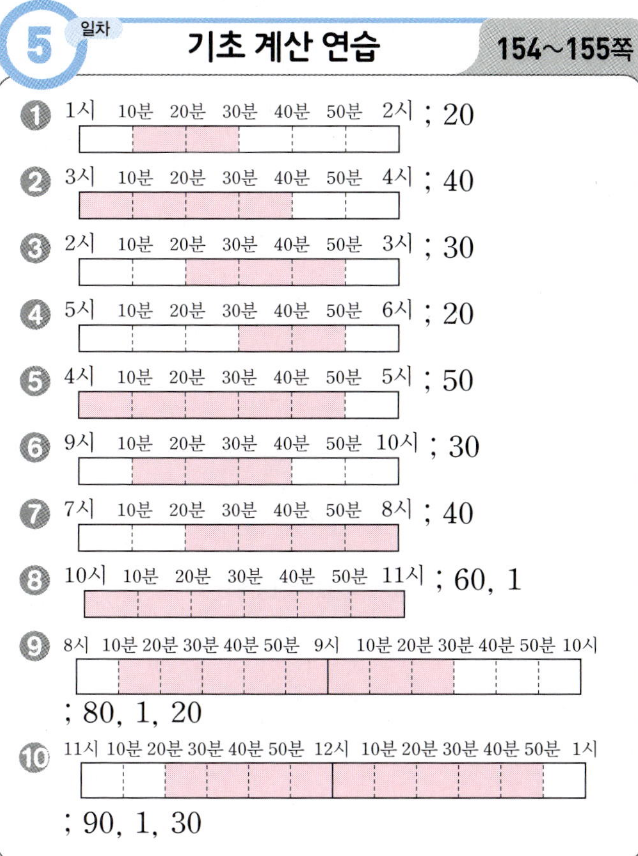

⑨ 8시 10분부터 9시 30분까지는 8칸이므로 80분
입니다. ➡ 80분=60분+20분=1시간 20분

⑩ 11시 20분부터 12시 50분까지는 9칸이므로 90분
입니다. ➡ 90분=60분+30분=1시간 30분

---

⑤ 일차 플러스 계산 연습 156~157쪽

1 40	**2** 20	**3** 60, 1
4 70, 1, 10	**5** 4, 10	**6** 11, 40
7 1, 30	**8** 12, 40	**9** 1, 20
10 1, 10	**11** 1, 40	**12** 1, 30
13 20	**14** 40	**15** 1, 20
16 1, 50		

4 4시 50분부터 6시까지는 70분입니다.
➡ 70분=60분+10분=1시간 10분

9 1시 30분 ──1시간 후──▶ 2시 30분 ──20분 후──▶ 2시 50분
➡ 1시간+20분=1시간 20분

10 12시 ──1시간 후──▶ 1시 ──10분 후──▶ 1시 10분
➡ 1시간+10분=1시간 10분

11 10시 20분 ──1시간 후──▶ 11시 20분 ──40분 후──▶ 12시
➡ 1시간+40분=1시간 40분

12 4시 10분 ──1시간 후──▶ 5시 10분 ──30분 후──▶ 5시 40분
➡ 1시간+30분=1시간 30분

15 7시 30분 ──1시간 후──▶ 8시 30분 ──20분 후──▶ 8시 50분
➡ 1시간+20분=1시간 20분

16 9시 10분 ──1시간 후──▶ 10시 10분 ──50분 후──▶ 11시
➡ 1시간+50분=1시간 50분

---

⑥ 일차 기초 계산 연습 158~159쪽

① 25	**②** 3	**③** 31
④ 8	**⑤** 28	**⑥** 1, 5
⑦ 24, 39	**⑧** 24, 1, 19	**⑨** 24, 44
⑩ 24, 1, 2	**⑪** 12, 36	**⑫** 11, 1, 11
⑬ 9, 33	**⑭** 17, 1, 17	**⑮** 48
⑯ 2	**⑰** 48, 51	**⑱** 48, 2, 15
⑲ 48, 56	**⑳** 48, 2, 1	**㉑** 12, 60
㉒ 6, 2, 6	**㉓** 37	**㉔** 1, 14

㉓ 1일 13시간=24시간+13시간=37시간

㉔ 38시간=24시간+14시간=1일 14시간

6 일차 플러스 계산 연습 160~161쪽

1 26	**2** 1, 3	**3** 56
4 2, 9	**5** 53	**6** 1, 16
7	**8**	**9**
10	**11** 1, 4	**12** 1, 11
	13 2, 10	**14** 1, 22
15 2, 13	**16** 1, 18	**17** 37
18 68	**19** 2, 7	**20** 1, 10

3 2일 8시간＝48시간＋8시간＝56시간

4 57시간＝48시간＋9시간＝2일 9시간

7 ・1일 5시간＝24시간＋5시간＝29시간
・1일 7시간＝24시간＋7시간＝31시간
・1일 1시간＝24시간＋1시간＝25시간

8 ・2일 3시간＝48시간＋3시간＝51시간
・1일 23시간＝24시간＋23시간＝47시간
・2일 1시간＝48시간＋1시간＝49시간

9 ・30시간＝24시간＋6시간＝1일 6시간
・33시간＝24시간＋9시간＝1일 9시간
・32시간＝24시간＋8시간＝1일 8시간

10 ・60시간＝48시간＋12시간＝2일 12시간
・65시간＝48시간＋17시간＝2일 17시간
・63시간＝48시간＋15시간＝2일 15시간

12 35시간＝24시간＋11시간＝1일 11시간

13 58시간＝48시간＋10시간＝2일 10시간

14 46시간＝24시간＋22시간＝1일 22시간

15 61시간＝48시간＋13시간＝2일 13시간

16 42시간＝24시간＋18시간＝1일 18시간

17 1일 13시간＝24시간＋13시간＝37시간

18 2일 20시간＝48시간＋20시간＝68시간

19 55시간＝48시간＋7시간＝2일 7시간

20 34시간＝24시간＋10시간＝1일 10시간

7 일차 기초 계산 연습 162~163쪽

1 9	**2** 4	**3** 12
4 1	**5** 7, 8	**6** 7, 1, 3
7 7, 13	**8** 7, 1, 2	**9** 4, 11
10 5, 1, 5	**11** 14	**12** 1
13 14, 16	**14** 14, 2, 6	**15** 14, 19
16 14, 2, 4	**17** 3, 17	**18** 14, 2, 5
19 21, 22	**20** 21, 3, 2	**21** 4, 25
22 3, 3, 3	**23** 20	**24** 4, 2

23 2주일 6일＝14일＋6일＝20일

24 30일＝28일＋2일＝4주일 2일

7 일차 플러스 계산 연습 164~165쪽

1 10	**2** 1, 6	**3** 27
4 5, 5	**5** 36	**6** 4, 5
7	**8**	**9**
10	**11**	**12**
13 2, 6	**14** 12	**15** 3, 2
16 15	**17** 2, 3	**18** 21
19 26	**20** 34	**21** 4, 3
22 4, 1		

4 40일＝35일＋5일＝5주일 5일

5 5주일 1일＝35일＋1일＝36일

7 1주일 4일＝7일＋4일＝11일
➜ 11일＞10일

8 15일＝14일＋1일＝2주일 1일
➜ 2주일 1일＜2주일 5일

9 35일＝5주일
➜ 5주일＞4주일 2일

10 3주일 3일＝21일＋3일＝24일
➜ 24일＞21일

11 2주일 6일＝14일＋6일＝20일
➜ 20일＜24일

12 37일＝35일＋2일＝5주일 2일
➜ 5주일 2일＜5주일 5일

13 20일＝14일＋6일＝2주일 6일

19 3주일 5일＝21일＋5일＝26일

20 4주일 6일＝28일＋6일＝34일

21 31일＝28일＋3일＝4주일 3일

22 29일＝28일＋1일＝4주일 1일

8일차 기초 계산 연습 　166~167쪽

❶ 14	❷ 1	❸ 20
❹ 1	❺ 12, 23	❻ 12, 1, 6
❼ 12, 22	❽ 12, 1, 8	❾ 5, 17
❿ 1, 1, 1	⓫ 9, 21	⓬ 11, 1, 11
⓭ 24	⓮ 7	⓯ 24, 25
⓰ 24, 2, 4	⓱ 24, 30	⓲ 24, 2, 3
⓳ 8, 32	⓴ 10, 2, 10	㉑ 11, 35
㉒ 5, 2, 5	㉓ 33	㉔ 2, 2

㉓ 2년 9개월＝24개월＋9개월＝33개월

㉔ 26개월＝24개월＋2개월＝2년 2개월

8일차 플러스 계산 연습 　168~169쪽

1 13	**2** 1, 2	**3** 40
4 2, 9	**5** 53	**6** 3, 10
7 51	**8** 3, 2	**9** ＜
10 ＞	**11** ＞	**12** ＜
13 ＜	**14** ＝	**15** 3, 1
16 43	**17** 2, 2	**18** 28
19 2, 10	**20** 49	**21** 50
22 45	**23** 1, 3	**24** 3, 6

3 3년 4개월＝36개월＋4개월＝40개월

7 4년 3개월＝48개월＋3개월＝51개월

8 38개월＝36개월＋2개월＝3년 2개월

9 1년 5개월＝12개월＋5개월＝17개월
➜ 17개월＜19개월

10 27개월＝24개월＋3개월＝2년 3개월
➜ 2년 3개월＞2년 1개월

11 30개월＝24개월＋6개월＝2년 6개월
➜ 2년 6개월＞2년 5개월

12 3년 8개월＝36개월＋8개월＝44개월
➜ 44개월＜48개월

13 1년 8개월＝12개월＋8개월＝20개월
➜ 20개월＜21개월

14 51개월＝48개월＋3개월＝4년 3개월

19 34개월＝24개월＋10개월＝2년 10개월

20 4년 1개월＝48개월＋1개월＝49개월

22 3년 9개월＝36개월＋9개월＝45개월

24 42개월＝36개월＋6개월＝3년 6개월

평가 SPEED 연산력 TEST 　170~171쪽

❶ 1, 50	❷ 8, 30
❸ 3, 13	❹ 10, 41
❺ 7, 45 ; 8, 15	❻ 2, 50 ; 3, 10
❼ 11, 55 ; 12, 5	❽ 6, 40 ; 7, 20
❾ 70	❿ 1, 35
⓫ 84	⓬ 1, 47
⓭ 33	⓮ 1, 21
⓯ 66	⓰ 1, 10
⓱ 12	⓲ 1, 4
⓳ 23	⓴ 4, 1
㉑ 22	㉒ 1, 5
㉓ 27	㉔ 3, 3
㉕ 40	㉖ 1, 20

❸ 짧은바늘은 3과 4 사이를 가리키고 긴바늘은 2에서 작은 눈금 3칸 더 간 곳을 가리키므로 3시 13분입니다.

❹ 짧은바늘은 10과 11 사이를 가리키고 긴바늘은 8에서 작은 눈금 1칸 더 간 곳을 가리키므로 10시 41분입니다.

❼ 11시 55분은 12시가 되려면 5분이 더 지나야 하므로 12시 5분 전입니다.

⓫ 1시간 24분=60분+24분=84분

⓬ 107분=60분+47분=1시간 47분

⓭ 1일 9시간=24시간+9시간=33시간

⓮ 45시간=24시간+21시간=1일 21시간

⓯ 2일 18시간=48시간+18시간=66시간

⓰ 34시간=24시간+10시간=1일 10시간

⓳ 3주일 2일=21일+2일=23일

⓴ 29일=28일+1일=4주일 1일

㉑ 1년 10개월=12개월+10개월=22개월

㉒ 17개월=12개월+5개월=1년 5개월

㉓ 2년 3개월=24개월+3개월=27개월

㉔ 39개월=36개월+3개월=3년 3개월

㉖ 9시 5분 ――1시간 후――▶ 10시 5분 ――20분 후――▶ 10시 25분
➡ 1시간+20분=1시간 20분

특강 문장제 문제 도전하기 172~173쪽

1 2, 5 ; 2, 5	**2** 1, 10 ; 1, 10
3 90 ; 90	**4** 1, 15 ; 1, 15
5 27, 1, 3	**6** 3, 2, 23
7 31, 2, 7	

1 1시 55분은 2시가 되려면 5분이 더 지나야 하므로 2시 5분 전입니다.

2 70분=60분+10분=1시간 10분

3 1시간 30분=60분+30분=90분

5 27시간=24시간+3시간=1일 3시간

6 3주일 2일=21일+2일=23일

7 31개월=24개월+7개월=2년 7개월

특강 창의·융합·코딩·도전하기 174~175쪽

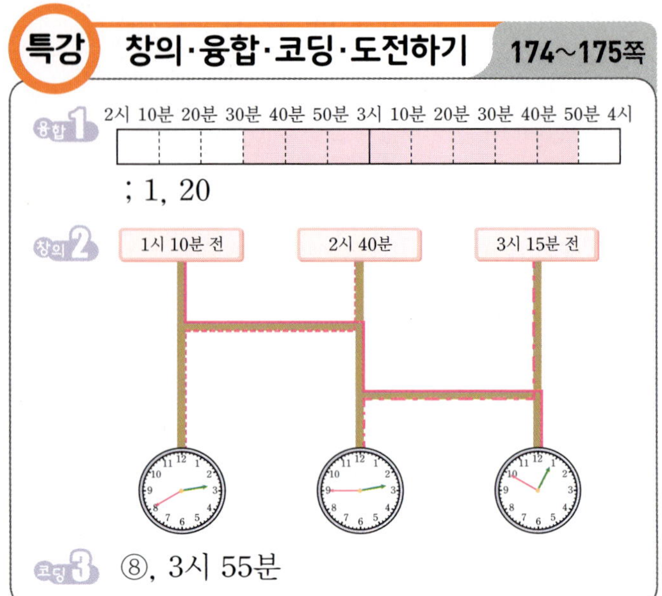

융합 1 2시 30분부터 3시 50분까지는 8칸이므로 80분입니다.
➡ 80분=60분+20분=1시간 20분

창의 2
- 1시 10분 전은 12시 50분이므로 짧은바늘은 12와 1 사이를 가리키고 긴바늘은 10을 가리킵니다.
- 2시 40분은 짧은바늘은 2와 3 사이를 가리키고 긴바늘은 8을 가리킵니다.
- 3시 15분 전은 2시 45분이므로 짧은바늘은 2와 3 사이를 가리키고 긴바늘은 9를 가리킵니다.

코딩 3
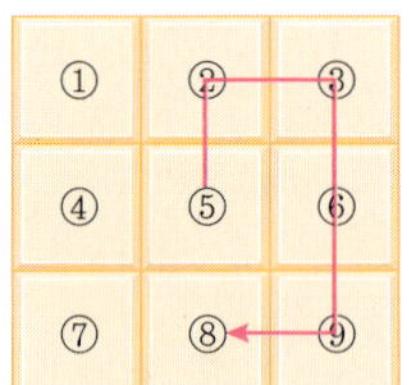

로봇은 5칸 이동했으므로 5×5=25(분)이 걸린 것을 알 수 있습니다. 3시 30분에 명령을 시작하였으므로 로봇은 25분 후인 3시 55분에 ⑧에 도착합니다.

✳ 개념 ⭕❌ 퀴즈 정답

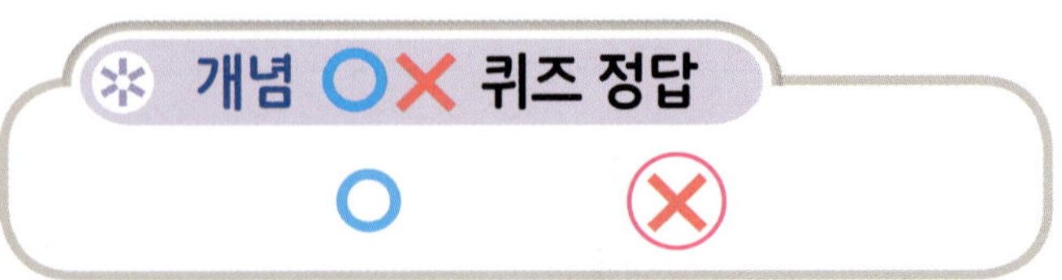

1시간 10분=60분+10분=70분

시험 대비교재

● 올백 전과목 단원평가 　　　　　　　1~6학년/학기별
　　　　　　　　　　　　　　　　　(1학기는 2~6학년)

● HME 수학 학력평가 　　　　　　　　1~6학년/상·하반기용

● HME 국어 학력평가 　　　　　　　　1~6학년

논술·한자교재

● YES 논술 　　　　　　　　　　　　1~6학년/총 24권

● 천재 NEW 한자능력검정시험 자격증 한번에 따기　　8~5급(총 7권)/4급~3급(총 2권)

영어교재

● READ ME
－ Yellow 1~3 　　　　　　　　　　2~4학년(총 3권)
－ Red 1~3 　　　　　　　　　　　4~6학년(총 3권)

● Listening Pop 　　　　　　　　　　Level 1~3

● Grammar, ZAP!
－ 입문 　　　　　　　　　　　　　1, 2단계
－ 기본 　　　　　　　　　　　　　1~4단계
－ 심화 　　　　　　　　　　　　　1~4단계

● Grammar Tab 　　　　　　　　　　총 2권

● Let's Go to the English World!
－ Conversation 　　　　　　　　　1~5단계, 단계별 3권
－ Phonics 　　　　　　　　　　　총 4권

예비중 대비교재

● 천재 신입생 시리즈 　　　　　　　　수학/영어

● 천재 반편성 배치고사 기출 & 모의고사